Northwest Higher Education Review

西北高教评论

第三卷

宋觉 主编

中国社会科学出版社

图书在版编目(CIP)数据

西北高教评论. 第三卷 / 宋觉主编. —北京：中国社会科学出版社，2017.6

ISBN 978-7-5203-0620-1

Ⅰ.①西⋯　Ⅱ.①宋⋯　Ⅲ.①高等教育-文集　Ⅳ.①G64-53

中国版本图书馆 CIP 数据核字(2017)第 149167 号

出 版 人	赵剑英
责任编辑	任　明
特约编辑	芮　信
责任校对	王　成
责任印制	李寡寡

出　　版	中国社会科学出版社
社　　址	北京鼓楼西大街甲 158 号
邮　　编	100720
网　　址	http://www.csspw.cn
发 行 部	010-84083685
门 市 部	010-84029450
经　　销	新华书店及其他书店
印刷装订	北京市兴怀印刷厂
版　　次	2017 年 6 月第 1 版
印　　次	2017 年 6 月第 1 次印刷
开　　本	710×1000　1/16
印　　张	19
插　　页	2
字　　数	330 千字
定　　价	80.00 元

凡购买中国社会科学出版社图书，如有质量问题请与本社营销中心联系调换
电话：010-84083683
版权所有　侵权必究

主办单位：西北政法大学
主　　编：宋　觉
常务副主编：闫亚林
副　主　编：王若梅　宋鸿雁
编委会委员（按姓氏笔画排列）：

王　涛	王　瀚	王军哲	王志刚	王洪才
王若梅	支希哲	邓志辉	司晓宏	田建荣
白　华	刘江南	闫亚林	孙　华	杨　涛
杨旭东	张立杰	张师伟	张晓云	苏三庆
李维民	宋　觉	宋鸿雁	陈　鹏	陈万强
陆根书	范永斌	苗润才	罗　云	庞青山
周海涛	周朝成	郑庆华	郝　瑜	姚聪莉
胡莉芳	袁　宁	袁本涛	贾　宇	郭　华
郭　捷	郭立宏	郭线庐	眭依凡	崔　岩
崔智林	阎光才	蒋　凯	董小龙	

编　辑　部：郭艳利　吕润平
英文编辑：刘红岭
网络编辑：朱凤翔　余　涛

目　录

高教管理

省级教育行政权力清单的比较研究
　　——以上海、浙江和贵州为例 ……… 张端鸿　高桂娟　吴能武（3）
以培育学派助推"双一流"建设 ………………………… 高冰冰（16）
高校本科教学质量报告制度研究
　　……………… 闫亚林　宋鸿雁　王若梅　张红利　郭艳利（24）
高校教师教学发展中心本土化运行之检视 ………………… 王若梅（38）
陕西本科高校人文社会科学十年发展研究 ……… 宋鸿雁　蔡　菁（52）
陕西省高等教育群体就业问题及对策研究 ………………… 王　娟（65）
大学教师评价中的冲突与调适 ………………… 樊　成　傅钰嫒（77）

党建与思政

高校纪检监察机构"三转"问题的对策和建议 …… 罗新远　黄　静（91）
高校意识形态工作现状、问题及应对策略 ………………… 李政敏（99）

教学研究

我国大学通识教育课程体系与发展模式研究 …… 周开发　曾玉珍（113）
"1+3+2"创新创业型人才培养模式的探索与实践
　　………………… 刘光岭　赵云君　王胜利　陈小勇　李进武（126）
高等工程教育专业建设改革与探索 ……………… 郭　涛　谢　琨（138）
公共管理类研究生教育教学内容改革
　　——以公共价值培养为导向 ……………………… 郑家昊（145）
基于学生实际应用能力提升的"视听语言"课程改革 …… 罗　朋（155）

《交替口译》课程教学内容与方法的优化研究 ………… 刘颖红（164）
翻译硕士《文体学概论》课程教学模式探讨 …………… 刘红岭（177）
"SPOC + FC"混合教学模式：内涵、特点及实施条件
　　……………………… 周　倩　曹天平　王松洁　赵志敏（184）
《经济法学》课程探究式教学方法的探索与实践 ………… 田静婷（193）
《市场调查与预测》课程教学改革研究述评
　　………………………………… 余红剑　丰嘉强　邹　铃（208）
基于FAHP的经管类专业校外实习基地评价研究
　　………………………………………… 满广富　高爱霞（221）
禁毒所实践教学的人才培养价值 …………………………… 张朝霞（231）
高校人才培养质量管理体系的实践与研究 ………………… 黄孙庆（241）

西北学人

何微新闻教育思想与实践 ……………… 苏　丹　张　怡　吕　强（251）

比较研究

欧洲高等教育整合对两岸高等教育合作交流的启示 ……… 方晓斌（265）
澳大利亚留学教育：发展历程、经验及新动向 … 王建梁　赵　鹤（275）

Contents

A Comparative Study on the Administrative Power Lists of Provincial
　　Education——Taking Shanghai, Zhejiang and Gui zhou as
　　examples ············ Zhang Duanhong　Gao Guijuan　Wu Nengwu (15)
Promoting the Construction of "Double Top" through the Cultivation of
　　Academic School ·································· Gao Bingbing (22)
Research on the System of Undergraduate Teaching Quality Report
　　·························· Yan Yalin　Song Hongyan　Wang Ruomei
　　　　　　　　　　　　　　　　　　Zhang Hongli　Guo Yanli (37)
Study on the Localization of the Centers for Faculty's Instructional
　　Development in Colleges and Universities ············ Wang Ruomei (50)
Study on the Development of Humanities and Social Sciences in
　　Ten Years in Shaanxi Province ············ Song Hongyan　Gai Jing (64)
Study on the Employment Problems and Countermeasures of Higher
　　Education Group in Shaanxi Province ····················· Wang Juan (75)
Conflicts and Adjustment in Faculty Evaluation
　　································· Fan Cheng　Fu Yuyuan (88)
Countermeasures and Suggestions on the Issue of "Three Turns" of the
　　Discipline Inspection and Supervision Institutions of Colleges
　　································· Luo Xinyuan　Huang Jing (97)
Current Situation, Problems and Coping Strategies of Ideological
　　Work in Colleges and Universities ····················· Li Zhengmin (108)
Research on the General Education Curriculum and Development
　　Modle in Universities ····················· Zhou Kaifa　Zeng Yuzhen (124)
Exploration and Practice of "1+3+2" Teaching Mode for Innovative
　　and Entrepr-Eneurial Talent Training ················ Liu Guanglin
　　　　Zhao Yunjun　Wang Shengli　Chen Xiaoyong　Li Jinwu (137)

Reform and Exploration of the Construction of Engineering Programs
.... Guo Tao　Xie Kun　(144)

Teaching Reform of Graduate Education of Public Management
　　——Guided by the Cultivation of Public Value ...... Zheng Jiahao　(154)

Reform of the Course of "Audio- Visual Language" Based on the
　　Imp-rovement of Students' Practical Ability .... Luo Peng　(162)

Optimizing Consecutive Interpreting Course for English Majors:
　　from Course Content to Teaching Methods .... Liu Yinghong　(176)

Study on the Teaching Mode of in-Troduction to Stylistics in MTI
　　Program .... Liu Hongling　(183)

The Mixed Teaching Mode of "SPOC+FC": the Connotation, Charac-
　　Teristics and Implementing Conditions
　　.......... Zhou Qian　Cao Tianping　Wang Songjie　Zhao Zhimin　(192)

Exploration and Practice of the Economic Law Course
　　Inquiry Teaching Method .... Tian Jingting　(207)

Review of the Research on Teaching Reform of the Course Market
　　Research and Forecast
　　............................ Yu Hongjian　Feng Jiaqiang　Zou Ling　(220)

Evaluation of the off-Campus Practice Base of Economics and
　　Management Major Based on FAHP
　　.. Man Guangfu　Gao Aixia　(229)

Value of the Personnel Training in Practical Teaching in Drug
　　Rehabilitation Center .... Zhang Zhaoxia　(240)

Research on the Quality Management System of Talent Training in
　　Colleges and Universities .... Huang Sunqing　(247)

The Thoughts and Practice of He Wei's Journalistic Education
　　............................ Su Dan　Zhang Yi　Lv Qiang　(261)

Inspiration of the Integration of European Higher Education for
　　Cross-Strait Cooperation in Higher Education ...... Fang Xiaobin　(274)

Education of Overseas Students in Australia: History, Experience and
　　New Trends .... Wang Jianliang　Zhao He　(291)

高教管理

省级教育行政权力清单的比较研究

——以上海、浙江和贵州为例

张端鸿　高桂娟　吴能武[*]

摘　要：教育行政权力清单制度既是一项制度创新，又是对教育行政机关提出的普遍性要求。目前，各省行政权力清单基本由行政权力事项目录和行政权力事项详单构成，但各省教育行政权力清单又呈现不同的差异性。因此，行政权力清单的梳理方式需要尊重各地的现实情况。通过梳理，可以发现，行政权力清单的分类方式反映了各地的行政管理成熟度；行政权力清单的工作重点是行政权力事项详单；规范和控制行政权力的关键是规范行政许可和行政处罚。对政府而言，应尊重各地实际情况，分类制定教育行政权力清单；行政许可权应当成为行政权力规范的重点；行政指导、行政检查等行政行为不应列入行政权力清单；行政权力事项详单的编制应当成为未来的工作重点。

关键词：行政权力；清单；比较；省级

行政权力是宪法和法律赋予行政机关管理经济、文化、社会事务的权力，与立法权力、司法权力共同构成国家权力的基本组成部分。行政权力具有公共性、强制性和约束性的特征，其行使必须遵循法律规范相关规定。依法治国的核心是依法行政，行政权力的行使必须体现公民意志，接受公众监督，维护公共利益。早在2005年我国一些地方就开始了权力清单制度试点。[①] 党的十八届三中全会明确提出"必须构建决策科学、执行

---

[*] 张端鸿：同济大学高等教育研究所讲师，主要研究方向：教育管理、教育评估研究。高桂娟：同济大学高等教育研究所副教授，主要研究方向：教育管理、教育评估研究。吴能武：华东师范大学教育管理学系教育经济管理博士研究生，主要研究方向：教育管理学、教育法学。

① 王春业：《论权力清单制度对行政权的控制与规范》，《福建行政学院学报》2014年第6期。

坚决、监督有力的权力运行体系"。党的十八届四中全会的决定重申："推行政府权力清单制度，坚决消除权力设租寻租空间。"2014年政府工作报告再次明确要建立权力清单制度，一律向社会公开。清单之外的，一律不得实施审批。这些要求都体现了对行政权力运行体系全过程规范的具体要求。在这样的背景下，教育行政的权力清单与责任清单的提出，既是一项制度创新，又是对教育行政机关提出的普遍性要求。

一　行政权力的类型划分

行政权力清单的梳理必然建立在行政权力的分类基础上。行政权力法定，《宪法》第99条对地方政府的职能做了统一规定："县级以上的地方各级人民代表大会审查和批准本行政区域内的国民经济和社会发展计划、预算以及它们的执行情况的报告。"《地方各级人民代表大会和地方各级人民政府组织法》第59条列举了县级以上地方各级政府行使的十项职权，《行政许可法》《行政强制法》《行政处罚法》等法律法规又从不同的领域对相关行政机关的行政权力进行了更为详细的列举。但从已发布的地方政府行政权力清单来看，梳理后的事项在数量上依然有非常大的差异，究其根源，关键在于各地对行政权力的梳理标准不统一，有的地方根据条目来梳理，而有的则是根据款目来进行梳理，这样的差异外在体现为数量上的不同，但实际是权力分类的口径的不同。

缺乏统一的行政权力梳理标准会带来一系列问题，首先是公众对于不同地方行政部门权力的疑惑；其次过宽口径的梳理实质上并不利于政府改革的"精兵简政"；最后也会造成上级行政部门在对下管理过程中的困扰。因此，对行政权力清单的梳理首先必须对行政权力进行科学和合理的类型划分。

从规范权力运行的角度看，只要符合权力性的行政行为，都应当纳入"制度的笼子"里。具体而言，对行政权力的类型划分可以基于行政行为来进行。行政行为是享有行政权力的组织运用行政权对行政相对人所做的产生法律效果的行为。行政行为以其对象是否特定为标准可分为抽象行政行为与具体行政行为。抽象行政行为与具体行政行为不仅是行政法学理论上的一种划分，而且也是法律制度所采用和确认的一种划分方法，比如我国《行政诉讼法》以"具体行政行为"为标准来规定受案范围。抽象行政行为一般不受行政诉讼的司法审查，而具体行政行为一般都可以提起行政诉讼。因此，行政权力清单的框定范围与划分标准应当主要围绕具体行政行为展开。

1. 行政权力的四大类别

行政权力划分为行政决策权、行政执行权、行政监督权和行政司法权四个大类①，每个大类之下再有细分，具体如图1所示。

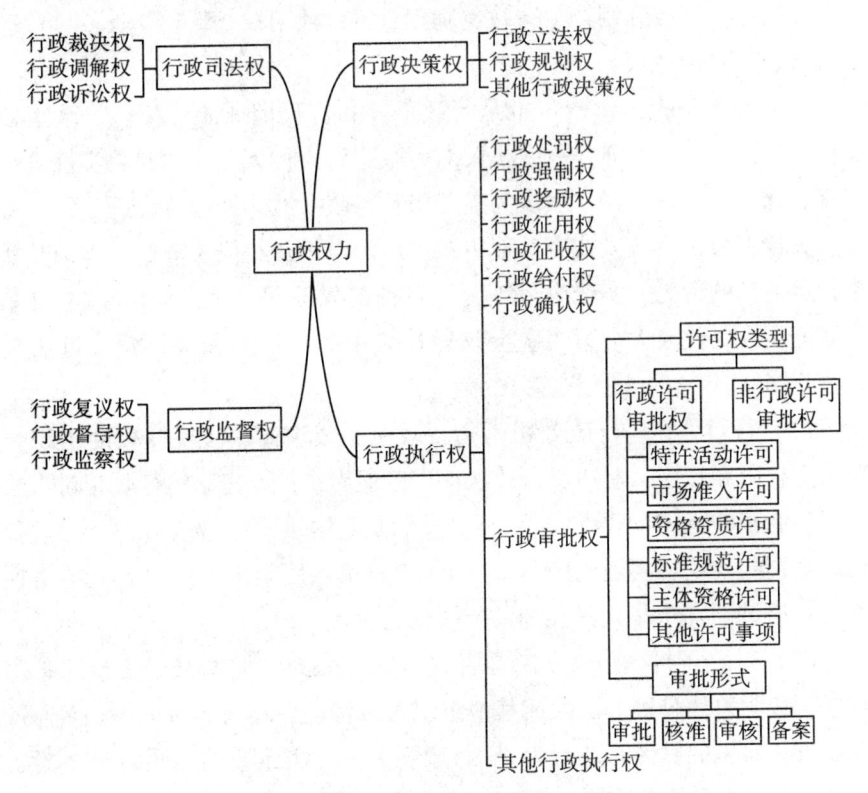

图1 行政权力体系②

具体到教育行政权力来说，教育行政权力是行政主体在涉及教育相关事务时所拥有的权力，即行政权在教育领域的体现，外在表现为教育行政主体对相关事务的管理权力。对教育行政权力的类型划分遵循图1

---

① 张丽虹等：《关于建立行政权力清单制度的对策建议》，《质量与标准化》2015年第2期。

② 刘虹、张端鸿：《国家教育行政权力清单的规范研究》，《复旦教育论坛》2016年第1期。

中对行政权力的类型划分，即将教育行政权力分为四个大类：行政决策权、行政执行权、行政司法权和行政监督权，并沿用四个大类的细分标准。

2. 行政执行权的类别

本研究根据行政行为的属性，可以将行政执行权划分为行政审批权、行政处罚权、行政强制权、行政奖励权、行政征用权、行政征收权、行政给付权、行政确认权。

（1）行政审批。行政审批是行政审核和行政批准的合称。行政审核又称行政认可，其实质是行政机关对行政相对人行为合法性、真实性进行审查、认可，实践中经常表现为盖公章；行政批准又称行政许可，是指行政机关根据公民、法人或者其他组织提出的申请，经依法审查，准予其从事特定活动的行为，实践中表现为许可证的发放。[①] 2003年8月27日第十届全国人民代表大会第四次会议通过《中华人民共和国行政许可法》，该法于2004年7月1日起施行。

（2）行政处罚。行政处罚是指行政机关或法律、法规授权的组织依照法定权限和程序，对违反行政法律规范但尚未构成犯罪的行政相对人给予行政制裁的具体行政行为。[②] 行政处罚是我国重要的行政行为，为规范行政处罚的设定和实施，1996年3月17日第八届全国人民代表大会第四次会议通过了《中华人民共和国行政处罚法》。

（3）行政强制。行政强制是有关国家机关为维护国家与社会的管理秩序，或为迫使公民、法人或其他组织履行特定行政法上的义务，而通过强制方法实施的具体行政行为。[③] 行政强制是一类重要的行政行为，为了规范行政强制的设定和实施，2011年6月30日第十一届全国人民代表大会常务委员会第二十一次会议审议通过了《中华人民共和国行政强制法》，该法于2012年1月1日生效实施。

（4）行政给付。行政给付行为是指行政主体依法定职权和程序提供给贫困、年老、疾病、丧失劳动能力的人，或者遭遇特定困难的人一定的

---

① 姜明安：《行政法与行政诉讼法》，高等教育出版社2007年版，第306页。
② 孙国华：《中华法学大辞典·法理学卷》，中国检察出版社1997年版，第462页。
③ 廖盖隆、孙连成、陈有进等：《马克思主义百科要览·上卷》，人民日报出版社1993年版，第1376页。

物质帮助的具体行政行为。① 行政给付的范围十分广泛，涵盖家庭、社会性别、失业、教育、住房、货币管理、债务、工伤等领域。从方式看，行政给付也多种多样，但直接的金钱补贴还是最主要的形式。就教育行政给付而言，如出国教师安置费（详见《国家公派出国教师生活待遇管理规定》）、西部支教学生的生活补贴（详见《关于实施大学生志愿服务西部计划的通知》）等，都属于行政给付范围。

（5）行政奖励。行政奖励是指行政机关对那些为国家、社会、人民做出突出贡献或模范遵守法纪的相对人依法给予物质或者精神奖励的具体行政行为。② 我国法律、法规、规章对给予公民、法人或其他组织该奖励的行为做了许多规定。如为了奖励在科学技术进步活动中做出突出贡献的公民、组织，调动科学技术工作者的积极性和创造性，加速科学技术事业的发展，提高综合国力，国务院颁布了《国家科学技术奖励条例》，设立五项国家科学技术奖：国家最高科学技术奖、国家自然科学奖、国家技术发明奖、国家科学技术进步奖、中华人民共和国国际科学技术合作奖。但在法律法规没有规定的情况下，行政机关通常会在自由裁量的范围内对值得表彰的行为进行嘉奖。

（6）行政征收。行政征收是行政主体基于公共利益需要，依据法律授权向行政相对人强制征收税、费或者实物的行政行为。我国行政法学界关于行政征收的主要观点认为，行政征收对象为税和费。也有部分学者认为，除税、费外，土地及其他实物财产也是行政征收的对象。③

（7）行政征用。行政征用是行政机关出于公共利益的需要，依据法律、法规的规定，强制性地取得行政相对人财产所有权、使用权或劳务并给予合理经济补偿的行为。

（8）行政确认。行政确认是指行政主体依法对相对方的法律地位、法律关系和法律事实进行甄别，给予确定、认可、证明并予以宣告的具体行政行为。④ 确认权属于国家行政权的组成部分。行政确认的主体是特定

---

① 肖蔚云、姜明安：《北京大学法学百科全书·宪法学 行政法学》，北京大学出版社1999年版，第568—569页。
② 同上书，第582页。
③ 姜明安：《行政法与行政诉讼法》，高等教育出版社2007年版，第306页。
④ 马国泉、张品兴、高聚成等：《新时期新名词大辞典》，中国广播电视出版社1992年版，第669页。

的国家行政机关和法律、法规授权的组织；其确认的内容是确定或否定相对方的法律地位和权利义务。行政确认的形式主要有以下几种：认可；证明；登记；批准；鉴证；行政鉴定。

此外，上海市还在权力清单类别中列举出了行政检查（行政督办）、行政指导和行政备案的权力。

3. 行政审批权的两种分类方式

（1）行政审批的两大类别

许可性行政审批与非许可性行政审批，根据《行政许可法》，许可性行政审批可以分为"5+1"类。

①特定活动许可：直接涉及国家安全、公共安全、经济宏观调控、生态环境保护以及直接关系人身健康、生命财产安全等特定活动，需要按照法定条件予以批准的事项；

②市场准入许可：有限自然资源开发利用、公共资源配置以及直接关系公共利益的特定行业的市场准入等，需要赋予特定权利的事项；

③资格、资质许可：提供公众服务并且直接关系公共利益的职业、行业，需要确定具备特殊信誉、特殊条件或者特殊技能等资格、资质的事项；

④标准、规范许可：直接关系公共安全、人身健康、生命财产安全的重要设备、设施、产品、物品，需要按照技术标准、技术规范，通过检验、检测、检疫等方式进行审定的事项；

⑤主体资格许可：企业或者其他组织的设立等，需要确定主体资格的事项；

⑥其他许可：法律、行政法规规定可以设定行政许可的其他事项。

（2）行政审批的四种形式

政府具有审批性的管理行为可具体归纳为四大类：审批、核准、审核、备案。①

审批：是指政府机关或授权单位，根据法律、法规、行政规章及有关文件，对相对人从事某种行为、申请某种权利或资格等进行具有限制性管理的行为。审批有三个基本要素：一是指标额度限制；二是审批机关有选择决定权；三是一般都是终审。审批最主要的特点是审批机关有选择决定

---

① 姜明安：《行政法与行政诉讼法》，高等教育出版社2007年版，第306页。

权，即使符合规定的条件，也可以不批准。

核准：是指政府机关或授权单位，根据法律、法规、行政规章及有关文件，对相对人从事某种行为、申请某种权利或资格等，依法进行确认的行为。因此，在批准相对人的申请时，只是按照有关条件进行确认。只要符合条件，一般都予以准许。核准的条件都比较明确具体，便于确认。

审核：是指由本机关审查核实，报上级机关或其他机关审批的行为。

备案：是指相对人按照法律、法规、行政规章及相关性文件等规定，向主管部门报告制定的或完成的事项的行为。

二 行政权力清单的构成和内容

尽管各地已有不少行政权力清单的实践，但是，内容五花八门，事项千差万别，关键在于没有统一行政权力的梳理标准。因此，要构建一套更为完善、更具公信力的行政权力清单制度，很有必要先对该制度中的行政权力进行科学界定和系统梳理。最后梳理完毕的教育行政权力清单应当由两部分组成：行政权力事项目录和行政权力事项详单。

1. 行政权力事项目录。其作用在于让公众能够比较清晰地知道政府教育部门到底有哪些权力，并能根据目录顺利查找到具体的权力事项详情。目录的主要功能就是提示与指引，因此行政权力事项目录不是越详细越好，而应当简洁明了。从目前公布的样本来看，行政权力事项目录一般只有一级，即将所有行政权力事项——罗列。这种方式，并不方便公众查找。各部门公布的行政权力事项目录可以分为三级：第一级是部门职能范围内的不同管理领域；第二级是不同行政权力分类；第三级是不同行政权力事项。鉴于行政决策权和行政复议权没有细分事项的空间，可以作为有细分事项的空间，也可以作为独立的两项权力，在最前面列明。

2. 行政权力事项详单。行政权力事项详单是行政权力清单的核心内容，应列明事项的编号、名称、类型、法律依据等常规内容，还应阐述清楚三个问题：一是权力由谁行使，包括法定权力主体、具体承办机构；二是权力怎样行使，包括法定程序、适用条件或者标准等要求；三是与相关权力之间的顺序与关系，包括纵向权力关系与横向权力关系。在实践中，权力主体往往会通过行政委托，将相关事项交由其他单位具体承办。这时就出现了权力主体与承办机构不一致的情况。详单中应当分别列明权力主体与承办机构，权力主体代表该项权力事项的责任主体，而承办机构则是告知相对人哪个机构具体受理。详单中的程序性规定，应当体现该行政权力行使的方式、步骤、顺序和期间等要素。流程图则是法定程序的图示化，如果说法定程序是站在行政机关的视角，对行政权力的运行提出程序化要求，那么流程图则是以相对人的视角，提示其整个行政权力运行过程的关键环节，成为群众办事的导向图。流程图可以根据权力事项的类别统一绘制，如行政处罚的权力流程图可以统一为一般程序流程图和简易程序流程图；也可以根据不同权力事项，逐项绘制，如行政审批的权力流程图。关于权力行使的条件与标准应当得到规范。行政权力都有一定的裁量空间，只有通过明确权力行使的标准，才能达到约束行政裁量权的目的。目前，正在推进行政处罚裁量基准制度、行政审批标准化工作，这两项工作的成果都可以作为约束权力运行的具体标准。

三　部分地方政府教育行政权力清单及比较

1. 浙江省教育厅行政权力清单

如图2所示，浙江省教育厅的行政权力均属于行政执行权，这与浙江省在行政权力清单梳理过程中重点关注的是执行类事务相关。在浙江全省的行政权力清单中，所包含的行政权力类型也只有9类：行政许可、行政处罚、行政强制、行政征收、行政给付、行政裁决、行政确认、行政奖励和其他行政权力。在浙江省教育厅梳理出的46项行政权力中，占比最大的是行政处罚权，接近40%。

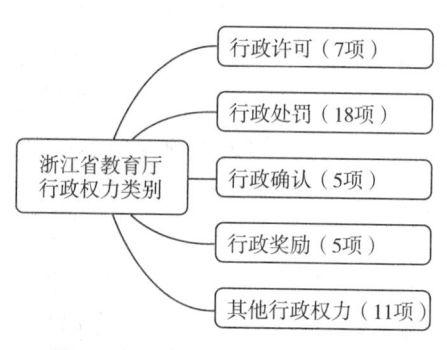

图2　浙江省教育厅行政权力清单

2. 上海市教育委员会行政权力清单

如图 3 所示，相比浙江的教育行政权力清单而言，上海市教委初步梳理出的行政权力清单涵盖范围要更加广泛，类型也更加复杂，既包括行政执行权，也包括行政决策权和行政监督权，权力事项的数量相比浙江也多出很多，造成这种差异的主要原因在于上海和浙江梳理行政权力的口径和标准之间的差异。上海市将权力梳理的范围界定为"行政机关和法律法规授权的具有管理公共事务职能的组织正在实施的对公民、法人或者其他组织权利义务产生直接影响的行为"，这一界定囊括了行政权力的所有类型。上海市教委共梳理出权力事项 247 项，其中行政执行权 209 项，占比超过八成。

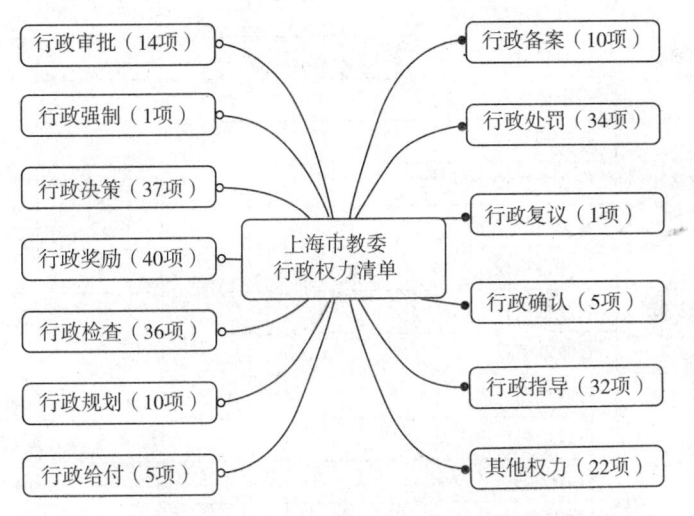

图 3 上海市教育委员会行政权力清单

- 行政审批（14项）
- 行政强制（1项）
- 行政决策（37项）
- 行政奖励（40项）
- 行政检查（36项）
- 行政规划（10项）
- 行政给付（5项）
- 行政备案（10项）
- 行政处罚（34项）
- 行政复议（1项）
- 行政确认（5项）
- 行政指导（32项）
- 其他权力（22项）

3. 贵州省教育厅行政权力清单

如图 4 所示，贵州省教育厅将权限范围内的行政事务分为了 5 类 25 项，其中行政权力事项比例最多的是行政处罚事项，占比 60%，其次为行政许可事项。

4. 浙江、上海、贵州教育行政权力清单比较

以下根据图 1 中对行政权力的类型划分，对浙江、上海和贵州三个省市的行政权力清单所列事项进行重新归类整理，具体如表 1 所示。

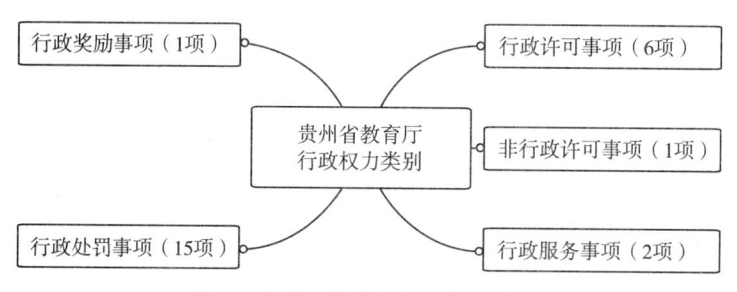

图 4　贵州省教育厅行政权力清单

表 1　浙江、上海、贵州教育行政权力清单比较

行政权力分类		贵州	上海	浙江
行政监督权	行政复议权		1	
	行政督导权			
	行政监察权			
行政决策权	行政规划权		10	
	行政立法权			
	其他行政决策权		37	
行政司法权	行政诉讼权		1	
	行政裁决权		1	
	行政调解权			
行政执行权	行政处罚	15	34	18
	行政给付		5	
	行政奖励	2	40	5
	行政强制		1	
	行政确认		5	5
	行政审批	7	14	7
	其他行政执行权	1	98	11
	行政征用权			
	行政征收权			

由表1可以看出，三个省市的教育行政权力清单中梳理的权力事项绝大部分集中于行政执行权的范畴，符合省市教育行政组织的职能特性。上海跟其他省份相比，其行政权力清单具有三个特点：（1）从大的类别来看，浙江和贵州仅列出了行政执行权，没有涉及行政决策、行政监督和行

政司法权；上海则列举了行政决策、行政监督和行政司法权；（2）从细分类别来看，上海的分类比较细，在执行权中，除了传统的行政处罚、行政给付、行政奖励、行政强制、行政确认、行政审批之外，还列入了行政指导（32项）、行政备案（10项）、行政检查（36项），如果将这些类别都归入其他行政执行权，其总数达到98项，占比为42.1%；（3）浙江和贵州的行政许可权力分别为7项和6项，上海明确了16项行政审批权，并没有明确规范这些权力属于行政许可，还是非许可性审批。

四 初步结论

1. 行政权力清单的梳理方式需要尊重各地的现实情况。贵州和浙江已经公布的行政权力当中，行政处罚和行政审批占据了比较重的分量。这体现了它们规范行政权力先从控制审批、处罚等较为刚性的行政权力开始。其他各种类型的行政权力的规范还需要一个过程。上海是基于法理和学理本源，深入现实进行的行政权力清单梳理，凝聚了审改办、相关委办局和行政法学专家们的大量心血。但是短期内全国其他省市很难效仿，因为缺乏具有良好的教育法学和行政法学背景，以及丰富的教育行政经验的人才梯队，不足以支持它们做出如此规范的梳理。

2. 行政权力清单的分类方式反映了各地的行政管理成熟度。上海在过去两年中进行了系统的行政权力梳理，形成了"17+X"的行政权力分类标准。上海市教委在这个框架下进行了教育行政权力的梳理，梳理的方法体现出了精细化的特点，在行政行为的选择上呈现出了多样化的特点。浙江和贵州的分类方式则比较粗略。

3. 规范和控制行政权力的关键是规范行政许可和行政处罚。从各省梳理的权力清单来看，行政处罚权的数量较多，而行政许可权的数量很少。行政指导、行政备案、行政检查等行政行为目前还缺少相应的法律对其进行规范，与行政许可权之间的界限也很难区分。

4. 行政权力清单的工作重点是行政权力事项详单。目前各省市梳理出来的行政权力清单主要是行政权力目录的分类方式。行政主体、法定程序、适用条件和标准、涉及的法律关系等行政权力事项详单内容均未能涉及。

五　政策建议

权力清单制度的建立，促进了行政审批制度改革的法治化和阳光行政，是政府对于权力边界的再次明确，其本质是政府职能转变和行政体制改革的深化。本研究对进一步优化教育行政权力清单制度提出如下政策建议。

1. 尊重各地的实际情况，分类制定教育行政权力清单指导意见。对于上海等已经具备良好条件、对教育行政权力进行了系统梳理和深入思考的地方，鼓励其进一步在行政权力目录基础上，进一步编制行政权力事项详单。对于其他尚不具备细化行政权力分类的地方而言，优先梳理好行政许可权和行政处罚权，确保两权纳入法治轨道不失为一种选择。

2. 行政许可权应当成为行政权力规范的重点。"深化教育行政审批制度改革，全部取消非行政许可审批""减少对学校办学行为的行政干预"是中央对教育行政审批制度改革的主要思路。各地方政府应系统梳理非许可性行政审批事项，确实有必要实行行政许可的领域，明确依法列出行政许可事项。没有必要的非许可性行政审批应当根据中央的统一部署坚决尽快取消。

3. 行政指导、行政检查等行政行为不应列入行政权力清单。行政指导、行政检查等行政行为是政府履行职能、行使行政权力的方式和环节，并非法定意义的行政权力。将相关行政行为列入行政权力清单，不利于厘清错综复杂的行政权力。部分行政审批行为也可能变异为以指导、检查、备案等形式出现，其实质还是行政审批行为，有悖于中央关于"政府不得法外设定管理教育的权力"的精神。

4. 行政权力事项详单的编制应当成为未来的工作重点。教育行政权力事项详单不同于教育行政权力事项目录，它是面向相关行政权力客体（对象），详细列出行政权力行使的事项、依据、承办机构、负责人等，便于公众依法享有行政权利，同时依法监督行政权力。只有主体、程序、法律关系都明晰的行政权力清单才是完整的行政权力清单，未来的工作重点需要从公开目录进一步专项公布详单。

A Comparative Study on the Administrative Power Lists of Provincial Education
——Taking Shanghai, Zhejiang and Gui zhou as examples

Zhang Duanhong   Gao Guijuan   Wu Nengwu

Abstract: The system of educational administrative power lists is not only a system innovation, but also a universal requirement for educational administrative organs. At present, the power lists of different provinces are basically composed of the administrative power lists and the detailed account of administrative power, and the power lists of different provinces are different. Therefore, the way that is adopted to sort out the power lists need to respect the reality of the province. After the research it can be found that the way of classifying the lists reflects the maturity of the administration of the province; the key of the lists is the detailed account of administrative power; and the key to regulate and control administrative power is to regulate the administrative licensing and punishment. The government should make different educational administrative power lists according to the actual situation of different provinces. The power of administrative permission should be the focus regulated by administrative power; administrative guidance, administrative inspection and other administrative acts shall not be included in the power lists. The compilation of the detailed account of administrative power should be the focus of future work.

Key words: administrative power; lists; comparison; provincial level

以培育学派助推"双一流"建设

高冰冰[*]

摘 要：学派的发展与学术发展和学科建设具有高度的关联性和共构性。当前我国高校学派建设尚处于初级阶段，存在学派实践少、学派意识不足、建设中缺位等问题。国家推进"双一流"建设的重大战略，对于重新认识学派的价值和重要作用，推进高校学派培育和建设工作提供了重要机遇。高校可以从凝聚学科特色、培育学术群体、改革评价机制、营造学术氛围、提升话语权等几个方面加强学派培育和建设工作，打造具有中国特色、中国风格、中国气派的"中国学派"，助推"双一流"建设。

关键词：学派；学术发展；学科建设；双一流

当前，讨论和研究高等教育改革与发展的主导语境，非推进世界一流大学和一流学科建设（以下简称"双一流"建设）莫属。在这一语境中，科研体制机制改革、人事制度改革、人才培养模式改革乃至内部治理结构改革等成了讨论和研究最为热烈的话语元素。但一个重要的话语元素却未予以足够重视，进行充分讨论和研究，更遑论付诸改革实践，那就是学派。相对于上述话语元素在推进学术发展和学科建设中所具有的外部性和工具性特点，学派的培育和建设则更具有基础性和根本性作用。因为"学派乃是学科发展之源，是促进学术发展和学科建设的内在动力，也是新学科萌生的土壤"[①]。也正是在这个意义上，学派被看作一个学科是否

---

[*] 高冰冰：上海财经大学科研处，助理研究员，主要研究方向：科研管理研究。

[①] 陈士骏、夏青：《学派建设与学科发展的策略研究》，《天津师范大学学报》（社会科学版）2010 年第 1 期。

成熟及繁荣的重要标志之一①。因此，要把学派纳入当下讨论和研究的大视野，充分认识学派的价值与作用，从推进学术发展和学科建设的内在逻辑角度，以更多的学派意识和学派实践来推进"双一流"建设。

一 学派对学术发展和学科建设的作用

关于学派的定义，不同的视角有不同的解释。《辞海》对学派的定义为"一门学问中由于学说师承不同而形成的派别"②。《现代汉语词典》将学派解释为"同一学科中由于学说、观点不同而形成的派别"③。这两种解释高度概括了学派的核心表征，虽易于被人理解，但神韵展露不足④。《牛津英语大词典》的定义是"在哲学、科学、艺术等某个理论的或实践的知识领域内，由于受教于同一专门大师，具有相同师承关系，或因原理方法和风格上的普遍相似而联系在一起的学者群体，他们遵循共同的教义、原理或规训，甚至规范的话语"⑤。这一解释将各个重要元素都提炼出来，使学派的面貌更加丰满和立体。熊彼特对学派也有过解释，但完全是要素化的："从我们的意义来说的学派：有一个宗师，一个学说，私人之间的结合，有一个核心，有势力范围，有边缘末梢。"⑥ 近年来，我国学者对学派的要素也有所研究，并给出了自己的定义，如"学派是学者自主形成的学术联盟或共同体，这些学者在他们自然成长的学术领袖的指导和影响下，运用相同或相近的理论、方法、术语、概念，就共同感兴趣的主题开展自主的学术研究并据此与其他学派开展学术争鸣活动。学派通常以地域、领袖者的姓名或学科名称来命名"⑦。无论各种学派的定

---

① 张丽梅、胡鸿保：《学派琐谈——围绕"中国学派"的思考》，《河北学刊》2015年第5期。

② 《辞海》，上海辞书出版社2010年版，第4506页。

③ 《现代汉语词典》，商务印书馆2002年增补本，第1429页。

④ 宫敬才：《论学派——兼及我国马克思主义哲学研究中的学派问题》，《江海学刊》2015年第2期。

⑤ 《牛津英语大词典》，上海外语教育出版社2004年版，第2696页。

⑥ [美] 约瑟夫·熊彼特：《经济分析史》（第二卷），杨敬年译，商务印书馆1992年版，第141页。

⑦ 黄明东、陈梦迁等：《论学派要素培育与大学学术进步》，《教育研究》2015年第6期。

义是繁是简,是要素罗列还是系统综合,都无不体现了其与学术和学科的内在源生性关系。学术与学科乃是学派的灵魂。

从中西方的学术演进史来看,凡是学派林立的时期,必定是学术大繁荣和学科大发展的时期,反之,则是学术沉寂和学科停滞的时期。学派的发展与学术发展和学科建设具有高度的关联性和共构性。这种关联性和共构性主要体现在促进理论创新、推动学科发展和实现学术繁荣三个方面。

(一)学派发展是理论创新的重要源泉。学派确立的基础,在于其自成一派的学说,而学说的本质即为理论创新。学派以理论创新为核心目标,提出新理论、新方法、新视角,对特定理论和方法产生巨大影响,在研究范式上产生根本性的变化。因此,学派存在和发展的前提,必须是对传统理论的重大突破,或是对一个全新领域的开拓。而学派一旦形成,其自我发展的内在动力,要求其成员不断穷尽其学说的可能性空间,保持学派的延续性和生命力;其生存竞争的外在压力,要求其成员在争鸣和砥砺中不断修正和完善其学说,保持学派的创造力和竞争力。正是在这个意义上,学派"不仅是现代科学理论、方法的主要提出者和维护者,同时也是各理论领域的主要开拓者"①。

(二)学派发展是学科发展的重要动力。学派在理论创新上的孜孜求索,使得已有学科获得新的血液,发生变革,促进学科的进一步完善和成熟。一些跨学科的学派,其发展还可促进各个相关学科的发展,在相关学科基础上形成新的交叉学科、边缘学科或综合学科。而无论是改造原有学科,还是建立新的学科,都推动了学科的发展。因此,在很多情况下,学派的学术活动和学术竞争,是学科生长点的催产剂。而从学科内在发展的角度,一个学科要实现不断的改革和发展,必须在其已有概念体系、方法体系和理论体系上不断得到更新和完善,而这一任务往往主要由其学科内部不同"代言"学派去探索和完成。正是在这个意义上,有学者认为,"一门学科,如果没有各种学术流派的争鸣,难以称得上是成熟的学科"②。

(三)学派发展是实现学术繁荣的重要条件。学术演进史表明,学术的发展是与学派的发展交织在一起的。这一点,无论放诸古希腊还是先秦

---

① 王应密:《学派培育与高等教育理论创新》,《中国高等教育》2007年第1期。
② 别敦荣、宋文红:《大学运行模式》,中国海洋大学出版社2003年版,第23页。

诸子百家，放诸文艺复兴还是"五四"启蒙运动，皆可充分印证。"所谓学术成熟、发达与繁荣，其标志就在于学派、流派的纷呈。"① 近代以降，随着大学科时代的到来，科研主体发生了结构性变革，以学术团队等学术群体为主的集体性科研形式已成为科研活动的主要形态。而学派这种由学者自觉组成的学术共同体，无疑已成为当代学术竞争和发展的最完善和最高形式的组织载体。当代学术的发展与繁荣，将依赖于学派的发展而实现。正如有学者所言："学术之花要开在学派的大树上。"②

二 "双一流"建设视野中的学派建设

为了推动我国从高等教育大国到高等教育强国的历史性跨越，2015年10月国务院印发了《统筹推进世界一流大学和一流学科建设总体方案》，加快建成一批世界一流大学和一流学科，提升我国高等教育综合实力和国际竞争力。"双一流"建设在学术研究上的重要任务，是要提高基础研究水平，争做国际学术前沿并行者乃至领跑者；在学科建设上的重要任务，是要重点建设一批国内领先、国际一流的优势学科和领域。要完成这两项重要任务，从实现路径上看，必须在学术研究上取得重大理论创新和突破，在学科建设上实现学科的深入发展和新学科的发展引领。而这两方面的目标和路径，无疑与学派的功能和作用高度吻合，与学派的价值和旨趣深度统一。因此，可以通过中国高校学派的培育和建设，实现理论创新和突破，促进学科建设与发展，打造具有中国特色、中国风格、中国气派的"中国学派"，助推"双一流"建设。

然而，从当前我国高校的现状来看，学派的培育和建设尚处于初级阶段，主要体现在学派实践少、学派意识不足、建设中缺位等方面。

（一）学派实践少。相对于西方学术发展过程中学派林立、学术依托学派而繁荣的历史事实，近代以来中国学术的一个重要欠缺是学派的极端稀少。"我们在回首20世纪中国学术时，只能说出新儒家等寥寥无几的学派。这与20世纪西方文化学派林立的态势形成了鲜明的对比，也与20世纪中国文化的巨大变迁不相称。"从某种程度上说，学派的缺乏，导致

---

① 钱冠连：《以学派意识看汉语研究》，《汉语学报》2004年第2期。
② 韩彩英、李春涛：《论学派意识与学术生态现实》，《晋阳学刊》2012年第1期。

"当今中国的人文社会科学仍然在很大程度上处于对西方学术的'学徒状态'之中","中国学派"尚未真正成为现实①。

（二）学派意识不足。学派实践的缺乏，既有历史客观原因，更与学派意识的不足有很大关系。有学者指出，目前中国学者群体中的学派意识仍然是缺失的，"当问及有关学派的问题时，很多学者首先想到的往往会是：学派是国外的事情，或我国古代的事情"。在当代中国学者的普遍观念中，"学派还是一种概念含混、功能不明、作用不彰的学术现象；中国当代学人还远未认识到它的学术建制价值和科学社会学意义"②。当前部分学者对于学派的研究和讨论，仅开启了学派意识的理性启蒙阶段。

（三）高校建设中的缺位状态。学派实践和意识的缺乏，导致学派建设在高校改革与发展中的缺位。高校在推进学术研究和学科建设的举措中，较为注重外部条件的建设，如加强经费投入、改革评价机制、调整学科布局、大力引进人才等，往往忽视了从促进理论创新和学科发展的内在动力角度去建设，而这一角度的组织形式即为学派。如果将学派的培育和建设纳入高校改革与发展的实践，则必能起到事半功倍的效果。

"双一流"建设的号角，为中国高校学派的培育和建设提供了重要契机。中国高校应以高度的使命感和责任感，将学派的培育和建设纳入"双一流"建设重要举措中，纳入高校的综合改革体系中，力争在"十三五"期间取得重要进展。

三　学派培育和建设的主要抓手

高校学派的培育和建设要从构建学派的内在核心要素和促进发展的外在氛围两个层面去着手。落实到具体举措上，可分为凝聚学科特色、培育学术群体、改革评价机制、营造学术氛围、提升话语权等几个方面。

（一）以培育学派为目标，凝聚学科特色。"双一流"建设把"中国特色、世界一流"作为核心，"中国特色"的基础在于有"中国特色"的

---

① 吴晓明：《"中国学派"如何真正成为现实》，《中国社会科学报》2016年第927期。
② 韩彩英：《学派观念和中国科学哲学"语境论学派"的学术特色》，《学术界》2011年第5期。

高校,"中国特色"高校的基础在于有"中国特色"的学科,要建设有"中国特色"的学科,需要各高校进一步聚焦学科方向、凝聚学科特色。但如果仅仅为了特色而特色,往往陷入无抓手、无依归、难落实,即便一时确定了也难以持久的状况。"而如果从学派培育的角度着手,通过发挥学派在理论和学术上的贡献,特色学科的建设工作就会事半功倍。"因此,高校可以培育学派为目标,将学术队伍、研究领域、学科方向、学科资源等进一步聚焦,完善学术组织,组建学术团队,推进理论创新,提升学术影响,促成学派构建要素的形成和发展,以逐渐形成学派。

(二)加强学术队伍建设,培育高水平学术群体。学术领袖是学派的灵魂,要加强学派领袖人物的培养。学派领袖不仅要具有突出的学术成就和广泛的学术影响,有强有力的学术组织能力和团队领导能力,还要具有强烈的学派意识和学派立场,对学派建设具有强烈的思想自觉、理论自觉、行动自觉。学派领袖要追求理论创新,尊重理论对手,坚持求同存异,"以探险家的激情带领自己的学术团队深入到未知领域,以百折不挠和甘冒风险的精神开拓创新前进"[①]。同时,还需加强培育学派的学术梯队建设,造就一批理论功底扎实、勇于开拓创新的学科带头人,一批年富力强、政治和业务素质良好、锐意进取的优秀青年骨干,形成以学术领袖人物为核心、以学科带头人为中坚、以优秀青年人才为骨干的紧密型学术群体。还应注意师承关系的培育,适当选留优秀毕业生。

(三)深化评价机制改革,构建良好制度环境。学派以理论创新为核心价值追求的特点,要求在科研评价上必须把成果的理论创新性摆在核心位置,而不仅仅是成果的数量和发表载体的级别。要更加注重成果的引用率、转载率等反映影响力的指标,更加注重同行专家的评价。同时,由于理论创新有一个逐步被接受的过程,因此对学派成果的评价还应是长周期的。另外,从成果形式上看,一家之言和一个学说的形成,其载体更多表现为学术著作,因此,对学派而言,学术著作在评价激励机制中应具有恰当的权重。学派以学术群体为组织形式构建和发展的特点,要求健全团队考核与评价机制,激励合作研究,探索团队整体考核和评价,对团队成员的劳动付出和学术贡献给予科学合理的评价。

(四)鼓励学术争鸣,营造宽松学术氛围。学派形成的一个重要标

---

① 吴致远、梁国钊:《科学学派领袖素质研究》,《科学管理研究》2004年第6期。

志，即一个学术群体以其创新性的理论体系参与到学术争论中，以学术争鸣标明学派身份，以学术竞争推动学派发展。从这一意义上看，学术争鸣是学派形成和成长的温床。同时，"学派具有的整体性、传统性、排他性等特点，使得不同学派必然在学术上展开激烈争论与批评，从而推动学术创新、促进学术繁荣"①。因此，鼓励学术争鸣对于学派培育和学术繁荣具有重要意义。学术管理者、学术期刊等 "应当肩负起引领学术对话和思想撞击的责任，保护、扶植、培育学派，勇于为新学说、新学派鸣锣开道、摇旗呐喊，拔学说之尖、兴学派之利"②。

（五）扩大学术话语权，提升学术影响。学派的学术主张通过取得话语权而得到彰显，话语权的强弱是衡量学派发展状态的重要指标。在"双一流"建设使命下构建"中国学派"，除大力推进理论创新外，还要加强话语体系创新，不断概括出理论联系实际的、科学的、开放融通的新概念、新范畴、新表述，打造具有中国特色、中国风格、中国气派的学术话语体系。要加强成果宣传和学术交流，通过搭建国内外高端学术交流平台、加强学术期刊阵地建设、注重舆论引导和宣传等一系列举措，讲好中国故事，发出中国声音，提升国内外学术话语权，彰显"中国学派"。

Promoting the Construction of "Double Top" through the Cultivation of Academic School

Gao Bingbing

Abstract: The development of the academic school is highly correlated with academic development and discipline construction. At present, the construction of the academic school is still at the primary stage in our country and there are few problems, such as the lack of academic school practice and school consciousness and the absence of construction. The

---

① 张明楷：《学术之盛需要学派之争》，《环球法律评论》2005 年第 1 期。
② 金德存：《学术期刊要勇于扶植和培育学派》，《期刊探索》2005 年第 3 期。

strategy of promoting the construction of "Double Top" adopted by the government provides an important opportunity for the reunderstanding of the value and the important role of the academic school, and for the construction of the academic school in universities as well. Universities can strengthen the cultivation and construction of the academic school from several aspects, such as highlighting the subject characteristics, cultivating academic groups, reforming evaluation mechanism, creating academic atmosphere, and promoting the right to speak, so as to create a "Chinese academic school" with Chinese style and characteristics, and thus boost the "Double Top" construction.

Key words: academic school; academic development; discipline construction; Double Top

高校本科教学质量报告制度研究*

闫亚林　宋鸿雁　王若梅　张红利　郭艳利[**]

摘　要：针对我国高校本科教学质量报告制度的成效与完善路径问题，课题对部分省级教育行政部门和"985工程"高校的质量报告进行了调查研究；对高校本科教学质量提升的内部动力与外部动力进行了理论分析；对英国和美国高校本科质量相关报告进行了比较探究；尝试对几所高校进行了学情调研。课题研究结论认为，总体上我国本科教学质量年度报告制度的实施成效不能令人满意；应该依据质量文化理论，借鉴英美成功经验，具体从四个方面完善我国高校本科教学质量报告制度：确立和践行质量文化理念、完善反映多元主体需求的质量报告体系、丰富质量报告内容、提升质量信息的品质。课题还提出，学情调研是高校本科教学质量报告的一种有益补充。

关键词：教学质量报告制度；调查研究；比较研究；政策建议

一　本科教学质量报告制度研究的缘起

20世纪90年代末以来，我国高校本科教学质量受到越来越多的重视。继教育部2000年开始实施5年一轮的本科教学水平评估，2007年正式启动"本科教学改革与质量工程"以来，2011年教育部又开始推行年度本科教学质量报告制度（以下简称"质量报告"），成为新时期推进高等教育质量管理的一项新的重要举措。同年，39所"985工程"高校率先发布了《本科教学质量报告》，引起了高教界及社会的广泛关注。2012

---

* 基金项目：陕西高等教育教学改革研究重点项目（项目编号：13BZ41）。
** 闫亚林：西北政法大学高教所，研究员，主要研究方向：高等教育学。宋鸿雁：西北政法大学高教所，研究员，主要研究方向：高等教育学。王若梅：西北政法大学高教所，研究员，主要研究方向：高等教育学。张红利：西北政法大学教务处，馆员，主要研究方向：教学管理。郭艳利：西北政法大学高教所，助理研究员，主要研究方向：高等教育学与研究生教育。

年，这一做法推广到了"211工程"大学。2013年，教育部要求所有本科院校发布自己的"质量报告"，期望通过"质量报告"这一机制增强高校提升教育教学质量的自觉性和责任意识，有助于社会了解高校教学质量并给予反馈。

作为国家在新时期一项新的质量管理措施，"质量报告"可以说是国家的一项质量问责制度。根据《教育部办公厅关于普通高等学校编制发布2012年〈本科教学质量报告〉的通知》，"编制并发布本科教学质量报告，是开展自我评估、建立健全高等教育质量保障体系、完善信息公开制度的一项重要工作，是进一步增强社会责任意识、回应社会关切的重要体现，也是向社会展示学校风貌和办学特色、宣传办学理念和教学成果的重要途径"。该制度具有几个突出特点。第一，从属性看，它是健全高等教育质量保障体系的工作之一。即作为质量保障体系的一个重要和独立环节，在质量评估中作为一个规定动作，并且在规范上做到信息公开。第二，从目标看，该制度旨在回应社会问责。一方面，它要求高校增强社会责任意识，回应社会关切。这就要求高校牢记并履行其使命，特别要关注社会需求，提高社会适应性，赢得社会信赖；另一方面，向社会展示学校的办学风貌与特色、办学理念与教学成果，促进社会对高等学校的了解，提高社会对高等学校的信心。第三，从工作联系上看，该制度有其独特性。尽管它与之前的多次评估在内容方面有很多相似之处，但它明确提出了报告公开发布制度，意在改变高等学校与社会之间的封闭关系，促使高校面向社会，回应社会需求。

2011年推行以来，该制度的实施广受关注。其实施效果如何？存在什么问题？如何进一步改善？这些是本课题关注的重点所在，回答这些问题对于更好地实现该制度的政策目标具有重要意义。本课题将从高等教育质量的理论分析、比较研究、文献调研与问卷座谈等方式对该问题予以研究。

二 高校本科教学质量的动力研究

（一）质量文化建设是大学质量提升的内在动力

"质量文化"成为20世纪90年代以来国际质量管理研究的热点之

一,是指特定群体在质量实践活动中逐步形成的价值观念、规章制度、道德规范、思维方式、传统习惯等"软件"的总和。高校质量文化是指高校以质量为核心的价值观念、意识信念、思维方式、道德规范、规章制度及行为方式的总和,它是一种"软"约束,通过潜移默化的方式引导学校教职员工的思想和行为,从而产生对质量目标、质量观念、质量标准和质量行为的认同感和使命感,其核心是全体成员自觉遵守的质量价值观。"质量"与"文化"融合,在于使高校建立一种致力于追求卓越、质量第一的文化,是一种自觉追求高质量的精神、信念、价值观、风气和氛围。

质量文化是质量管理的灵魂,质量文化应渗透于质量管理。质量管理是质量文化的载体,质量管理体现质量文化。一个真正有效的质量管理体系的构建必须从质量文化做起,技术也好,标准也好,制度也好,只有在好的质量文化中才可能是有效的。

要想向社会树立一个负责、重质和值得信任的形象,我国高校需要培育和建设自己的质量文化。高校的质量文化建设是通过文化的力量使高等教育的质量保障从一种被动的外部要求规约,转变为一种主动的内部需求动机。建设高校质量文化,必须体现以人为本,克服过于功利化的倾向,重视学校和学生的长远发展;必须体现个性创新,克服同质化倾向,高度重视学校的特色发展;必须体现教授治学理校,克服行政化倾向,重视提高民主化水平;必须注重质量保障体系建设,克服人治的惯性思维,提高制度的有效性;必须加强学风建设,克服浮躁心理,营造宽松自由、追求卓越的文化氛围。

(二)利益关切、质量信任、新自由主义影响等是高等教育质量问责的外部推力

高等教育利益主体日益多元化,从国家到社会到个体,高等教育的地位不断提升,利益基础不断扩大,学生、家长和市场主体等日益重视在高等教育质量中的话语权,大学需要回应不同利益团体的质量诉求。

高等教育扩招带来社会对质量的担忧日益突出,出现了教育质量信任危机。社会迫切需要具有易获取、可理解并且有说服力的质量证据。大学需要公开的、易于理解的、关键的质量信息,以重树人们对高等教育质量的信任。

高等教育质量问责来源于新公共管理思潮。新自由主义管理理论主张

通过审计、检查、批准、自我评估、质量保障、研究评估和输出指标等，对自我管理的个体和自治组织进行质量管理。新自由主义倚重市场机制对高等教育改造。消费者意识、质量问责等进入高等教育领域，日益成为主流趋势。欧美发达国家日益突出以证据和绩效为核心观念，已经影响到众多发达和发展中国家，包括我国。

三 我国高校质量报告的问题及其分析

以上海市、广东省、湖北省、北京市、陕西省、四川省和辽宁省等七个省级教育行政部门和 39 所"985 工程"大学为调研对象，采用网站访问、网络调研以及文献调研等方式，对 2011—2013 年度三年本科教学质量报告的发布途径、浏览数量、编制模式、报告内容等方面，对报告发布制度的现状进行了调研与分析。

（一）省级教育行政部门质量报告编制要求与发布情况不一

七省市均已经建立了本科教学质量报告年度发布制度，报告编制内容按照教育部要求执行，有的省市还提出了自己的要求。上海市、广东省、陕西省和辽宁省有本省的质量报告发布的公共平台，既要求高校在学校网站予以公布，同时也在省级平台予以公布；2013 年陕西、四川公布了省级质量报告。

（二）"985 工程"高校教学质量报告编制要求与发布情况

1. 质量报告发布途径不一，不少学校的报告找不齐、看不到

截至 2014 年 10 月底，39 所"985 工程"院校中 17 所高校可以通过校方网站浏览到 2011—2013 年度的本科教学质量报告，5 所学校网站可以浏览到 2 年的报告，9 所学校网站只能浏览到 1 年的报告。7 所大学可以通过省级教育行政部门的教育平台浏览到 2 年的报告。8 所大学因未发布或网站加密等原因无法在学校网站浏览报告。

2. 质量报告的浏览量

只有 13 所大学可以通过网站反映出报告浏览量。报告发布在网站的栏目不同，一般都没有明显的发布专栏，检索困难，浏览数量相差很大。

3. 质量报告编制模式

质量报告编制模式从自主到统一，内容按照教育部要求涉及七个方面包括36项要素。

（三）存在的主要问题与建议

阅读主体不明确、缺乏受众意识；晒成绩轻反思，缺乏培养过程的科学的质量监控，缺乏有说服力的证据来显示教学实施效果，质量监督机制没有形成；大多站在高等教育提供方角度，描述办学者的努力，缺乏对学生这一高等教育需求方的关注；对于"质量"没有明确界定，统计口径不同，各校之间可比性不强。

四 美英国家质量问责体系、内容及特点的比较研究

（一）美国高校年度质量报告

1. 大学一般需要向州政府提供年度问责报告

年度问责报告主要是州政府的要求，与财政拨款相关联，也作为对公众关切的回应。其中，本科教育教学质量是该报告的重要组成部分。从加州大学问责报告内容体系来看，其2014年报告内容有14项，其中和本科教学直接相关的有：第4项，本科生学业完成情况；第9项，教学与学习情况：本科学习结果及本科生研究经历等。该年度问责报告有两个突出特点：第一，许多指标具有与同类院校的比较数据，有利于对本校数据有更全面的认识；第二，关注的主要是结果而非过程。如何办学、如何保障教学质量是高校自己的事务，高校没有义务和必要向政府报告这方面的工作。

2. 大学需要周期性地向质量认证机构提供高校自评报告

这类高校自评能集中地反映教育教学质量，就是一种教学质量报告。很多报告可以在学校或所属认证组织网上看到，体现出了极强的公共问责意识。

以中北部地区印第安纳州立大学为例，报告内容有5项。（1）使命与完整性。（2）为未来做好准备。（3）学生学习与有效教学。4个核心要素分别是：学校有关学生学习结果的目标在每个专业教学计划中有清晰

的陈述，使有效性评估成为可能；学校高度重视和支持有效教学；学校创造有效的学习环境；学校的学习资源支持学生学习和有效学习。（4）知识的获得、发现与应用。4个核心要素分别是：学校通过董事会、行政人员、学生和教职员工的行动表明组织重视学习生活；学校通过课程、有意创造的体验性教育将通识教育融入所有本科学位教育中，以形成在多元社会的学习生活中必要的态度和技能；大学评估其课程对学生的有用性，这些学生将工作和生活于一个全球化、多元的技术社会中；学校提供技术，确保师生负责任地追求、发展和应用知识。（5）参与和服务。4个核心要素分别是：学校向地方学习，以更好地服务地方的需要与期待；学校有能力和意愿与地方充分互动；展示对地方需求的积极回应；地方高度肯定学校的服务。

认证体系下高校自评报告的特点是：教育质量是基于学校使命定位、符合学生需求、符合社会需求。高度关注学生的有效学习、态度与技能的获得。

（二）英国高校年度质量报告

1. 英国质量保障署（QAA）制定面向全国高校的质量规范要求

QAA制定的《质量规范》（the Quality Code），是全国高校评估（与质量报告）的主要依据。《质量规范》有三部分内容。每一部分都有具体的期待（即要求）和指标，这些要求就是保障学术标准与质量的关键性内涵。

这三部分内容是：第一，设置与维持学术标准。有3项要求：学术标准的英国和欧洲参照点、学位授予机构的学术标准参照点、确保学术标准和以学习结果为基础的学位授予策略。有7项具体指标。第二，保障和加强学术质量。有11项要求：专业教学计划的设计、发展与批准；招生、选拔与录取；学习与教学；促进学习发展与成就；学生投入；学生评价与先前学习的认可；外部考试；教学计划调控与评估；学术申请与学生申诉；与其他方面共同管理高校；研究学位。各自有一系列具体指标。第三，信息公开。有1项要求：高校必须形成具有针对性、便捷性和可靠性的质量信息。有7项具体指标。

QAA对质量要求的特点是：第一，QAA的规范引导使各地高校质量报告内容比较一致，利于高校间的比较。无论英格兰、威尔士、北爱尔兰还是苏格兰的院校评估报告，均涵盖了学术标准的设置与维持、学习机会/经验的支持、学习机会/经验的评估机制等质量管理、相关的信息管理等。第二，学生参与受到高度重视。QAA的质量规范框架第二部分有一章对学生参与进行了专门的规定。各高校在其内部质量保障体系中，对学生参与有明确的要求。第三，具有审核性评估特征，重视机制建构及其运行成效。超越了对输入与结果的过度关注，更为关注学校为保障和提升教学质量所构建的机制及其运行成效。

2. 英格兰、威尔士与北爱尔兰均进行常规性"院校评估"（Institutional Review）

英格兰、威尔士与北爱尔兰均进行常规性"院校评估"。其目的在于告知学生和广大社会公众，高校是否达到高等教育的期待。除了《质量规范》，QAA指导下的英格兰威尔士和北爱尔兰《高等教育资质框架》（*The Framework for Higher Education Qualifications in England, Wales and Northern Ireland*：FHEQ）也是本地区院校评估的重要参考依据。该框架对各级学位获得者所应具备的学习结果做出了规定。另外，英格兰基金委员会的要求也是重要的参考。

院校评估委员会在评估结束后给学校一个评估报告。评估内容包括核心内容和主题内容。核心内容是面对所有学校的，聚焦于学术标准、学习机会质量、信息公开与质量提升。主题评估聚焦于对高校有意义的某一特定领域，这个主题在一定阶段是变化的。比如，2013年和2014年是：学生在质量保障与提升中的参与、学生就业。一般会形成一个包含总结（summary）、报告（report）、附录（annex）三部分内容的大报告。其中总结主要是面向学生和广大公众的，报告是针对外行与专业受众，而附录更多用于校内改进。

以QAA对剑桥大学2013年的评估为例，其报告内容主要分学术标准、学习机会质量、学习机会信息、学习机会强化、年度讨论主题（学生参与）五方面。具体内容如下。

第一，学术标准。评估结果认为：学校的学术标准满足全国基本质量标准的要求。着重考察的方面有：满足外部资质标准、应用校外监审员制度、评估程序能够保障学术标准、设置与维护专业标准的程序公开有效、学科基准得以应用。

第二，学习机会质量。评估结果认为：学校的学习机会质量满足国家相关要求。着重考察的方面有：教与学的专业标准、学习资源、学生心声、管理信息被用于提升质量标准的情况、大学招生、投诉与申请、职业辅导、残障学生支持、国际学生支持、研究生支持、合作教学的实施、灵活分散性网络学习、基于工作或者实习的学习、学生守则。

第三，学习机会信息。评价结果认为：学校向潜在学生提供的学习机会信息是有效、便捷和可靠的。理由是：对未来学生和在校生提供的学习机会信息公布的责任主体与通道明确；学生对学习机会信息的丰富性、便捷性表示满意；学生对职业辅导信息比较满意；有的学生可以在学校网页上看到外部监审员报告；大学相关利益人可以获得学校提交的"关键信息表"等数据。

第四，学习机会的强化。评估结果认为：学校学习机会强化满足全国质量规范的要求。理由是：质量强化的策略在"学习与教学战略"中有专门规定；大学利用"学习与教学评估程序"（Learning and Teaching Review）来交流质量强化的成功经验；大学利用"学习与教学午餐活动"（Learning and Teaching Lunch）这样的非正式机制来促进质量强化的经验交流；学院和学校策划不同层面的质量强化创新活动；学生提交的报告认为学校的分权结构限制了成功经验的传播，对学校层面的强化机制不是很清楚。但学院层面通过导师制等来强化的成效很有影响。建议学校层面采取措施保障对质量加强的性质与目的形成明确的共识。

第五，QAA 的年度讨论主题：质量保障与促进中的学生参与。考察了学生参与途径的创新、教职员工体验的学生参与、对学生参与的反馈以及形成反馈回路的努力。

3. 英国高校常常需要向所属的地区基金委员会提交年度质量报告

在苏格兰地区，受苏格兰基金委员会的要求，学校要向其提交年度质量报告，大部分在网上也能看到。以爱丁堡大学为例。其质量保障由评议会负责，后者又分为质量保障分委员会（Senate Quality Assurance Committee）等几个分委员会。质量保障分委员会会向评议会和理事会提交报告。评议会每年向苏格兰基金委员会提交学校内部检查活动的年度报告，从而实现其对理事会保障质量的承诺。

爱丁堡大学的质量调控具有分权特征，主要由三所学院（college）具体承担教学质量保障活动，即医学与兽医学院、科学与工程学院、人文与社会科学学院。它们向评议会报告。从爱丁堡大学给苏格兰基金会的年度报告（2013—2014学年）[①]看出其质量报告的内容：主要的质量保障与提升行动总结，包括前一年进行的自我评估；PSRBs[②]检查的各种专业的目录；支持性服务的检查方式；根据绩效指标和其他数据的监控和分析得出的关键信息，包括保持率、学生收获、成就以及来自学生等关键利益相关人的反馈，学校采取的改进措施；通过检查程序反映出的任何需要发展的方面以及成功的经验；学生在检查过程以及更广泛的参与中的作用及性质；对上一年检查的关键发现的反思，包括优势领域的确认，以及学校整体和个别方面需要发展的领域；大学内外部质量保障的一致性；学生服务质量保障框架与学生支持服务的评估；在2013—2014学年进行了评估检查的专业学习项目；下一学年度检查评估的规划。

高校年度质量报告的特点：其一，学生参与受到高度重视。QAA认为，学生的声音对于教学质量的保障具有重要的意义。对学生参与的重视反映了英国高等教育界对"教学质量"的概念认识上的取舍，即以学生为中心，以"学生的参与"、以"学生的发展"为关键词来定位教学质量。在教学质量概念中，更加注重学习的质量，而非一味地关注教的质量。教的质量只有融入学的过程，才具有现实的意义。其二，具有审核性评估特征，重视机制建构及其运行成效。年度质量报告遵循审核评估的指导思想，超越了对输入与结果的过度关注，更为关注学校为保障和提升教学质量所构建的机制及其运行成效。这也是QAA的质量规范在内容构架上主要以学术标准的设置与维护、学术质量的保障与加强为重的出发点所在。

五 四所省属高水平大学学生学习与发展调研——质量报告的有益补充

（一）西北政法大学学情调研报告

2013年底，课题组以"大学生发展论""大学生学习环境论"为基

[①] "The University of Edinburgh Annual report to the Scottish Funding Council on Institutional led Review and Enhancement Activities 2013–2014", http://www.ed.ac.uk/about/annual-review/archives。

[②] PSRBs全称为Professional, statutory and regulatory bodies，即为特定专业领域设定准入标准的机构。如苏格兰法律协会、英国护士协会等。具体可参见QAA的Quality Code。

础，设计的问卷包括学生课堂学习情况及其评价、课外学习情况及其评价、对教学管理的评价、学习收获等四个维度，对西北政法大学一至四年级11个学院的近万名在校学生进行了学情调研。完成的系列研究报告，包括对学校学情调研的总体研究报告，对一年级、四年级、法学专业学生三个样本的专题研究报告。

从调研结果显示，在课堂教学方面，虽然教师的课堂教学得到多数学生的肯定，但从进一步优化课堂教学质量、提升学生对课堂教学的满意度的角度考量仍有明显缺陷与不足；在课外学习与发展方面，学校对"第二课堂"投入不足、安排不够丰富，影响学生的有效利用，学生对"第二课堂"整体满意度偏低；在教学管理方面，专业及课程建设仍有明显不足，一些教学管理制度执行不够严格，在促进学生学习方面的作用发挥不够充分；在教学条件方面，课程资源建设、实验实践教学及其他一些硬件设施存在不少问题，影响了学生的满意度；在学生自我发展方面，学校教育在促进学生全面发展方面的作用与学生期待仍有一定差距，尤其在培养学生实践能力方面问题较为突出。

课题组提出促进学生加强学习投入，提高学习质量的九条建议：激发学生深层学习动机，切实加强学风建设；加强对学生学习方法的指导，提高学生学习能力；引导学生优化时间管理，提高学习效率；督促学生有效利用学习资源，提升学习质量；以师德师能建设为重点，进一步加强教风建设；以服务学生发展为宗旨，进一步优化学风；以提高实效为目标，严格执行相关管理规定；加强优质教学资源建设，更好地满足学生学习需要；建立常态数据库，形成学情调研长效机制。

（二）四校学生学习与发展问卷调研报告

在西北政法大学调研基础上，课题组调整完善了以学生发展为目的的地方高水平大学学情调研问卷，对西北政法大学、西安邮电大学、西安工程大学、西安科技大学四所省属高水平大学进行调研。每所学校发放问卷都在1000份以上，覆盖各校主要学科专业的一至四年级学生。问卷回收率和有效率高，达到98%以上。这次调研问卷的内容构架遵循了学生发展理论与教育质量评估理论的基本原则，涉及学习目的与习惯、学业挑战性、师生互动、课外活动的丰富性、校园环境支持度和大学教育的收获六大模块。问卷依据每项指标的主要观测点与内涵，设计了57个题项。另外，还有一个开放题，以反映其他未涉及的重要方面。

四校结合学校自身的人才培养现状与特色，对统计结果进行了分析讨论，提出了提升人才培养质量的对策建议，形成了各自独立的调研报告。本课题组形成了总体报告。调研显示：（1）学习目的与习惯方面，大部分学生具有较好的学习习惯，喜欢自己的专业，但是多数学生自主学习时间过少，主动利用学校丰富的教学资源的意识不强。（2）学业挑战性方面，学校的学业挑战度总体上不高，教学过程中对学生创新性和实践能力的要求较低，但是各校又有些差异。（3）师生互动方面，学生与老师总体上沟通明显不够，无论是课内还是课外都缺乏互动。（4）课外学习的丰富性方面，学生可参与的课外活动较丰富，但学生参与有助于其发展的各类学术与实践活动项目不够多，而消耗在网络上的非发展性时间投入较多。（5）校园环境支持方面，大部分学生对学校的各种软硬件条件均比较满意。（6）大学教育收获方面，通过大学阶段的学习，大部分学生在各方面的能力均有所提高。

课题组建议，要真正实现从"重教轻学"到"为学而教"，从"知识传递"到"培养能力"的转移。要关注学生深度学习，全面提高教学质量。如调动学生专业学习兴趣，培养学生良好学习习惯，增进学生学业挑战度，加强学生学习性投入，促进学生对学校各类教育教学资源等利用率。高校要积极构建支持型校园环境，为学生发展提供强有力支持。如建立师生互动等政策制度保障，从教学管理制度建设上加强校风、教风、学风建设，在教学资源建设上尊重和满足学生学习兴趣的广泛性及多样性。

这次调研的新尝试在于，不是以学校办学输入条件、教学管理过程要素质量以及学校人才培养的外在肯定（如各种项目、荣誉的获得）为主要内容，而是侧重学生所感知的教师的教学与促进学生发展的维度，更侧重学生所感知的各种教学环境对其发展的支持度。就是以学生的眼光，以学生间接报告的形式来全面地评估学校本科教育的质量。

六 完善高校教学质量报告制度的政策建议

（一）确立质量文化理念，提升高校质量管理能力

高校要勇于承担使命与责任，以责任换取自治，以质量赢得市场。高度关注高校的教育与教学质量管理的能力与水平的提升，不仅要完善已有的质量保障体系，还特别要注重高校质量文化的建构与维护。

高校内部质量文化必须体现以人为本，克服过于功利化的倾向，重视学校和学生的长远发展。高校内部质量文化必须体现个性创新，克服同质化倾向，高度重视学校的特色发展。高校内部质量文化必须体现教授治学理校，克服行政化倾向，重视提高民主化水平。高校内部质量文化必须注重质量保障体系建设，克服人治的惯性思维，提高制度的有效性。高校内部质量文化必须加强学风建设，克服浮躁心理，营造宽松自由、追求卓越的文化氛围。

（二）完善质量报告体系，回应多元主体需求

高等教育的利益相关者既有政府、高校，也有学生家长，还有市场用人单位。他们对高等教育的利益诉求有很大共通性，但也有各自的特殊利益所在，因此也构成了不同的高等教育质量诉求。这就要求高校质量报告在服务对象上要超越一元性，形成多种形式并存的多元质量报告体系。诸如面向政府主管部门的年度质量报告、面向学校的以学情调研为特色的质量报告等。当然，也可以借鉴美国学情调研和英国QAA指导下的院校评估中形成分层次的报告，不同的报告面向不同的受众和利益主体，回应其特定的质量关切。

这种报告服务对象的多元化要求政府、中介和高校明确各自角色定位，各安其位、各守其责。首先，要调整政府的质量管理方向，应该在办学、办专业的基本标准方面着力，应该在保障公平与平等方面着力，而非在选优等精英化策略上着力。其次，需要孕育与大力发展中介评估组织的力量，为广大公众提供一个第三方的视角。最后，大力发展高校行业内部形成的自律性评估组织。

（三）丰富质量报告内容

质量报告的结构方面应提升指标体系的整体性，以服务学生发展为主。就像美国以院校使命实现为宗旨和英国以学术质量标准的维护与强化为宗旨一样，对各项质量评估和报告指标发挥高度凝聚的作用。我国高校教学质量年度报告应当有所聚焦，从教的质量转向学的质量。

质量报告在内容上还应高度重视凸显学生学习参与的情况，增加这部分指标的内容。比如增加和丰富学业挑战性、学生学习投入、学生支持服务的完备性、学习资源的利用率、学生学习结果的关键指标等。力求使学生学习质量得到更切实和更全面的反映。

（四）提升质量信息的可靠性与便捷性、公开性

在质量问责或者说质量报告的公布上，要具有更大的透明度，形成明确的质量报告信息公开制度。借鉴英国 QAA《质量规范》和院校评估中有关信息公开的制度，以及美国高等教育认证机制中有关高校质量信息公开的制度，构建和完善我国高校质量信息公开制度，使得高校质量信息公布有章可循。搭建国家级、省级、校级质量报告发布平台，建立质量报告社会评议制度。搭建便捷的发布平台，方便找寻浏览。

提供多层次与体系化的质量信息。在质量问责或者说质量报告的内容方面，需要从点状信息到网状信息，从静态信息到动态信息，客观（事实）信息与主观（价值）信息并重。

（五）转变报告文风，增强公众可读性

质量报告要转变文风，增强公众可读性。对于客观性情况要尽量用量化表述，以便精确和简洁。其他非客观性指标，应该结合学校的特色与实际予以描述，反映学校特有的经验与成就，或者问题。

Research on the System of Undergraduate Teaching Quality Report

Yan Yalin　Song Hongyan　Wang Ruomei
Zhang Hongli　Guo Yanli

Abstract: Concerning the effect and reform direction of the system of undergraduate teaching quality report, the project makes investigation on research on several provincial education administrative departments and the "985 Project" universities; makes theoretical analysis on the inner and outer motions of teaching quality promotion; makes comparative study of undergraduate education quality report in US and UK; tries student survey in several universities. The project shows that, in general, the implementation of the annual report system of undergraduate teaching quality is not satisfactory; we should relate to quality culture theory, learn from US and UK, and better our quality report system from the following aspects: set up and act on quality culture idea, perfect the quality system that reflects various subjects, enrich the content of the report, improve the quality information. The project also put foward the idea that student survey is also an useful supplement to the report system.

Key words: teaching quality report; empirical study; comparative study; policy recommendation

高校教师教学发展中心本土化运行之检视

王若梅[*]

摘　要：教师教学发展中心作为我国学习国外高校提升教学质量的重要举措至今已走过5年。本研究简要回顾了该机构本土化的历程，分析了其本土化过程中存在的机构行政化、功能简单化、人员非专业化、资源稀缺化等主要问题，并认为教育主管部门的发展观在某种程度上出现偏差、高校内部管理层重视与支持不够、建设初期缺乏顶层设计、建设过程中缺乏对相关规律的认知是造成问题的主要成因。基于此，本研究提出了高教主管部门应合理设计与分层推进、高校管理层应重视教学及教师发展、以强化顶层设计为重点加强政策与制度保障、在相关规律指导下加强重点环节建设等改进之道。

关键词：高校；教师教学发展中心；本土化

一　引言

建立教师教学发展中心是美、英等发达国家为促进教师专业化发展，消除教学障碍、进行教学反思、丰富教学策略进而提高教学能力与水平、增强教师教学效能感的通行做法。本文提及的"本土化"，就是在追求质量已成为我国高等教育第一要务的时代背景下，放眼世界，将国外成立教师教学发展中心这一促进教师提升教学能力的成功做法引入我国高校，以专业化的人员及办法促进我国高校教师的专业化发展。对于我国而言，近年来在经历了诸多探索之后，积极借鉴外域的先进经验以教师教学发展中心作为提高质量的突破口已成共识，特别是在国家教育管理部门行政手段的强力推动下，高校教师教学发展中心在经历了短暂的政策层面的宣传动员之后便迅速进入到了自上而下的实质性推进阶段，短短几年时间各地高

---

[*] 王若梅：西北政法大学高教所，研究员，主要研究方向：高等教育管理、大学教师与教学。

校的教师教学发展中心就如雨后春笋般快速发展起来。有鉴于成立教师教学发展中心是近些年来我国优化高等教育质量、促进高校师资队伍健康发展的一项重要战略举措，故有必要对这一外来经验本土化运行情况进行一番分析和思考。

二 教师教学发展中心本土化进程的简要回顾

（一）政策生发阶段

"教师教学发展中心"在我国的发展源自于对教育质量重要因素——教师教学能力的关注。20世纪90年代后期以来，教育质量日益成为高等教育的主题，陆续制定的一系列重要文件都提及了教师教学能力的改进，如下所述。

2000年，教育部《关于实施"新世纪高等教育教学改革工程"的通知》（教高〔2000〕1号）指出"要以高校担任基础课、专业基础课的中青年教师为对象，开展现代教育思想与观念、教育理论与实践、现代教学内容、现代教学方法和手段等方面的培训"。

2001年，教育部《关于加强高等学校本科教学工作提高教学质量的若干意见》（教高〔2001〕4号）指出"要逐步建立和完善国家、省市、高等学校三级教师培训制度，按计划、有目的地培训中青年教师，特别是承担基础课和公共基础课教学的中青年教师。对参加培训的中青年教师要颁发相应证书，并将培训情况记入教师业务档案，作为聘任岗位职务的重要依据。各高等学校要像重视培养学科带头人一样重视基础课中青年骨干教师的培养"。

2005年，教育部《关于进一步加强高等学校本科教学工作的若干意见》（教高〔2005〕1号）指出"高等学校广大教师要积极探索教学规律，研究和改革教学内容与教学方法，不断提高教学水平"。

2007年，《教育部 财政部关于实施"高等学校本科教学教学质量与教学改革工程"的意见》（教高〔2007〕1号），指出要"加强本科教学团队建设，重点遴选和建设一批教学质量高、结构合理的教学团队，建立有效的团队合作的机制，推动教学内容和方法改革和研究，促进教学研讨和教学经验交流，开发教学资源，推进教学工作的老中青相结合，发扬传、帮、带的作用,加强青年教师培养"。

同年,《教育部关于进一步深化本科教学改革全面提高教学质量的若干意见》(教高〔2007〕2号),以更多笔墨强调了要加大教师队伍建设力度,如"要发挥教授、副教授在教学改革中的主力军作用,积极鼓励教授、副教授投身教学改革,改进教学内容和教学方法,大力推进启发式教学,不断取得高水平教学改革成果"。"要通过创建教学团队,研究和改革教学内容,开发教学资源,开展启发式教学、讨论式教学和案例教学等教学方法改革,促进教学研讨、教学经验交流。"

总体上,随着一系列政策文件对教育质量的关注日益聚焦于教师群体,而对教师的关注日益聚焦于其教学能力,创建专门的教师教学发展机构的时机日渐成熟,教师教学发展中心呼之欲出。

(二) 政策落地阶段

2010年,国家出台《中长期教育改革发展规划纲要(2010—2020年)》,其中提出要"提高教育质量、建设高等教育强国",这一战略思想对师资队伍建设提出了更高的要求,为从制度上提升教师的教育水平奠定了重要的基础。

2011年,教育部、财政部《关于"十二五"期间实施"高等学校本科教学质量与教学改革工程"的意见》(教高〔2011〕6号)提出要"引导高等学校建立适合本校特色的教师教学发展中心……重点建设一批高等学校教师教学发展示范中心",这是我国政府首次以文件的形式明确要求各高校建立此类机构。

2012年,教育部《关于全面提高高等教育质量的若干意见》(教高〔2012〕4号)再次强调"推动高校普遍建立教师教学发展中心,重点支持建设一批国家级教师教学发展示范中心"。

根据上述文件要求,2012年,教育部启动国家级教师教学发展示范中心建设工作,决定批准厦门大学教师发展中心等30个教师教学发展中心为"十二五"国家级教师教学发展示范中心,中央财政资助每个国家级教师教学发展示范中心500万元建设经费。之后,教师教学发展中心在全国众多高校纷纷建立起来。

(三) 全面推进阶段

自30个国家级示范中心建立起来之后,教师教学发展中心就如雨后春笋般在各地快速发展起来。以陕西省为例,2013年陕西省教育厅出台《关于加强省属高等院校教师发展中心建设的指导意见》,要求各省属高校加快建设工作步伐,随后,2014年即组织多所高校教师发展中心负责人分赴知名高校展开广泛调研,2015年进一步召开了高校教师发展中心工作现场推进会,同年即制定了《陕西省省属高等院校教师发展中心建设评估办法》,并对省属高校教师发展中心建设情况进行了评估,2016年陕西省开始遴选省级教师发展示范中心。[①] 截至目前,省属本科院校均已建成了相应的实体化机构,陕西省省属高校教师发展中心的建设速度由此可见一斑。其他众多省份也与陕西类似,教师教学发展中心在我国进入了一个空前的全面发展时期。

三 教师教学发展中心本土化运行的现实之困

观察较短时间内国内教师教学发展中心运行情况,笔者认为当前我国高校教师教学发展中心总体上呈现出两种发展状况:一种是以30所国家级示范中心为代表,这部分中心往往定位清晰、目标明确、活动多样、发展态势良好;另一种则是众多普通高校按照国家要求建立起来的,这部分中心是本文关注的重点,它们存在严重的模式趋同现象,在规范化与标准化的建设目标下,缺乏自身的发展思路,不仅组织管理趋同、运行方式趋同,而且人员配备趋同、工作内容趋同。在总体发展模式趋同的情形下,主要还存在以下问题。

(一) 机构行政化

虽然中心的成立对于促进教师教学发展已发挥了一定的作用,但从机构本身来说,还有一些不尽如人意之处,偏离其应然定位、行政化色彩浓厚就是其中之一。教师发展中心的根本目的在于促使大学教师从基于个人

[①] 董玮:《陕西省高校教师发展中心研究》,《西北高教评论》(第二卷),中国社会科学出版社2016年版。

体悟与自省的经验发展模式向基于理性训练与培育的专业发展模式转型，就其性质而言，应该是一个兼具行政属性与学术属性的机构。① 但是目前在某些学校却被划入了行政机构系列，如同人事处、科研处、学生处一样，成了一个二级行政部门，一般为处级单位，中心负责人享有一定的行政级别，人员配备方面注重人员的行政能力，运行过程中有的学校直接将其设立于行政办公楼上，仅有几间工作人员办公室，既缺乏开展活动的一般性场所，更缺乏带有摄录设备等设施的专业教室，中心的运行逻辑主要还是靠自上而下的行政手段组织协调相关工作，这种高度行政化的组织方式拉大了与其服务对象——教师群体的距离，不利于其服务于教师价值诉求的实现。

（二）功能简单化

教师教学发展中心的功能应是多样化的，通常应包括教师培训、教学改革、研究交流、质量评估、咨询服务等多个方面，如此才能更好地满足广大高校教师专业化发展的需要，才能实现其作为一个机构存在的目的和价值。然而从目前看来，我国高校教师教学发展中心运行实践中，有不少学校都存在将其功能表面化、简单化的发展态势，工作内容不仅浮于表面且相对单一，最典型的就是有的学校教学发展中心成了单纯履行教师培训职能的部门，服务于教师的职前培训成为主要的工作内容，这在一些地方高校表现尤为明显。如此，虽然在一定程度上凸显了服务职能，但大大弱化了中心应有的研究以及保障职能，而后者才是实现其专业化服务能力的重要方面。由于研究等职能弱化导致不能对教师教学工作进行深入的理性审视与问题归因，中心的服务力大打折扣，根本不足以为教师提供系统而有针对性的帮助和指导。

（三）人员非专业化

教师发展中心一项重要使命即是实施教学咨询服务，而要帮助教师解决教学过程中具体的教学问题、帮助他们建构起自身体系化的、个性化的专业教学知识、进而实现专业化发展，必须有一支专业化的教师发展者队

---

① 别敦荣、李家新：《大学教师教学发展中心的性质与功能》，《复旦教育论坛》2014年第4期。

伍，这是中心能够更好地服务于教师的根本保证。所谓教师发展者的专业化，其核心应该是从业者形成服务于教学质量提升和学术职业发展的意识、素质与技能，最终目标是让教师发展者具有特殊价值和不可替代性，以及特定的专业知识、专业技能和专业伦理、专业自主和权威。① 然而从目前来看，由于我国高校教师教学发展中心基本还处于初创阶段，在人员构成方面与上述要求还有不小的距离。已有人员一般可以分为兼职与专职两大部分，兼职人员通常为领导和重要的专业工作者，如主管教学的副校长兼任教学发展中心的主任，少量具有教育学、心理学等学科基础的教授兼任教学发展中心的辅导教师；专职人员要么是从其他部门抽调而来，其本身并不具备促进教师发展的职业胜任力，要么是一些即将退休或已经退休的老教师，他们虽有丰富的一线教学经验但在"互联网＋教育"等新的背景下知识构成仍有不足，即使是新招聘人员，其知识基础虽然是教育学或是心理学之类，但传统的培养内容并无直接与教师发展相对接的内容，所以仍然存在不能较好地满足广大教师需要的问题，仍然需要通过工作历练去反思总结与提升，况且目前高学历的教育学、心理学等学科的人员进入这一领域的仍十分有限。中心人员的专业化程度较低直接影响服务效果，通常只能够按照上级部门的要求对教师提供一般化的共性服务，根本无法满足广大教师个性化的职业发展需要。近期的一项实证研究更充分证明了这一点，该实证研究基于对四百多位教师的调查发现，他们对培训活动的满意度最高，对教学咨询活动这一专业性较强的工作满意度最低，② 这一调查进一步说明我国高校教师教学发展中心急需加强人员队伍建设，引进多种学科人才加强教师发展者的专业化已成当务之急。

（四）资源稀缺化

丰富多样的资源是确保教学中心各项工作得以顺利开展的重要保证，比如国外的教学发展中心一般都会有内容丰富的教学资源，这包括电子教

---

① 刘进、哈梦颖：《高校"教师发展者"的专业化问题研究——以美国32所研究型大学为分析对象》，《外国教育研究》2016年第7期；虞永平：《〈幼儿园教师专业标准〉的专业化理论基础》，《学前教育研究》2012年第7期。

② 韦莉娜、别敦荣、李家新：《高校教师对教师发展中心满意度研究》，《复旦教育论坛》2016年第2期。

学资料库、有关教学的纸质书籍期刊论文、大量的影像资料、前沿的教育技术资料、各种服务于教师与学生的评估软件与文件等；此外，硬件设施建设也比较到位，除了一般都有DVD摄录技术、旨在提高教学质量的工作坊等，有的学校还建有适合教师锻炼的演讲中心；等等。并且在信息技术快速发展的当代，他们不仅注意资源的丰富性，而且还很注意对资源及时进行更新与完善。而我国高校教学发展中心由于还处于初创阶段，资源建设相对滞后，不少学校的教学发展中心所能提供的资源，往往只是少量的教学指导书、教学视频、课程录像等，而且更新缓慢，这种情况远远不能满足促进教师教学发展的实际需要。

四　教师教学发展中心本土化运行不畅之故

（一）教育主管部门的发展观在某种程度上出现偏差，重视建设数量、忽视建设质量

教师教学发展中心对于我国高等教育而言是一种新鲜事物，其建设和发展理应有计划、有步骤地加以展开，然而，现实情况却是随着各级管理部门相关指导性文件的下发，成立教师教学发展中心在某种程度上成了硬任务，一些学校尤其是一些地方高校建设过程缺乏必要的人力及物质技术准备，急于求成，匆忙上马，中心的建设质量可想而知。这种忽视教师发展中心应有的内涵建设、忽视其应有建设规律的发展状况表明，主管部门的发展观虽然总体上已聚焦于内涵式的发展模式，但在发展的个别时期、个别节点仍存在一定的追求规模和数量的问题，教师发展中心的建设就是如此，重视前期的成立工作，忽视后期运行能力的提升，尽管其初衷并非如此，但事实上却导致教师教学发展中心在我国不自觉地走上了一条外延式扩张的道路。

（二）高校内部管理层面对于成立教学发展中心认识不足、重视与支持不够

截至目前，虽然诸多高校已按照上级管理部门要求，努力构建了教师教学发展中心这一机构或类似机构，但客观地说，一些学校的领导对建立该机构的意义与作用认识存在一定偏差，有的甚至可以说还很不到位，不

少人还是停留在单一维度的表面化的认知上，即只是简单地认为该机构的作用就是培训教师的教学能力，并没有从根本上认识到它是打造高校内部质量保障体系的关键、是重建校园教学文化的重要载体和平台、是促进高校教师专业化发展、实现职业生涯不同阶段顺利过渡的重要保证。由于缺乏对该机构目的与价值的深度认知，从而导致给予的政策、人员、条件等实质性的支持不够，使得机构的运行实际上处于一种尴尬的境地，一些业务无法开展，已经开展的工作往往也流于形式化、简单化，在某种程度上沦为以往师资培训部门的变体。

（三）建设初期缺乏顶层设计，缺乏系统性考量

虽然越来越多的现代管理理论已被成功应用于我国高教管理实践，但令人遗憾的是，在构建教师教学发展中心时，诸如顶层设计理论、组织结构理论、系统论等当代管理理论的精华并未充分加以借鉴和应用。由于缺乏顶层设计以及系统性考量，导致中心的诞生犹如一个不太健康的早产儿，虽来到世间但问题重重。

在含混不清的发展逻辑之下，首先，是教学发展中心自身制度建设弱化。制度是一个机构得以顺利运行的重要保证，何况教师发展中心这样一个理应身兼多职的机构，更需要完备的制度方能确保其传播教学观念和文化、开展教学指导与培训、进行教学与课程研究、评价与反馈教学等一系列功能的顺利实现，然而从目前看来，仍相去甚远，在对中心定位不清的前提下，中心的制度建设很难做到全面、周到、具体，由此基本无法保证上述重要功能顺利加以实现。

其次，更为严重的是外部相匹配的配套政策稀缺化。众所周知，在现代社会，组织分工日益精细化，每一个部门要想顺利实现其预设的目标及功能，与其在组织系统中的定位有关，也与其和其他部门的协作配合有关，必须得到相应的政策及条件支持。教师教学发展中心组建及运行过程中，恰恰是缺少了这样的支持。这与相当一部分学校在组建发展中心之初缺乏系统性思维，不能合理划分人事、教务、教学发展中心等部门职责权限因而不能出台相关明确的政策有很大的关系。

由于缺乏相应的内外部有效的政策制度保障，在"科研决定论"仍大行其道的背景下，教学发展中心与高校现有的发展局面难以融为一体，甚至格格不入，在促进教师教学发展之路上，它不自觉地陷入了孤身奋战

的窘境，其效果可想而知。

（四）建设过程中缺乏对教学发展中心建设规律的认知，存在一定的盲目性

在国家一系列政策文件推动下，教师教学发展中心这一促进高校教师专业化发展的机构在我国势如破竹，迅速发展起来，但是由于缺乏对中心建设规律的深入了解和把握，导致建设过程存在较为明显的盲目性和不确定性，主要表现就是在功能定位不清、发展思路不清、运行模式不清、专业人员严重不足的情况下，就急就章似的匆忙上马，这种盲目建设的结果是虽然诸多高校短时间内都出现了这一新兴机构，但相似度很高，疏忽了与各校原有师资发展支持系统的有效衔接，专业化、个性化、特色化严重不足，中心在教师群体中并没有赢得更多的认同感，教师主动参与的积极性不高，由此大大降低了教师教学发展中心的价值与意义，同时也为其后续的发展埋下了隐患。

五 教师教学发展中心本土化运行的改进之道

（一）高教主管部门应秉承实事求是的思想，合理设计，分层推进

在设立教师发展中心的问题上，虽然管理部门与以往高等教育大扩张时期的外延式发展相比有了明显的改进，但仍暴露出了贪大求多的倾向。事实上，教师发展中心虽然具有一定的必要性，但由于条件所限等原因，在我国高等教育发展的现阶段，诸多学校都成立该机构颇勉为其难，笔者了解到，有的地方高校虽按上级要求成立了该中心，但实际所发挥的仍是教务处或人事处原先所承担的教师培训业务，距离专业化、学术性的要求相去甚远，有的学校甚至还迟迟成立不起来。即使是教师发展中心出现最早、数量最为众多的美国，也仍然有一些高校出于种种原因并未设立该机构。所以，对待教师教学发展中心这一机构，教育管理部门应采取一种更加灵活、开放务实的态度，而不应"一刀切"，尤其是省级教育主管部门更应该注意这一点，目前，一些省级教育管理部门对于成立教师发展中心有一些硬性要求，这一点值得商榷。当下阶段为了促进教师发展中心在我国健康发展,必须树立务实的管理思想,从实际出发,分层、分批加以推进,对于暂时条件不具备成立该机构的学校,国家投入了大量资金建设省级示范中心,必须充分挖掘其潜力,发挥其应有的示范带动效应。

(二) 高校管理层应树立内部质量保障理念,追求应有的质量文化,从而重视教学、重视教师发展

高校管理者的管理思想是引领一所大学发展的关键,在追求高等教育质量的时代背景下,大学校长们首先应树立的就是内部质量保障理念,它是确保一所学校在激烈竞争中立于不败之地的法宝。树立内部质量保障理念最应做到的就是追求应有的质量文化,它是内部质量保障理念落到实处重要的承载者,其生发的重要基础是教学文化,而教学文化则离不开大学教学这一土壤以及教师教学发展这一重要的活动形式,因此,管理者必须高度重视教学工作、高度重视教师发展。

要做到上述方面,管理者就必须深入了解教师职业的特殊性与教师教学发展的重要性。大学教师作为学术职业,是以知识的发现、传授和应用为活动内容的一种特殊职业,也是一个不断形成专业化的过程。教师发展涵盖多个方面,在追求质量的语境下,其教学发展具有非凡的意义。所谓"教师教学发展",就是教师通过持续的专业学习、教学实践反思、课程发展行动与教学规律探究,提高教学专业之意识、知能和精神,以实现促进学生有效学习的卓越教学及自身生命价值,是一个环境脉络、文化背景与个人特质不断交互作用、互为影响的专业成长历程。[①] 上述表述足以表明大学教师要从职业生涩走向职业成熟必须经过不同的发展阶段,尤其是作为其首要要务的教学发展更具有相当的难度,靠个人自觉的反思体悟远远不够,必须经过组织化以及专业化的成长历程。

目前教师发展中心运行中存在的种种问题表明,一些学校的管理层对教师职业认知仍有欠缺,尤其是对教师教学发展的重要性仍缺乏应有的认识。如果管理者能够真正重视教学、注重保障教师应有的职业权利,那么教师教学发展中心作为促进教师专业化成长,尤其是教学发展的重要部门自然会受到应有的重视,进而焕发出应有的生机与活力。

---

① 苏强、吕帆、林征:《大学教师教学发展的理性思考与超越之维》,《教育研究》2015 年第 12 期。

（三）强化顶层设计，加强政策与制度保障

教师教学发展中心作为高校内部保障教育教学质量新兴的常设机构，必须加强顶层设计、加强政策与制度保障。这方面着重应做到以下几点。

首先是进一步明确中心的定位及功能，并保证该机构应有的独立性。有研究认为，"大学教师教学发展中心必须将行政机构和学术机构的性质有机地融为一体，成为兼具行政和学术属性的专门机构，从而发挥行政与学术的双重优势"[①]，这一定位颇具代表性，它一方面强调了中心的服务性，那么在现实中就应力戒机构的行政化倾向，凸显服务广大教师的价值取向；另一方面强调了中心的研究性，说明它应该是一个以专业化知识支撑起来的促进教师专业化发展的专门机构，这样的定位所衍生出来的功能必定是多元多样的，以往的师资培训部门无力担此重任，必须成立具有一定职能权限的能够独立运行的专业化机构，如果挂靠某一部门，中心的价值、合理性以及效能发挥都会大打折扣。

其次是在明确中心多重功能的基础上，构建中心内部制度体系。主要包括教师培训制度、开展教学研究的制度、进行教学评价的制度、开展教学咨询的制度、服务学生学习与发展的制度，等等。这些制度既相互独立又彼此联系，共同作用于教师专业化的成长与发展。同时，这些制度也为进一步丰富工作内容，探索符合自身学校发展要求的多样化发展模式奠定了必要的基础。

最后是加强外部保障体制机制研究，强化中心与其他部门的相互配合与联系，完善外部配套政策措施。教师教学发展中心所要开展工作的复杂性、多样性甚至创新性决定了它必须得到其他部门的支持与配合，离开了相关部门的支持配合，中心的工作将难以为继。如：需要会同人事处、科研处等部门出台新的鼓励发展教学能力的教师考核与职称评审制度，这是确保中心工作得以顺利开展的重要前提；需要在各二级学院等部门的支持下出台提高教师参与度的制度举措；需要教务处发挥其长期管理教学的优势为教师教学发展提出更具针对性的意见和建议；需要资产管理、后勤服务等部门在物质与技术层面提供必要的支持和帮助；等等。

[①] 别敦荣、李家新：《大学教师教学发展中心的性质与功能》，《复旦教育论坛》2014年第4期。

总之，只有在强化顶层设计、加强政策与制度保障的基础上，中心才可能得到健康持久的发展。

（四）积极探索教学发展中心的发展规律，强化重点环节建设，提高中心的建设水平

教师教学发展中心的发展具有一定的规律性，笔者认为基于其多重职能，强化重点环节建设，从改进工作能力入手应是其基本要义，专业人员队伍建设及资源建设是首要的两个方面。

首先是强化专业人员队伍建设。国外教师发展中心之所以能够吸引教师，很大程度上在于它能够及时为每一位教师提供极具针对性的帮助和指导，而这种帮助一定是建立在专业化的服务团队之上，所以要想使教师发展中心切实发挥其应有的功能，必须着力建设一支专业化的人才队伍。出于专业化的考量，这支队伍必须重视对高等教育学、教育心理学、教育技术学、教学设计、课程开发、远程教育等专业博、硕士学位人员的吸纳，同时还要根据本校具体情况以及教师发展中心的定位重视其他相关专业人才的引进。在开展这项工作时，首先应根据学校专任教师的规模对所需要的教师发展者进行测算，以免造成人才的无序引进从而导致人才浪费，有研究表明，美国研究型大学教师中心平均人数为 13.3 人，10—20 人规模的教师中心最为普遍。同时，中心人员在学历结构上存在"六四定律"（即教师发展者约六成具有博士学位，约四成不具有博士学位）、在学科结构上存在"二八定律"（教师发展者约两成来自于教育学门类，约八成来自于非教育学门类）。[①] 这对中国教师发展中心专业化队伍建设具有一定的参考价值。

其次是强化资源建设。这里特别想提及的是哈佛大学博克教学和学习中心的"立体资源库"，该中心经过 30 多年的发展已成为全美大学教师发展机构的标杆，该中心的资源包括九大类：课程与教学大纲设计资源、教学技术资源、演讲/讲课资源、课堂活力与多样性资源、分类和反馈资源、讨论引导类资源、职业行为指导类资源、材料类资源、链接类资

---

① 刘进、哈梦颖：《高校"教师发展者"的专业化问题研究——以美国 32 所研究型大学为分析对象》，《外国教育研究》2016 年第 7 期。

源①，这些资源极大地便利了师生的学习与发展，是中心各项工作能够深入持久进行的有力支撑。我国目前已组建了不少高校教师教学发展中心，资源不足已成为突出的短板，积极学习先进经验，加大各类资源建设力度，增强对广大教师的影响力和吸引力应是今后相当长一段时期内的重点工作。

Study on the Localization of the Centers for Faculty's Instructional Development in Colleges and Universities

Wang Ruomei

Abstract: As an important measure learning from foreign colleges and universities for improving the quality of higher education, the center for faculty's instructional development was introduced to China 5 years ago. This paper briefly reviews the localization process of the center in question, and analyzes the main problems in the process——administration of the organization, the simplification of functions, the non-specialization of the staff, and the scarcity of resources. This article also states that adeviation of certain degree of the development view of the education authorities, the lack of support from the internal management of university, the lack of top-level design at the early stage of construction and the lack of the relevant laws in the process of construction, are the main causes of the problem. On the base of the above mentioned research, the study puts forward a series of improving methods: the higher education authorities should design reasonably and promote the construction of the center in question in a layers - built way; the focus of university management should be teaching and teachers' development, the top-level

---

① 汪霞等：《中外大学教学发展中心研究》，南京大学出版社2013年版，第77页。

design should be taken as the key to strengthen the policy protection; and intensify the construction of key links under the guidance of the relevant rules.

Key words: colleges and universities; center for faculty's instructional development; localization

陕西本科高校人文社会科学十年发展研究*

宋鸿雁 蔡 菁**

摘 要：陕西本科院校是人文社会科学发展的重要资源。论文回顾了国家和陕西省在本科高校社会科学的人员队伍、资金、项目、成果等方面曾出台的相关支持政策。对2004—2013年陕西省社会科学统计资料中的相关数据进行统计分析，结果表明：队伍稳步发展；经费投入持续增加；项目支持不断加大；各类成果产出增幅不大或者呈现下降趋势。综合相关政策支持与现状，论文提出了进一步改革的思路：以设计有效制度、切实保障课题项目制度的手段促进科研创新；完善科研创新机制，维持教师持续进行科学探究的热情；营造充满活力的学术市场，以竞争激发科研创新等方向推进改革。

关键词：陕西；本科院校；人文社会科学；现状与问题；对策

党的十七届六中全会指出，要在新的历史起点上推动社会主义文化大发展大繁荣。陕西省第十一次党代会也明确提出，要建设西部文化强省。陕西高等教育资源丰富，优势鲜明，特色突出，具有繁荣发展哲学社会科学的良好基础和条件。然而，陕西省是社科资源大省，却不是社科强省，社科研究整体质量还不高，与打造西部文化强省的目标仍有极大距离。分析陕西省人文社会科学的发展现状与问题所在，梳理既有的政策支持，探讨未来的改革思路，对于繁荣陕西人文社会科学具有重要现实意义。

---

* 基金项目：陕西省哲学社会科学基金项目"陕西高校学科团队建设与创新研究"项目（项目编号：12N054）。

** 宋鸿雁：西北政法大学高等教育研究所，研究员，主要研究方向：高等教育学。蔡菁：西北政法大学教育经济与管理专业，2104级硕士研究生。

一 陕西高校人文社会科学的政策回顾

进入 21 世纪以来，高校的人文社会科学一直受到高度重视，国家和陕西省出台过不少相关政策，从认识与理念、人员队伍、项目经费、管理机制等方面提供了支持与保障。

（一）国家层面政策

国家层面出台了专门的高校哲学社会科学发展繁荣计划。2003 年颁布《教育部关于进一步发展繁荣高校哲学社会科学的若干意见》；2011 年教育部、财政部联合下发《高等学校哲学社会科学繁荣计划（2011—2020 年）》。这些重要文件在阐述发展哲学社会科学重要意义的基础上，提出了我国发展繁荣高校哲学社会科学的目标、任务内容，并从领导、投入和管理体制改革方面提出了保障措施。另外，国家层面其他的重要政策，如教育部在 1998 年发布的《面向 21 世纪教育振兴行动计划》（简称《行动计划》），教育部、国家发改委、财政部 2013 年联合印发《中西部高等教育振兴计划（2012—2020 年）》（简称《振兴计划》）都在"高层次创造性人才工程""长江学者奖励计划""新世纪优秀人才支持计划"等具体政策中明确提出"优先支持中西部高校"或"向中西部高校倾斜"。《振兴计划》更是要求"加大对中西部高校哲学社会科学研究项目支持力度，重点支持中西部高校服务区域发展的基础研究和特色研究项目，继续实施西部项目，逐步扩大中西部高校受益范围"。

（二）陕西省层面

陕西省也出台《陕西省哲学社会科学研究"十一五"（2006—2010 年）规划要点》《陕西省哲学社会科学研究"十二五"规划》《陕西高等学校哲学社会科学繁荣计划（2012—2020 年）》等重要文件。这些文件就陕西省哲学社会科学的发展思路、发展目标、发展任务与保障措施进行了规划。具体到本文聚焦的社会科学教学与研究的队伍、经费、项目、成果方面，也有一系列非常明确的政策措施。

1. 队伍发展方面

相关政策提出，要打造高校哲学社会科学优秀科研团队。要以项目规划为导向，推动各学科的队伍建设。充分发挥老专家带头作用，通过组织中青年社科理论工作者参与重大项目研究，把培养中青年学科带头人放到突出位置。在深入实施"三秦学者计划""三五人才工程"、省"百人计划"、省"青年百人计划""陕西省青年科技新星"等计划中，向哲学社会科学领域倾斜，重点培养哲学社会科学学科领军人和学术骨干；贯彻落实陕西文化名家工程与"四个一批"人才培养工程建设，扩大省高校哲学社会科学领域"千人计划""长江学者""新世纪优秀人才"等高层次社科人才队伍的规模，培养一批哲学社会科学领军人才。创新高校哲学社会科学人才培养模式，实施创新团队建设计划、创新人才支持计划，着力打造以战略科学家为核心与引领的科研创新团队。

2. 项目方面

在规划项目的申报、评审、鉴定、验收中，进一步规范评定标准体系，推动多出精品。增设项目类别，建立健全社科基金项目资助体系。"十二五"期间，要建立健全以年度项目为主体，以重大项目为龙头，以委托项目、后期资助项目、哲学社会科学优秀成果出版项目等为补充，类别多样、定位明确、功能互补、相互衔接的项目资助体系。

3. 经费方面

相关政策提出，要根据本省经济社会发展状况和财政收入状况，逐步增加省哲学社会科学规划课题研究经费支持力度。在以财政支持为主的前提下，采取多种措施，积极探索科研资金筹措渠道，吸引社会资金投向社会科学研究，鼓励有条件的哲学社会科学研究机构和研究人员面向市场和企业需求，形成多元化的科研经费融资渠道。在项目课题、人才工程、基地建设等方面给予实际而有力度的经费支持。例如针对"三秦学者"，每年给每位"三秦学者"人民币10万元、所带科研团队人民币10万元岗位津贴。设岗单位每年给予每位"三秦学者"所带科研团队提供不少于5万元的岗位津贴配套经费。每年为每位人文社会科学类"三秦学者"提供不少于5万元科研配套经费等。

4. 成果方面

在鼓励成果发表与宣传方面，相关政策要求进一步完善高等学校哲学社会科学研究优秀成果奖励制度；加强对优秀社科规划项目研究成果的出版资助；加大对哲学社会科学优秀成果的表彰与宣传力度，不断提升优秀成果的知名度和影响力；积极组织高校参与教育部高等学校科学研究优秀成果奖（哲学社会科学）的评奖和表彰活动；进一步疏通和拓宽哲学社会科学优秀成果进入党和政府决策的渠道，及时向有关部门报送有重要参考价值的成果，供给各级党委、政府和有关部门参阅。

二 陕西省本科院校人文社会科学研究的现状

本文搜集整理了 2004—2013 年这 10 年陕西省人文社科统计资料的部分数据，以期深入分析和挖掘这些数据，更好地了解陕西省这 10 年人文社科的发展现状和整体趋势。

（一）队伍发展情况

表1　　　　2004—2013 年陕西省人文社科发展的队伍情况　　　单位：人，%

年份	社科活动人员 合计	按职称划分 高级	高级比例	中级	中级比例	初级	初级比例
2004	13232	4034	0.30	4783	0.36	3885	0.29
2005	13832	4458	0.32	4807	0.35	4117	0.30
2006	14362	4614	0.32	5015	0.35	4305	0.30
2007	14602	4878	0.33	5401	0.37	3974	0.27
2008	15125	5164	0.34	6031	0.40	3565	0.24
2009	15652	5447	0.35	6524	0.42	3340	0.21
2010	15886	5654	0.36	6843	0.43	3127	0.20
2011	16381	5877	0.36	7176	0.44	3086	0.19
2012	16622	6016	0.36	7484	0.45	2918	0.18
2013	16816	6089	0.36	7711	0.46	2848	0.17

年份	研究发展人员 合计	按职称划分 高级	高级比例	中级	中级比例	初级	初级比例
2004	2816	1674	0.59	882	0.31	249	0.09
2005	3210	1884	0.59	967	0.30	351	0.11
2006	3757	2029	0.54	1168	0.31	553	0.15
2007	3988	2155	0.54	1322	0.33	505	0.13
2008	4813	2589	0.54	1614	0.34	600	0.12

续表

年份	研究发展人员						
	合计	按职称划分					
		高级	高级比例	中级	中级比例	初级	初级比例
2009	5849	3064	0.52	2039	0.35	730	0.12
2010	7389	3308	0.45	2370	0.32	699	0.09
2011	8501	3627	0.43	2631	0.31	762	0.09
2012	9330	3749	0.40	3086	0.33	761	0.08
2013	9866	3782	0.38	3335	0.34	788	0.08

资料来源：根据《2004—2013年全国高校社科统计资料汇编》整理，下同。

（二）经费情况

表2　　2004—2013年陕西省人文社科活动的经费情况　　单位：百元,%

年份	研究发展经费			研究发展课题		
	当年拨入	当年内部支出	使用率	当年拨入经费	当年支出经费	使用率
2004	548617.59	468221.62	0.85	223167.79	164882.61	0.74
2005	772956.24	654806.33	0.85	376728.97	303874.36	0.81
2006	834804.74	759634.96	0.91	424161.43	322008.49	0.76
2007	1011996.40	840926.32	0.83	536006.25	481329.73	0.90
2008	1080566.91	996575.12	0.92	648838.60	560689.31	0.86
2009	1525833.70	1328790.90	0.87	1009878.40	815110.82	0.81
2010	2181016.92	2058083.66	0.94	1262281.54	1128674.04	0.89
2011	2528787.60	2528286.50	1.00	1622156.02	1498955.47	0.92
2012	2764502.26	2450241.01	0.89	1701302.45	1397318.20	0.82
2013	3091453.79	2817145.83	0.91	1919006.81	1612871.35	0.84

（三）课题立项情况

表3　　2004—2013年陕西省人文社科课题立项情况　　单位：项

年份	2004	2005	2006	2007	2008	2009	2010	2011	2012	2013
研发课题数	2835	3033	3907	4666	5693	6473	7243	8614	9766	9873

(四) 成果情况

表4　　　　　2004—2013年陕西省人文社科活动成果情况

年份	研究发展成果					获奖成果数（项）	
	著作（部）	学术论文		研究与咨询报告		合计	其中：国家级和部级
		合计	其中：国外学术刊物发表	提交有关部门数	其中被采纳		
2004	693	8486	70	826	11	208	201
2005	715	9135	54	302	15	148	0
2006	624	9109	80	458	10	27	25
2007	637	9649	64	321	8	169	0
2008	714	10441	113	145	85	4	3
2009	593	11720	56	32	26	187	22
2010	623	12128	167	135	25	5	5
2011	635	12940	154	83	27	199	10
2012	650	11557	195	153	78	6	5
2013	640	10588	270	124	44	179	26

三　陕西省本科院校人文社会科学发展的统计结果

从上述各项统计中，对于2004—2013年陕西省高校人文社科的发展，可以得出以下结果与结论。

(一) 高校人文社科队伍持续壮大

高校社科活动人员包含所有从事社会科学教学与研究工作的人员，社科研究发展人员只包含前者中承担着项目课题的，或者发表有科研成果的人员。这两个数字代表了高校中从事社会科学教学与研究的队伍规模，特别是研究发展人员代表了其中从事社会科学研究的队伍规模。社科活动人员和研究发展人员的总体规模不断增长。表1数据显示，从2004年到2013年，社科活动人员增加了3584人，增幅约27%；研究发展人员增加了 7050 人，增幅约 250%，增幅突出；研究发展人员与社科发展人员合计增加 10634 人，增幅达到 66%。

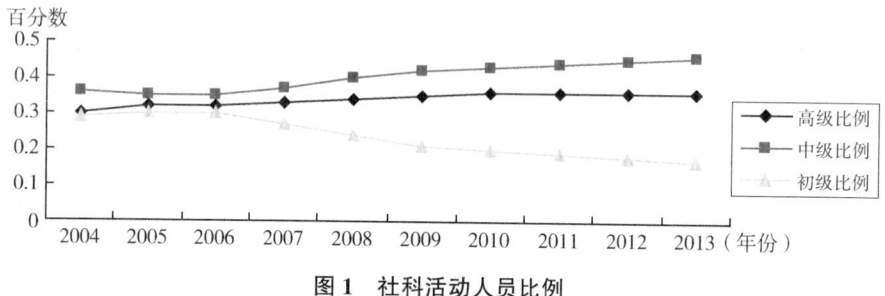

图 1　社科活动人员比例

计算社科活动人员和研究发展人员中高级、中级和初级人员占总人数比例，分别形成图 1 与图 2。图 1 显示，社科活动人员中拥有高级职称的人员增幅一直处于平稳状态，始终在 35% 左右；而中级职称的人员增幅自 2006 年开始加快，从当年的 35% 持续增加，直至 2013 年达到 46%；初级职称的人员增长比例从 2006 年开始迅速下降，从 30.9% 一直降到了 2013 年的 17.1%。总体上，中级职称人员上升稳定，高级职称人员稍有上升，初级职称人员下降较明显。

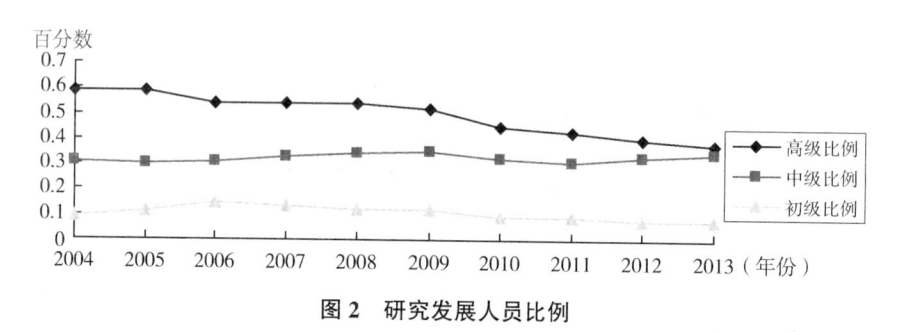

图 2　研究发展人员比例

研究发展人员折合全时人员数不断增多。但从图 2 看，高级职称人员比例下降较明显，从 59% 降到 38%；中级职称人员比例波动甚微。总体稍有提高，从 2004 年的 31% 增加到 2013 年的 34%；初级职称人员从开始的 9%，短暂增加至 14.7% 后，又渐趋下降至 8%，总体稍显下降趋势。

结合图 1 与图 2，总体上社科活动人员中的高级职称比例呈现缓慢上升趋势，但研究发展人员中高级职称比例下降幅度明显，而中级职称比例提升幅度有限。这说明（副）教授和（副）研究员从事研究发展活动的人数发展趋势与社科活动人员高级职称稳步上升的趋势不一致。换言之，有部分教师评为教授（研究员）后不做研究了，特别是不再踊跃承担项目课题研究和发表科研成果，中级职称社会活动人员中，从事研究发展的人员规模增长也微弱。

（二）经费在持续增加

由统计表2数据发现，研究发展经费拨入总额大幅增加，从2004年的约5500万元到2013年的3亿多元，增长约6倍。相应的研究发展的课题经费拨入总额也增长迅速，从2004年的约2000万元到2013年的约1.9亿元，增长约10倍。

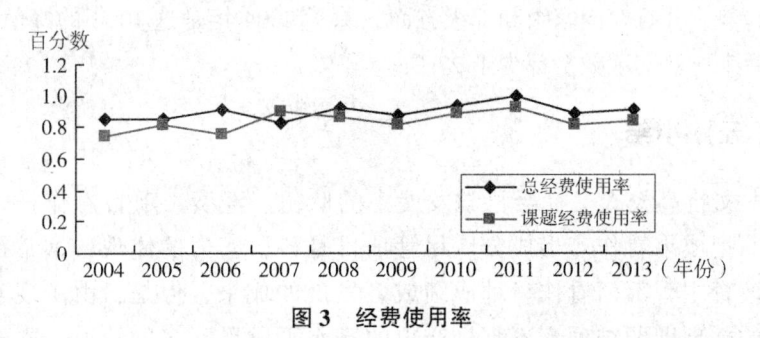

图3 经费使用率

我们将当年内部支出额与当年拨入额相比，得到经费的使用率如图3所示。使用率是反映经费使用情况的一项重要指标，用百分比表示。由图3看出，总经费的使用率一直维持在80%以上，在2011年几乎达到了100%。同时，课题经费的使用率也相当高，最大时达到了92%。使用率与经费总额相结合，说明投入和使用的经费都在大幅提升。

（三）课题立项数量不断提升

由表3数据可以看出，10年间陕西人文社科的课题立项数增长迅速，2004年仅有2835项，到2013年达到了9873项，增加了7038项，增幅达到248%，即增加了近4倍。结合10年内课题项目增幅与课题立项经费增幅，可知课题经费投入力度之大。

（四）研究成果的发展态势不容乐观

研究成果是研究水平的集中体现。科研论著的规模表现了科研产出的规模，咨询性应用成果体现了科研活动服务社会发展的能力与水平，获奖成果集中反映了高校人文社会科学研究所取得的创新成就。由表4数据可以看出：

（1）这10年产出著作数量基本持平，在593部到715部区间摆动；

（2）学术论文篇数基本上逐年增加，但增加幅度不很大，最少时8486篇，最多时12940篇，增幅约为52.5%，且不稳定；

（3）研究与咨询报告篇数和获奖成果数量波动较大，且总体下降趋势明显。在研究与咨询报告方面，提交有关部门的报告总体呈下降趋势，在2009年降到了最低，仅32篇，除个别年份（2008年、2012年）外，其余年份提交的报告被采纳的概率较低。在获奖成果方面，总体看也是呈下降趋势，并且在国家级和部级方面，除了2004年是这10年的峰值201项，后来所获奖项数量都少于27项。

（五）小结

本文将高校人文社会科学发展中的队伍、经费、项目看作投入成分，而把成果看作产出成分。尽管项目是科研实力的体现，常常被高校和教育主管部门看作一种成绩或者发展的成果，但是，由于现实中存在的立项课题结项率不高、产出的高水平成果不多的情况，本文仅将项目看作投入部分，更多地反映了各种项目经费支持。从投入与产出的角度看，2004年到2013年的数据显示，陕西省人文社会科学发展情况，投入与产出的增长趋势并不同步，甚至成负相关，投入增长幅度大，产出增长幅度小，甚至在某些方面是负增长。队伍方面的一个有趣现象是社会活动人员高级职称人员规模缓慢增长，但是社科研究发展人员高级职称人员规模下降幅度明显，这两个队伍增长趋势的不一致也颇耐人寻味。

（六）问题反思

结合前述陕西省人文社会科学发展的政策背景，以及陕西省人文社会科学发展中投入产出不一致的现状，不得不令我们追问原因何在。为什么投入在不断增长，但产出增长极不相称，甚至出现负增长？是什么原因导致各类投入未能发挥应有的效应？为什么人文社科队伍的快速发展不能带来研究成果的高速增长？为什么正高级职称的人文社会科学从业人员规模缓慢上升，而从事科学研究者则显著下降？为什么显著的经费增长不能促进成果的高速增长？为什么大量的立项亦未能带来不断增长的科研成果？如果这些只是显性的、外在的投入，那么，还有什么隐性的投入是必须而被忽视的？怎样才能真正使这些显性的投入发挥应有的激励与支持作用？

现有的国家以及省级政策就哲学社会科学的方方面面进行了规划，诸如科学研究的指导思想是什么，课题项目方向如何确定，项目如何评价与管理，资源如何整合，科研基地如何建设，科研人才队伍怎样培养与构建，科研成果如何得到激励、宣传和转化，如何提供经费支持上述这些活动，等等。似乎政策很全面，充分反映了对人文社会科学的大力投入。但是这种投入激励并没有很有效地促进陕西人文社会科学的快速发展。各种投入与激励政策如何找准改革靶心，从而有效推动陕西人文社会科学的快速发展？这似乎是进一步改革方向所在。

四 陕西本科高校人文社会科学发展的改革思路

因此，陕西人文社会科学发展的改革除了继续实施其在"十二五"期间的既定政策，以解决资金不足、队伍不够壮大和结构不够优化、成果创新不够、水平不高与应用性不够突出等表面性问题外，还必须抓住关键问题，沿着设计有效制度、切实保障课题项目制度促进科研创新的目的；完善科研创新机制，维持教师持续进行科学探究的动力；营造充满活力的学术市场，以竞争激发科研创新这些方向推进改革。

（一）需要设计有效制度，切实保障课题项目制度促进科研创新的目的

大量课题项目立项为什么产出成果少或者成果质量不高？其中一个原因可能与教师分配机制的行政化、市场化、企业化有关。[①] 高校教师在上述背景下严重两极分化，有一批教师拥有大量课题，有时候拿一个题目通过各种科研管理渠道反复申报、重复立项。有些所谓科研大佬通

---

① 张荆、赵卫华：《高校教师收入分配与激励机制改革研究》，中国社会科学文献出版社2014年版，第59—62页。

过各种人脉关系获得项目立项，但意在资金攫取而非科研创新。同时，我国高校科研项目课题制度中，立项艰难、结项容易，结项鉴定管理缺乏严肃性，客观上纵容大量低水平成果。新的项目管理制度需要精心设计，实现制度应有的引导和约束力。设计得当的制度具有巨大威力。例如第二次世界大战中美国空军为了使降落伞合格率从本来的99.9%提高到100%，改变了检查制度，每次交货前从降落伞中随机挑出几个，让厂家负责人亲自跳伞检测，很快成功达成目标。该案例中，由于建立了将结果与个人责任和利益联系到一起的制度，从而显著改变了生产实践。高校人文社会科学的管理为了促进科研成果的规模与质量，必须设计出科学有效的、能够四两拨千斤的激励制度来。例如，在科研项目管理中，除了在当前科研项目的评审中要采用能够鉴别高质量有潜力项目的制度外，还必须在项目的结项鉴定制度方面有所创新。必须对不能在一定时间段内结项者给予明确的惩罚，或者几年内不能再申报同类课题，或者给予撤项和追回部分项目经费的处理。陕西省哲学社会科学研究"十二五"规划已经提出要建立健全项目淘汰机制，严格中期管理，督促课题承担者按时高效地完成项目研究。完善评价机制，严把成果鉴定结项关，应当落实这一政策。对于优秀结项的项目，可以适当给予切实的奖励经费。对课题的配套支持也可以改为结项奖励的形式，就是加重对课题研究结果的奖励。切实使项目课题研究人员的科研责任与其成果奖励结合起来。使人文社会科学研究者切实体会到要踏踏实实做研究，努力创新研究成果，提升科研成果质量的成就感，而不是将争取科研项目立项本身当作目的所在而忽视产出高水平科研成果的责任。只有这样，科研项目才能真正实现推出高质量创新成果的目的。这样的成果既包含有创新性的学术成果，也包含能够指导政策实践的应用型研究成果。只有这样，科研项目的规模增长才能导致高质量科研成果规模同步增长。

（二）完善科研创新机制，维持高校高职称科研人员的科研活力

高校人文社会科学高职称科研人员具备了良好的科研能力，但是当下很多正高职称人员科研活力不足，这绝对是一大资源浪费。为什么教授不再积极投入科研？部分原因在于科研以课题制形式为主，而正如有学者所

言:"项目课题制已经由本来的学术创新推进剂变成了一个拦路石。这一点在社会科学领域表现得尤为突出。因少有机会享受到来自企业和社会的横向研究课题,政府主导型的资金投入决定了社科课题多限于为政府服务的领域,科研自主性被大大压缩。"① 另外,不够科学的科研经费管理办法也是一个消极因素。如何激励高职称社会研究人员安心科学研究?让科学研究成为富有吸引力的事业,而不仅仅是高校"青椒们"必经的痛苦的职称晋升要道。这需要高等教育管理研究人员广泛深入调研,找出症结所在,完善科研创新机制,维持科研人员科研创新热情。例如,探索侧重成果奖励为主而非课题立项为主的科研创新机制;改革科研经费管理办法,尊重科研活动的不确定性和探索性规律,给予教师从事科研活动以及相关经费使用的自主性等。

(三) 打造充满活力的学术市场,通过竞争激发科研创新

有学者指出,环境与体制决定了学术机器的生产效率,创建顶级大学最重要的一环,是建构一个既竞争又合作的学术市场,利用经济动机与市场压力,让人们自然地依自利的动机,做到对社会最大的贡献。② 在陕西高校人文社会科学发展方面,同样需要营造这样一个学术市场,让项目立项与成果奖励的设置摆脱过多的行政干预,成为面向一切具有资深优秀科研实力的人文社会研究人员的平等机会。使学术评价成为一项更多遵循学术规律的学术活动,这里面需要思想的竞争,从而也构成了一种思想市场,而不是一个行政分配占据主导的政府计划领域。只有这样,项目的立项和成果的发表以及奖励才能成为真实地反映富有创新与实力的学术活动,才能吸引真正的学者与真实的学术研究,最大限度地压缩低水平科研的存在空间,建立广大人文社会科学工作者对科学研究事业的忠诚,才能真正培育出科研创新的动力。

---

① 《三高校教师以不同方式远离现行体制》,http://bbs.pinggu.org/forum.php?mod=viewthread&tid=1488587&page=1.2016-3-15。
② 李志文:《二流大学漫谈》[EB/OL].http://mp.weixin.qq.com/s?__biz=MzI5ODEyOTIwOA==&mid=2653607372&idx=1&sn=da0f8a001f8f03af017175d993f3d9e9&chksm=f774f79bc0037e8dd80c63c1aeed4c9f5b0f49fdde77dd02a45515aaacfb554b528e4e40eafd&mpshare=1&scene=5&srcid=1029z5whoJ22uur6AGzCunDi#rd。

Study on the Development of Humanities and Social Sciences in Ten Years in Shaanxi Province

Song Hongyan　Gai Jing

Abstract: Colleges and universities in Shaanxi is an important resource for the development of humanities and social science. This paper reviews the related supporting policies, concerning team buliding, fundations, research programs and research fruit in these research domain. The paper analyzes the statistical data of Social Science in Shaanxi province in 2004—2013. The analysis shows that, team develops steadily; funding and support for project continues to increase; the growth of research output of various types is not large or shows a downward trend. This shows that the input and output of the development of humanities and social sciences in Shaanxi colleges are inconsistent and efficiency improvement is needed. In order to further promote the rapid development of the humanities and social sciences in Shaanxi Province, it is necessary, on the basis of carrying out the existing policies, to promote the innovation of scientific research with the measures of designing effective system and ensuring the project system; and to improve the scientific research and innovation mechanism to maintain teachers' enthusiasm of carrying out scientific research; to create a vibrant academic market to stimulate scientific research innovation through competition.

Key words: Shaanxi province; colleges and universities; humanities and social science; situations and problems; solutions

陕西省高等教育群体就业问题及对策研究

王 娟[*]

摘 要： 高等教育群体的就业一直是社会关注的热点问题之一。本文通过对陕西省高校毕业生就业数据分析，指出陕西省高学历毕业生存在就业难问题、不同性别毕业生的就业差异以及不同学科专业的就业差异等，分别就经济转型、高校发展以及专业设置等方面分析高等教育群体的失业原因。基于陕西省经济发展和高校实际情况，试图从培养结构型人才、应用型人才以及调整人才培养机制等方面为改善陕西省高等教育群体的就业问题提供建议和意见。

关键词： 高等教育群体；就业；陕西省

一 陕西省高校毕业生就业总体概述

我国高等教育近些年快速发展，已顺利进入高等教育大众化阶段。陕西省作为我国高等教育的前沿阵地，其教育水平在我国位居前列，但在高等教育快速发展的背后依然面临诸多问题。目前，我国高等教育群体面临的严峻就业形势是各大高校都急需解决的问题之一。陕西省作为我国的教育大省，其高等教育群体的就业问题也受诸多因素的影响。大学毕业生群体在正式迈入社会之前，在校期间所学习的知识和所参与的社会实践活动等对其就业都有积极影响，但是由于社会不同于大学，多数毕业生在就业之前尚未形成完整的价值观，他们对于就业会产生很多主观的看法，如过多考虑个人利益，轻视社会的需要；对自己的能力也无法准确定位；择业目的不纯，受到各种利益的驱动；等等。从客观来看，我国市场经济体制逐步确立，在这样的社会环境背景之下，当代大学生的价值观念也会随之发生改变，更多的大学生树立了追求自立、竞争、公平的时代意识。

---

[*] 王娟：西安财经学院，讲师，主要研究方向：高等教育管理、思想政治教育。

近几年陕西省高校持续扩招，受高等教育群体数量不断扩大的影响，全省范围内的就业形势都十分严峻，高等教育群体面临着巨大的就业压力。截至2016年5月底，陕西省36万名应届高校毕业生已签约24.3万人，签约率为67.5%，同比增长2.95%，高于2015年同期水平。2015年，陕西省高校毕业生有33.3万人，在这些毕业生中已就业的有2.9万人，初次就业率为88.52%，其中研究生、本科生、专科（高职）生初次就业率分别为87.52%、88.93%、88.14%。就业人数比上一年增加2.3万人，初次就业率增长0.04个百分点，实现了就业人数与就业率的双增长[①]。2014年陕西省普通高校毕业生有30.6万人，其中博士生1237人，硕士生2.4万人，本科生15.1万人，高职（专科）生12.8万人。陕西省高校2014年毕业生的总体就业率为88.48%，与2013年同期相比略有变化，其中研究生的就业率为87.52%，本科生就业率为88.93%，高职（专科）生的就业率为88.14%[②]。从近几年陕西省高校毕业生就业总体情况看，陕西省高校毕业生的总体就业率变化幅度较小，但是本科生、研究生的就业率有明显的下降趋势，数据背后反映了高校大规模扩招之后出现的毕业生就业问题。

二 陕西省高校毕业生就业问题

（一）高学历毕业生就业难问题

2015年陕西省高校研究生的初次就业率为87.52%，本科生的初次就业率为88.93%，专科生的初次就业率为88.14%。从数据来看，陕西省高校毕业生的就业率总体相对较高。但是，陕西省高校本科生、研究生的就业率与20世纪90年代中后期相比，均有不同程度的下降，目前研究生的就业率下降了11.48%，本科生的就业率下降了1.07%。相反，专科生的就业率则有大幅增加，专科生的就业率在20世纪90年代的初次就业率

---

① 《2015年陕西省国民经济和社会发展统计公报》［EB/OL］.http：//www.shaanxitj.gov.cn/site/1/html/126/132/141/12527.htm.2016-3-15。

② 《2014年陕西省教育事业统计公报》［EB/OL］.http：//www.snedu.gov.cn/news/tongjinianjian/201508/12/9628.html.2016-8-12。

为40%，同2015年相比，专科生的就业率上涨了40.14%。与此同时，近几年高学历群体"就业难"情况也出现在重点院校，部分重点院校的一些"冷门"专业就业率并没有达到预期水平。比如陕西省西安电子科技大学日语、工业工程、录音艺术等专业的毕业生就业率就比较低，西安电子科技大学公布的2014年毕业生就业质量报告就明确指出要根据不同专业的毕业生的就业率调整本科专业的招生机制，对于就业率低的专业适度调减招生计划数，若近三年还不能改善，将停止招生。西北农林科技大学也有部分专业的就业率很低，学校也根据实际情况采取了调整措施。根据《西北农林科技大学2014届毕业生就业质量报告》显示，本科专业中经济学专业就业率为61.54%，市场营销专业就业率为66.67%，土地资源管理专业就业率为64.71%；硕士专业生物物理学专业就业率为57.14%，化学生物学专业就业率为68.75%，应用化学专业就业率为62.50%，农业技术经济与项目管理专业的就业率仅为33.33%。陕西省内重点高校中部分专业的失业率更是高达40%~50%[1]。传统就业市场的就业率通常按照学历层次来衡量，学历层次同就业率之间一般是正向关系，即学历层次越高，就业率相对就越高。作为重点院校的毕业生其求职定位相比普通院校的毕业生就要高很多，面对职业他们可能会做出"有业不就"的选择，这就会引发高学历群体的失业问题。

在新的社会经济发展形势之下，我国高等教育改革持续推进，我国各大高校毕业生的"就业难"已经成为一个社会问题，各大高校的毕业生面临严峻的就业形势。在当前就业形势并不乐观的情形下，本科生、硕士研究生依旧不断扩招，高等教育群体人数连年上涨，就业队伍也在不断壮大，在继大学生就业难之后，处于高等教育群体中较高层次的硕士研究生也面临着严峻的就业考验。相比本科生、专科生而言，研究生的高学历就业优势逐渐减弱，有些研究生毕业生的签约率甚至低于高职（专科）毕业生的签约率。

（二）不同性别毕业生的就业差异

目前，我国建立的是"双向选择，自主择业"的就业模式，用人单位和求职大学生在就业市场中都享有极大的自主权。但是，现实就业市

---

[1] 《2015年陕西省教育事业发展统计公报》，2015年8月12日。

场中男女大学毕业生享有的机会却并不均等。根据陕西省教育厅公布的《2016年陕西省高校毕业生就业状况报告》，在2016年陕西省高校毕业生中，男、女博士毕业生的就业率分别为88.18%、89.46%；男、女硕士毕业生的就业率分别为92.66%、83.70%；男、女本科毕业生的就业率分别为89.40%、89.56%；男、女专科毕业生就业率分别为89.27%、86.83%。从数据不难看出，博士、本科、专科学历的毕业生就业率差异相对硕士就业差异较小，女硕士毕业生就业率比男硕士毕业生就业率低将近10个百分点。我国《劳动法》第十二条明确规定："劳动者就业，不因民族、种族、性别、宗教信仰不同而受歧视。"然而，女大学毕业生由于特殊的生理、心理状态以及用人单位出于经济利益的考量等原因，现实中女性毕业生群体在就业市场上往往因为性别受到就业限制，就业市场中女性遭受用人单位歧视的情况时有发生。而博士、本科以及专科等学历层次中，男女毕业生的就业率差别不大，但这并不代表男女毕业生在就业市场中处于平等的地位，通常是女性为了追求就业而接受同预期差别较大的就业岗位。虽然实现了就业，但是相对也大大降低了就业的质量。

（三）不同学科专业的就业差异

我国各大高校不同的专业通常划分在不同的学科门类之下，一般社会惯用文、理科区分不同的学科专业，不同的专业就业率也有很大差异。根据陕西省教育厅公布的《2016年高校毕业生就业质量报告》显示，在2015年的毕业生群体中，理科专业的毕业生就业率要明显高于文科专业的毕业生，其中部分重点院校的电子、机械、制造工程、化学化工等专业的就业率甚至达到100%。部分专科院校的理科专业，比如铁道工程技术、汽车检测与维修等专业的就业率也常年保持在90%以上。相比之下，高等院校文科类专业的就业率相对较低，常年维持在60%—80%不等，很难实现高就业率。社会经济的发展需要高校为其输送人才，提供智力保障。但是社会对于大学毕业生数量的接收能力有限，随着毕业生人数的持续增加，很难提供充足的就业岗位以适应不同专业毕业生的就业需求。这也反映了社会上存在显著的就业结构性矛盾，现有的产业结构很难适应毕业生的专业要求，导致就业市场供需之间存在不平衡的现象。

陕西省高等教育发展目前所呈现出的问题也是我国各大省份高等教育

发展面临的问题的一个缩影。从全国范围来看，无论是学历层次还是学校类型均呈现出"两头高，中间低"的特点。原来社会上普遍认可的"优校优质"在如今并不适用，名校的大学生就业率近几年都有所降低。与此同时，随着大学生人数的持续增加，女性毕业生群体、文科专业的毕业生在就业市场面临更加严峻的就业形势。

三 陕西省高等教育群体就业问题产生的原因

（一）经济转型对人才的"新"要求

根据《2015年陕西省政府工作报告》提出以培育新支柱产业为重点，着力打造陕西经济升级版的要求，如今陕西省的经济处在升级发展阶段，主要以推动能源化工产业高端化和新支柱产业加速成长为目标①。在经济升级的过程中必然伴随产业结构的优化，即产业结构由第一产业向第二、第三产业移动，而在第二、第三产业发展的过程中尤其强调人才的重要性。通过2014年上半年陕西省三大产业对劳动力的需求人数可以看出：第二产业和第三产业对劳动力需求人数较多，占总需求人数的99.69%；第一产业需求人数仅占需求总数的0.31%。就业岗位主要集中在第二产业、第三产业。

表1　　　　2015年上半年陕西省三大产业对劳动力的需求人数

产业	需求人数（万人）	所占比重（%）
第一产业	71	0.31
第二产业	12937	56.81
第三产业	9766	42.88
合计	22774	100.00

陕西省2015年上半年三大产业中劳动力所占的比重显示出陕西省的

---

① 娄勤俭：《陕西省2015年政府工作报告》[EB/OL].http://www.shaanxi.gov.cn/0/103/10783.htm.2015-2-2。

第二产业和第三产业是目前社会经济发展的重心,同时这一数据也折射出陕西省经济发展对于专业人才的需求:近些年第一产业的人才需求逐步降低,相对第二产业和第三产业的人才需求则呈上升趋势。在2015年上半年,陕西省的第二产业对于劳动力的需求相比第三产业更大。陕西省目前处于社会经济的转型期,传统的制造业依然是工业的重要组成部分,第二产业由于发展的需要,对于人才的需求量也就更大。第三产业现在处于上升阶段,随着工业结构的调整和经济的转型,与第三产业密切相关的人才的需求也会进一步加大。

受生态环境恶化因素的影响,为了加大对"雾霾"的治理,陕西省加快对于传统产业的改造升级,转型甚至是淘汰高耗能、高污染的产业。2015年上半年,陕西省非能源工业增加值同比增长13.4%,较能源工业增速高出13.3个百分点。高新技术产业增加值同比增长30.3%,同战略性新兴产业共同成为推动陕西省经济稳增长的"双引擎"[①]。由于高新技术产业、战略性产业需要人才具备更高的专业技能,这也间接影响了高等教育群体的就业结构。高学历很难满足省内经济转型的需求,原来依靠名校学历就能就业的趋势正在改变,社会对于高等教育群体的专业知识、技能都提出了新的要求,无法提供专业知识技能的高等教育群体就要面临失业的困境。

(二) 高校发展对人才培养的"新"趋势

高等教育旨在培养具有创新精神和实践能力的高级专门人才,这些人才在进入社会之前通常都需要接受市场的筛选。一般而言,正常就业指的是能够被市场顺利接收的大学毕业生,没有被市场接收的大学毕业生视为失业。无论高等教育发展程度如何,我国高校为社会发展所培养的高级专门人才的数量总是有限的。随着我国近些年高等教育群体的不断扩大,人才的数量也相对大幅增加,但是社会上对于人才的需求有限,主要表现为可提供的就业岗位是有限的。

根据相关统计数据得知,我国高校毕业率近几年普遍在97%以上,这主要包括专科生、本科生、研究生和博士生。不难看出我国的高等教育面对受教育群体之间的竞争几乎是"零淘汰",无论受教育的程度如何都

---

① 《陕西统计年鉴2015》,中国统计出版社2015年版,第212—220页。

能拿到社会认可的学业文凭。随着毕业生人数的持续增加,文凭之间的竞争就显得格外激烈。在就业市场,高毕业率并不代表高就业率,近几年一些专科院校的优势专业就业率甚至高出本科和研究生专业的就业率。如何培养出高水平、高质量的毕业生以适应社会对于专业人才的需求是目前众多高校面临的一个现实问题。同专科院校相比,部分本科院校在专业方面的设置存有缺陷,盲目追求当今社会受欢迎度较高的专业,忽视了社会对高技术类、应用型人才的需求。这不仅会加重结构性就业问题,加大毕业生的就业压力,同时也造成了教育资源的极大浪费。高校基于自身实际,革新人才培养机制,以更好地应对知识经济时代各个行业对于不同类型人才的不同需求,是今后面临的一个重要课题。

(三)专业设置培养人才的"新"变化

高校专业设置主要是基于《高等学校本科专业设置规定》,其中明确指出,高校享有依法自主办学的权利,依据当前国家社会经济发展趋势,可独立设置和调整相关专业。高校在专业的设置过程中,社会的就业需求也是其考虑的一个方面,为了保证各个专业就业率和社会对人才需求之间的平衡,高校会根据社会实际需求设置不同的专业。高校培养社会需要的人才,用人单位制定相关标准对人才进行筛选。在这一过程中难免会出现高校的人才培养数量同社会经济发展对人才的需求之间的矛盾,进而导致在某些专业上出现人才断层。

从陕西省以及全国高校的情况看,近几年全省范围内的高校毕业生持续增加,无疑带来了严峻的就业压力,各大高校毕业生人数的增加同社会可提供就业岗位数量之间的矛盾也日益突出,但是由于社会不同岗位对于人才的需求不同,也会造成一些岗位成为"冷门"。这些岗位并非无人愿做,而是无人可做,主要原因就是由于专业、技能等方面的限制,导致社会对于此类人才的需求得不到满足。下表是陕西省2015年就业率高的部分专业,通过2015年陕西省本科不同专业毕业生的就业率可以看出,医学、农学、工学、理学、教育学、管理学等专业就业率高,这同全国范围内专业的热门度基本上保持一致。

表 2　　　　　2015 年陕西省本科毕业生学科门类就业率统计

学科门类	毕业生人数	已就业人数	就业率
医学	5334	5016	94.04%
农学	1801	1682	93.39%
工学	55687	51405	92.31%
理学	13840	12551	90.69%
教育学	4389	3923	89.38%
管理学	28723	25653	89.31%
历史学	986	853	86.51%
哲学	178	151	84.83%
经济学	7152	5978	83.59%
艺术学	13052	10895	83.47%
文学	15687	12946	82.53%
法学	4739	3734	78.79%

据历史统计数据显示：2006 年陕西省热门专业排名依次为计算机、通信、电子、土建、机械、自动化、医药、师范等，而哲学、社会学、经济学、法学、农学等冷门专业较少。通过这十年陕西省专业冷热程度的变化可以看出：专业在社会上的认可度是随着经济发展不断变化的，之前遭受冷门的农学专业，现在受欢迎度非常高，在全省排名第二。由于陕西省近几年重视农业发展，陕西省委、省政府把现代农业园区建设纳入全省"十二五"规划和现代农业发展规划中。目前，现代农业园区建设与各地主导产业、特色产业密切结合，取得了优异的成果。在此发展背景下，农学专业的人才需求较之前相比就有所增加。

四　陕西省高等教育群体就业问题的相关建议

面对严峻的就业形势和巨大的竞争压力，努力提高高校人才培养质量和毕业生的就业率关系毕业生的切身利益和高校生存与发展。在新的形势下，要结合陕西省经济发展和高校的实际情况，进一步探讨人才培养方式和就业机制，促进高校毕业生的就业。

(一) 根据经济发展需求培养结构型人才

社会经济发展对于人才的需求是多元化的、有限的，高校对于人才培养的方式、结果等也都是不一样的。由于高校之间存在资源配置、教学水平等方面的差距，因此高校应从自身实际出发，发挥各自人才培养方面的优势。陕西省目前经济改革持续推进，在国家政策的带动下经济获得了快速发展。但是目前依旧依靠第一产业和第二产业的发展，随着经济体制改革的进一步深化，第三产业在今后所占的比重势必会进一步加大，这也会给社会创造更多的就业机会。基于陕西省经济转型由以前单一的"粗放型"发展转变为现在的"集约型"发展的实际情况，政府在这一过程中就要加大对于科技力量的投入，积极发挥高等教育在科技投入方面的作用。在经济结构的转型阶段需要依靠科技的力量，保证经济发展的质量和效率，而高等教育作为科技发展的前沿阵地，可以更好地培养科技型人才，促使人才向科技含量高的领域转移。在新时代形势下，经济发展需要改变其原有的生产方式和产业结构以适应科技的发展，这样的变化对高等教育培养人才方面也就提出更高的要求。

陕西省高校应该根据经济形势的新发展，对高校原有的人才培养机制和专业设置方面进行相应调整以满足经济发展过程中对不同类型人才的需求，大力培养结构型人才。所谓"结构型人才"是高校基于市场对于不同学科专业人才的需求，及时调整专业的设置和招生的规模，以便达到人才供给同社会需求二者之间的平衡，充分实现教育资源效率的最大化，以缓解就业问题。但是由于院校等级不同，在缓解就业问题方面所扮演的角色也是不同的。"211"或"985工程"院校拥有丰富的教育资源，生源总体质量高，师资力量雄厚，科研设备等条件也十分完善。这类重点院校可以利用自身优势重点发展高新技术学科专业，加大对尖端人才的培养力度，全面提升人才的质量，同时着重解决社会上存在的结构性就业问题。对于普通院校而言，其优势没有重点院校那么明显，此类院校可优先培养社会上需求大的普通型专业人才，将其改革着力点集中在传统型专业领域，调整传统专业的培养方式和规模以适应社会对大众型人才的需求，将目标放在解决社会上存在的选择性就业问题上，引导学生理性看待就业问题。

（二）根据社会人才供需总量合理调整人才培养机制

我国高校各个专业的招生规模是基于现有人才培养模式下，依靠就业率的高低而制定的。一般而言，就业率高的专业的招生规模就大，就业率低的专业高校就会减小招生规模甚至是取消该专业的设置。从社会经济发展看，就业率只是反映市场对于人才需求的一个指标，未来经济的发展形势、国家相关政策的变化都可能是导致人才供需变化的原因之一。因此，高校绝不能单从就业率确立其人才培养机制和招生的规模。2009年，《教育部商务部关于加强服务外包人才培养促进高校毕业生就业工作的若干意见》中明确指出：高校要根据服务外包产业快速发展的需要，调整服务外包人才培养结构，扩大服务外包人才培养规模，着力提高人才培养质量。服务外包产业涉及软件开发、产品技术研发、工业设计以及信息技术开发等领域①。政策明确规定各类高校要在相关专业开展服务外包人才的培养工作，这主要是基于我国目前社会经济发展的需要。随着我国经济体制改革的不断深入，高新技术产业的地位越来越突出，因经济发展需要对于高新技术型人才的需求就会有所加大，这就要求高校要站在社会对于人才需求的这一角度，适当调整本校的专业配置和人才培养机制，迎合社会发展需求。除此之外，陕西省各大高校必须要打破"独自办学"的模式，加强高校间的合作交流，还应该以社会对于人才的总体需求量为导向，通过高校间的合作交流使人才供给量趋于合理化，减少出现"供不应求""供过于求"等极端情况的发生。具体可以通过建立社会人才培养总体机制，高校间协同制订招生计划和专业配置，抛弃"资源争夺战""优质生源争夺战"等狭隘的做法来避免这种情况的发生。同时，还可以根据社会人才总体需求的标准，合理安排专业的设置和人才的培养机制，来杜绝高校间因盲目竞争导致的资源浪费，优化人才的培养机制，全面提升人才的质量。

（三）以就业问题为导向培养应用型人才

我国高等教育目前仍然处在快速发展的时期，虽然目前我国高等教育

---

① 《教育部商务部关于加强服务外包人才培养促进高校毕业生就业工作的若干意见》（教高〔2009〕5号）。

已经完全实现了大众化,但是这不能代表我国高等教育发展的质量。陕西省的高等教育发展的质量在国内一直处于中高水平,高等教育的毛入学率也一直高于全国的平均水平,其高等教育大众化的实现程度相对也更高。如何在大众化高等教育时代,培养出新时代的人才是当前高校面临的主要任务。伴随着毕业生人数的持续增加,社会对于高校人才的质量以及人才培养机制都提出了更高的要求。基于我国社会对于人才的实际需求,2009年教育部宣布研究生教育将从以学术型为主向以应用型为主的培养模式转变,并将应届本科生列入应用型研究生的招生对象中。高校应该积极响应国家政策的号召,转变人才培育的传统观念,全面改革学术型人才培育的模式,使高校各个专业人才的培养符合时代发展的要求。具体到高校培养人才方面,面对不同类型的就业问题,高校应该扮演不同的角色:对于一般性就业问题,高等教育要着力培养优秀的专业性人才,在面对有限的就业岗位和"优中选优"的竞争态势时,更优秀的人才才能获得用人单位的青睐;面对结构性就业问题,社会上并不缺少岗位,缺的是某些冷门专业的稀缺性人才,这就要求高等教育发挥其"术业有专攻"的本质,基于社会对人才的需求,有针对性地培养;选择性就业问题如今也非常普遍,主要集中在一些重点院校的毕业生中,由于部分学生做出"有业不就"的选择,加剧了就业市场中结构性矛盾的突出。这就要求高等教育在培养人才时更多要引导学生客观对待就业问题,使其在择业时更具理性。

Study on the Employment Problems and Countermeasures of Higher Education Group in Shaanxi Province

Wang Juan

Abstract: The employment of higher education groups has been one of the hot issues of social concern. Based on the analysis of the employment data of college graduates in Shaanxi province, this paper points out the problems of the employment of graduates with high academic qualifications in Shaanxi province, the employment difference of different sex graduates and the employment differences of different disciplines and so on so forth, this paper analyzes the causes of unemployment of higher education groups in terms of economic transformation, the development of colleges and universities, and the specialty setting. Based on the economic development of Shaanxi province and the actual situation of colleges and universities, this paper attempts to provide some suggestions and opinions on improving the employment of higher education groups in Shaanxi province from the aspects of cultivating structural talents, applying talents and adjusting the personnel training mechanism.

Key words: higher education group; employment; Shaanxi province

大学教师评价中的冲突与调适

樊 成 傅钰媛[**]

摘 要: 大学教师评价是大学教师管理的重要工具,目前的大学教师评价过于强调"高校本位",呈现出弱化评价目的、简化评价方式、重视评价结果、追求评价效率的趋势,却忽视了教师的成果反映、问题改进、自我实现等需求,导致大学教师评价中目的、方式、内容、功能等冲突凸显。为发挥大学教师评价的积极作用,应该以教师发展为目标,采用多元的评价方式,以工作特性确定评价内容,以评价反馈提升评价效益,调和大学教师评价中的矛盾与冲突。

关键词: 大学管理;教师评价;现实冲突;矛盾调和

评价作为一种价值判断活动,被广泛地用来衡量人或事物满足主体需要的程度。任何一个社会组织都有对其成员进行评价的问题,大学自然也不例外。[①] 大学教师评价是指依据客观的量化与质化标准与指标,系统化地收集大学教师在教学、研究和服务等方面的事实表现与信息资料,进行专业性价值判断与客观性绩效评价的过程。[②] 大学教师评价作为现代大学人力资源管理的一种重要方式,被视为是建设高水平师资队伍的强大动力,其对大学教师和大学的发展起着举足轻重的作用,受到世界范围内众多大学的青睐与重视。大学教师评价既是学校管理手段运用的形式之一,蕴含着学校的价值导向,也是教师利益诉求表达的渠道之一,体现着教师

---

[*] 项目基金:2015 年西北政法大学政治与公共管理学院优秀研究人才培养项目"地方高校问责制研究"(项目编号:15ZG01)。

[**] 樊成:西北政法大学教育经济与管理专业 2014 级硕士研究生,主要研究方向:高等教育管理。傅钰媛:陕西师范大学研究生院,主要研究方向:研究生教育管理。

[①] 牛风蕊:《大学教师评价的内在逻辑、现实冲突及其调适》,《现代教育管理》2015 年第 7 期。

[②] 杜瑛:《试析我国大学教师评价面临的实践困境与策略选择》,《国家行政学院学报》2010 年第 9 期。

的现实要求。通过大学教师评价，大学教师的利益诉求与大学的价值导向得以"交集"，这其中既有双方自然达成的一致性——融合，也有着双方无法回避的差异性——冲突。而现如今，大学教师评价中的冲突性在我国大学表现得较为明显。

一　大学教师的利益诉求

大学教师评价，并不是基于学校的主导地位单纯地灌输学校的思想与理念、对教师下达命令与要求的管理制度，作为评价对象的大学教师对于评价有自己的看法与要求，他们的利益诉求也会通过大学教师评价这一途径予以表达。总体来说，大学教师希望通过评价来实现如下目标。

（一）高度关注自己的工作过程，合理反映自己的劳动成果

大学教师评价作为大学中进行资源配置的有效方式，其在分配原则、分配标准、分配方式上的安排，无疑影响着大学教师可获得资源的多寡。因而，大学教师希望评价能够合理反映其劳动成果以获得来自学校的等值资源。从相对于体力劳动者劳动成果容易衡量的特点来说，"大学教师的教学效果、育人成果、科研含量、学术造诣等都是复杂劳动的产出，往往很难找到统一的评价指标对其简单地盖棺定论"[1]。但大学教师劳动成果的复杂性并不等于不能进行有效的评价，正因为大学教师劳动成果评价的难度，大学教师更希望通过科学、合理的教师评价来衡量自己的劳动成果。而且在现今的大学教师评价体制下，大学教师希望根据自己在各个方面履职尽责的程度和对学校所做贡献大小给予自己相应的工资、奖金、津贴等以及作为晋级晋档的依据。

（二）改进自己的教学科研问题，助推学术生涯的良性发展

学术能力是大学教师学术生涯可持续性的核心竞争力。大学教师学术能力的提高，既靠自身不断地学习、反思、领悟等自我意识的"觉醒"，也需要一定程度上外在力量的"强制"。通过大学教师评价这种方式，大

---

[1] 赵应生、龚波、杨熙：《大学教师劳动特点及绩效评估的人文关怀》，《黑龙江高教研究》2005年第2期。

学教师既可以看到其在工作岗位上做出的成绩与贡献，也能发现其在工作中的不足与问题。他们希望以评价为契机反思思想状况、总结工作经验、检测业务水准、发现自身的优势与劣势，"借助评价过程中的及时反馈，分析收集到的各种信息，客观地认识和评价自己，增强自我认识、自我教育、自我控制的能力，及时调节、矫正不良教学科研行为，使教师避免工作上的漏洞和失误以保证质量；强化自己正确的教学科研行为，不断挖掘自己的潜力"①。大学教师希望通过评价后的反思与改进，可以补足"短板"，强化优势，提高自身的教学科研能力，最终推动学术生涯的可持续发展。

（三）重视评价手段的科学运用，保证评价结果的程序正义

大学教师评价作为一种对教师进行绩效衡量与价值判断的重要方式，理应遵循"公开、公平、公正"的原则，并将这种原则贯穿到具体的评价制度、评价程序以及评价结果等各个环节，尤为重要的是在具体的评价过程中应该做到一视同仁。正如亚当斯所说，"职工的工作动机不仅受自己所得的绝对报酬（即实际收入）的影响，而且还受相对报酬（即通过社会比较后的相对收入）的影响"②，即大学教师评价应合理反映教师的绝对成果以及教师之间的相对成果，不能厚此薄彼，不能因为教师在年龄、资历、与领导亲疏的不同而受到不公正的对待。这就要求大学教师评价不仅要发挥相关管理部门的作用，而且还应该充分利用教师之间在人品、学术、工作贡献等方面的彼此了解，让他们之间进行相互评价。通过这种评价方式，让各位教师真正实现对最终结果的公平感受。

（四）平衡学校要求和自我诉求，达到双方合作共赢的状态

大学是建立在超越个体利益之上的组织形式，必然有组织自身的利益要求；大学教师作为个体也有其自身的局限性，也免不了从"经济人"的角度出发来开展自己的本职工作，但大学教师与具象化的大学——"单位"并不是天然地对立的。大学教师作为大学中最重要的人才资源，他们既具有独立的个体特征，也具有作为"组织人"的从属性的特征，

---

① 金光远、冯军：《论高校教师评价功能的实现》，《浙江师大学报》2001 年第 6 期。
② 刘筱红：《管理思想史》，湖北人民出版社 2007 年版，第 224 页。

形成了个体（大学教师）依附于组织（大学）、组织因个体的存在而得以发展的密切关系，从这方面来说大学与大学教师从整体上而言具有共同利益且两者可以融为一体。因此，大学教师希望在民主协商的基础上，对事关双方切身利益的大学教师评价这种形式达成共识，实现大学利益和大学教师利益的折中与妥协，进而实现大学教师和大学的互利共赢。换言之，大学教师希望借助"评价"这种形式，提高大学教师自身的能力素质，获得自身生存发展的相关资源，并在这个基础上实现自身的人生价值。并且通过教师群体的努力与贡献，提高大学整体的师资水平，最终提高大学的核心竞争力，实现大学的持续发展。

二 大学教师评价的现状

大学教师评价不仅是显性的物质奖惩，其中也蕴含着隐性的学校价值的引导。大学通过对教师的评价实现对教师的心理、行为、行动等的引导，进而影响大学教师在教学、科研、社会服务等工作中的表现，使大学教师自觉或不自觉地按照学校的要求办事做人。当前，我国现行的许多大学评价都存在以"学校本位"为核心的大学价值倾向，过度强调对学校利益的满足，而忽视了作为大学主体的教师价值的实现，导致大学教师评价的正向作用大打折扣，负面效应进一步显现。

（一）以管理任务为重，忽视教师发展

随着市场逐渐成为左右大学教育发展的重要因素，绩效评价和社会问责越来越受到大学的重视，大学教师也由过去只对学术负责转变成了被考评、被问责的对象。[①] 大学教师对学校、学生负责乃至承担一定程度的社会责任本是其应尽的义务，但如果大学教师评价将教师所承担的责任作为衡量教师工作的首要准则，不仅容易扭曲大学教师的工作重心，而且也不利于"学术自由"的实现。大学人事部门把教师评估作为一项事务性工作对待，把评价结果直接与聘任、晋升、加薪挂钩，导致许多教师是为了接受评估而评估，不是为了促使自我发展而把这种外在激励转化为追求自

---

① 王俊：《大学教师"科研至上"行为的制度逻辑》，《教师教育论坛》2014年第2期。

我价值的最大化实现的内在激励。① 在这种情况下，大学教师评价不仅抑制了大学本身提高教师职业发展能力的内在动机，而且导致大学教师评价难以调动教师工作的积极性、主动性和创造性，大学教师评价就难以起到提高教师水平、促进学校发展的作用。

（二）以行政主体为重，忽视其他相关者

我国大学的"行政化"问题一直为人所诟病，社会各界也一直在呼吁深入推进大学的"去行政化"，但大学教师评价也没有摆脱行政化的"窠臼"。在"行政化"的影响下，大学教师评价中的行政评价依然"一枝独秀"。在这种评价方式的主导下，管理部门在大学教师评价中处于优势地位，掌握着评价权力和评价资源。在评价中，大学教师缺少制定评价标准的参与权和提议权，对于评价结果的解释权和申诉权等也受限制。评价主体和教师缺少必要的沟通、互动，忽视教师的主动性、差异性，抑制了教师发展的内部动力机制。② 而且，大学教师评价忽视学术工作的复杂性，单方面强调制度规则的简单易行及管理部门指令的有效贯彻，导致管理部门对学校资源的高度掌控，对学校话语权的主导，对教师行为的强力塑造。③ 在上级主管部门或领导主导大学教师评价的情况下，学生评价发展不充分，同行评价的作用有限，难以全面衡量教师表现。

（三）以评价结果为重，忽视评价过程

大学教师评价规定了教师的教学、科研以及社会服务职能的各类评价指标，大多数教师只能将其作为自己从事教学科研工作的行为准则，大学教师的一切工作都向评价指标"看齐"。在一个评估周期或者考核年度结束的时候，根据大学教师符合评价指标的程度或者大学教师的表现在各项目所占的权重，得出实际的评价结果，进而以评价结果判断教师履行岗位职责的情况，并将评价结果作为教师晋升晋档、评优选贤、岗位调整的主

---

① 赵应生、龚波、杨熙：《大学教师劳动特点及绩效评估的人文关怀》，《黑龙江高教研究》2005年第2期。

② 王向红、谢志钊：《大学教师评价：从"鉴定与分等"到"改进与发展"》，《江苏高教》2009年第6期。

③ 贾永堂：《大学教师考评制度对教师角色行为的影响》，《高等教育研究》2012年第12期。

要依据。在大学教育资源有限的情况下，评价"结果"左右着教育资源的配置，成为影响教师个人发展命运的重要因素，大学教师只能围绕着潜在的或者是既得的评价结果做文章。此种评价方式只能是就结果而论结果，是一种面向教师以往绩效静态的总结性评价，难以通过评价真正改进教师个人存在的问题，促进教师队伍的建设，反而将教师对学校、学生、学术的责任转向了以评价结果呈现的"量化责任"，大学预期的评价目标最终也难以实现。

（四）以评价效率为重，忽视评价效益

大学本质上与"功利性"相去甚远，但目前的大学也呈现出功利化的趋向，大学教师评价也成为某些学校"追名逐利"的工具。大学忽视自身的组织属性，盲目引进企业的做法，通过短暂而频繁的周期性考核、偏重大学短期利益的考核内容，以期提高在大学排行榜中的排名或者教育资源的大幅增加，而不惜牺牲大学教师的利益。这从大学教师评价中对科研的高度重视可见一斑。因为，相对于其他来说，科研适时而显性，教学作用则滞后而隐性；科研成就易于量化，教学成就难以测量[①]。通过对教师工作业绩的要求进而追求学校发展成绩的做法本没有错，但这种短期化、高效率、多数量的评价要求，忽视了对影响最终成绩的问题的关注，导致大学教师对其在评价过程中暴露出来的问题只能依靠自己的"自觉"去解决，而很少能得到来自学校的系统性的帮助与关怀，这种功利化的评价导向既违背了大学的使命，也弱化了评价的功能。

三　大学教师评价的内在冲突

由上述分析可知，现行的大学教师评价在体现学校利益的价值导向和表达教师利益的现实要求上有着较大的"分歧"，这种"分歧"通过评价的实施而产生了现实的冲突，这种冲突不仅导致了对于大学教师评价合理性的怀疑，而且已经严重影响了大学师资队伍建设的长远目标。

---

① 赵志鲲：《论学术自由视野下的大学教师评价制度》，《江苏高教》2011年第4期。

（一）大学教师评价的目的冲突

大学教师评价既涉及作为评价对象个体的教师的利益，也关系学校发展大计的整体的利益。这两者的利益免不了有一定的冲突，但作为一个以教师为主体的"学者共同体"或者"师生共同体"组织，大学无疑应该与大学教师有着更多的一致性：大学的发展促进教师的发展，教师的发展带动大学的进步。大学教师希望能在民主协商的基础上参与到教师评价的决策、执行乃至反馈过程，使教师评价更加人性化、更加符合教师对评价的利益期待，增加对教师评价的认可，进而在自我发展的同时增加对评价的认可度与大学发展目标的契合度。大学教师评价则带有浓厚的管理主义色彩，采用"胡萝卜加大棒"的形式，尤其是对教师采取通报批评、扣发奖金、调离原工作岗位、留用察看等问责方式，对在评价中表现不好的教师进行处罚，以期让教师反躬自省，促进学校的发展。教师对民主协商的要求和教师评价对行政问责的偏爱，造成利益的"天平"倾向了大学而偏离了教师，也就是急于保持大学的发展，而相对弱化了对教师发展的促进作用。这就导致大学教师评价在为了学校发展与提升教师能力的目的上出现了冲突。教师发展与大学发展原来较为缓和的状态，在教师评价中反而转变为冲突的状态。

（二）大学教师评价的方式冲突

大学教师极为看重评价所采取的方式，因为方式的不同最终将会在评价过程信息获取的全面性和评价结果运用的合理性上得到体现。大学教师希望能全面、客观、公正地对其在工作中的表现予以评判，他们不仅希望作为直接服务对象的学生能对他们的工作予以反馈，也希望听到来自同事的建议，当然也不排斥作为自己主管领导的上级的评价，还希望能亲自参与到对自己的评价过程中，因为单纯依靠对"纸质"的评价结果的主观理解，难以促进自己的发展。而大学的管理部门则认为，学生评价易于受到教师的"左右"，而且未必对教师的工作有深刻的理解；而教师如果参与到评价中来，就成为既是"运动员"又是"裁判员"的角色，不易于得出客观的结论；作为与教师利益无关的管理者就成为大学教师评价的关键。因而，在大学教师的评价中，管理部门或者管理人员的评价就占有较大的权重，甚至左右着评价结果。这就导致在西方大学普遍采用的学生评价、同行评价、自我评价等评价方式，在我国大学出现了互相冲突的局面：作为服务对象的学生要求提高学生评价的地位，作为直接利益相关人的教师要求民主参与，而作为大学管理部门代表的上级评价则不舍得放权、失去在教师评价中的话语权，形成了教师评价方式的胶着状态。

(三) 大学教师评价的内容冲突

在大学对教师的评价与教师对评价的反应中，大学教师不可避免地将自身的思维方式、个性特征、利益要求等带到这种互动关系中来。他们希望评价能合理反映其劳动成果，尤其是在大学教师工作性质特殊的情况下，他们希望评价更加关注教师的工作过程，而不仅仅只是在单纯地对可量化的内容予以评判的基础上得出自己的工作表现，依据静态的结果给予自己相应的回报。目前的大学教师评价则因其本身带有管理主义色彩，强调统一性、服从性和效率性，由于依据统一标准得出的结果的相对客观性和结果的可见性以及判断的便利性，以结果为评价标准自然成为管理者的不二选择。虽然从理论上来说，大学教师评价不可能符合每一个教师的要求，但在实际操作过程中，不同教师对大学教师评价的标准、方式等有着自身的期待，当他们对评价不服从、不满意时，就会以消极对待、暗中诋毁等方式施加影响，其结果是承载不同利益诉求的评价内容在双方的博弈中互相排斥与冲突，即在评价中到底是应该重视对科研的评价还是应该考虑教学的重要性或者是将社会服务的比重提高。对于这种冲突，一些大学往往坚持以评价结果为重，而忽视教师的要求，造成了学校与教师在评价内容上的"鸿沟"。

(四) 大学教师评价的功能冲突

大学教师具有强烈的责任感和成就感，大学教师从事教学、科研及服务工作是一项复杂的、创造性的劳动，需要教师付出较大的努力，并在个人的工作岗位上不断探索、创新。大学作为教师的归属和依靠，大学教师不希望学校仅仅对他们进行管理，更希望学校能帮助他们进步。这就要求大学教师评价真正能够起到发现问题、分析问题、解决问题的作用，成为旨在帮助他们职业进步的"诊所"和发展的有效手段，而不仅仅限于通过评价发现大学教师在工作中是否有问题，有则自己改之，无则顺利通过考评。大学则从"校本位"主义出发，认为大学教师入职工作岗位以后就应该是一个成熟的职业劳动者，大学固然要对教师进行培训和帮助，但教师的成长更主要的是靠自己的自觉和努力。因此，大学教师评价着重强调通过评价促使大学教师投入到教学科研中，在有限的时间内产出更多的教学科研成果，从而依靠每一个教师个体的努力，在短期内对学校的品牌塑造、排名提升、财政拨款的增加等有实质性的帮助，大学没有耐心等待教师的"大器晚成"。这样就导致教师评价的"引导矫正、激励强化、自我教育"的三大功能的冲突，即偏重对教师的激励强化而抑制了引导矫正和自我教育作用的发挥，并且呈现出引导矫正不明显，自我教育没动力，激励强化有作用但后劲不足的局面。

四 大学教师评价冲突的调适

大学教师评价作为大学的一种重要的人事管理方式，其重要性对于一所大学的发展是不言而喻的。而大学教师评价中存在的问题也是难以避免的。但大学教师评价中目前的各种导向尤其值得我们警醒，特别是其导致的冲突则是我们建立现代大学制度，实现大学治理能力现代化必须要解决的问题，因此，我们应该努力为缓解大学教师评价中的冲突做出探索。

（一）以促进大学教师的发展作为评价的基本目标

大学教师发展是大学发展的前提条件，教师发展的内在需求是实现自我价值。大学教师发展的内在需求使教师自主寻求进修和学习，以适应持续发展的需要，而这需要大学相关制度的保障。大学作为一个学术共同体，大学制度的设计与安排就是为了维持学校的秩序，保障教师发展的权利，保证学生求学的权利，推动学校的正常发展。大学教师评价作为一种针对教师的制度，其运行秩序良好，大学的人员稳定就有了保证，大学作为学术组织也就有了发展的价值基础。也就是说，当教师发展的内在需求与教师评价相适应时，教师评价可以促进大学教师发展的内在需要。反之，则会影响大学教师发展的内在需要，而成为一种外在的制度压力。从现实的情况来看，目前大学教师评价是滞后的，评价还不能激励教师的内在发展要求，而且造成了教师发展和学校发展的评价目的上的冲突。那么，根据学术职业的工作性质和特点为教师的发展提供合适的途径、方式和内容并给予评价上的设计与安排，就成为大学教师发展的关键，即在教师评价制定、执行和反馈的全过程中，坚持以教师为本，积极关注教师的命运、价值、前途和尊严等，强调教师的个性与本体，逐渐形成一种以维护教师的自尊、自由和发展为根本目的，以教师"自我"为价值取向的评估模式和思想意识，提倡积极的人文关怀，关注教师的生存体验，关怀教师的自由与价值，最终实现教师发展的最大化与大学功能的最优化。

（二）以多元的评价方式客观衡量大学教师的表现

大学是一个利益相关人组织，大学教师的工作也关系学生、学校、社会等多方面的利益，因而对大学教师的评价就应该倾听来自多方面的呼声，而目前行政导向下以管理部门或管理人员主导的大学教师评价显然压缩了众多利益相关者的评价空间，导致众多评价方式在冲突中停滞不前。所以，完善大学教师评价中的评价方式极为紧迫。这就要求大学教师评价成为教师、同事、学生、家长、管理者、社会人士、专业评价人员的交互平台，在平等、民主、和谐的评价互动和合作中，关注教师的需要，帮助教师接纳和认同评价结果，促进教师不断改进。作为评价主体之一的大学教师，要主动地参与评价方案的设计，在评价过程中与其他评价主体沟通协商、双向建构，使评价成为教师主动参与、自我反思、自我发展的过程[①]。同时，重视多主体的参与，强化学术同行专家尤其是校外知名同行专家、学术专业组织和学生在教师评价中的主体作用，尤其要保障教师自我评价权利的实现。通过增强评价过程中的民主，促使教师个人主体精神的生成和积极自我体验的获得，促使评价成为学术职业发展的内源性需求，提高大学教师对评价的认同度和评价的效果，形成多种评价方式并举、评价方式互补，以完善教师评价的良好局面。

（三）以大学教师的工作特性为基础确定评价内容

大学教师评价在内容方面的冲突，一方面在于管理部门没有认识到大学教师工作属性的复杂性；另一方面则在于在认识到大学教师工作复杂性的情况下没有以此作为引导大学教师行为的标准。因此，解决评价内容的冲突，首先是深刻认识大学教师工作的属性。大学教师从事的是不同于其

---

① 王向红、谢志钊：《大学教师评价：从"鉴定与分等"到"改进与发展"》，《江苏高教》2009年第6期。

他工作的学术活动，学术活动本身的复杂性和长期性不仅反映在显性的教学工作量和科研成果上，更包含教学投入、学术新思想的酝酿、科研准备等大量的隐性工作。要正确评价大学教师，就要在科学、合理的基础上全方位地认识大学教师的工作特点和岗位性质，采用多元的、综合的评价方式，在评价指标的选取和评价过程的实施中注重全面性，以期最大限度地接近教师个体的工作业绩。其次是合理定位大学教师的角色。工作的复杂性决定了大学教师角色的复杂性，"而只有基于正确的功能定位和社会角色认知，并以此作为教师评价制度的逻辑起点，才能有效地发挥评价的作用"[1]。这就要求教师评价摒弃以标准统一、量化指标为依据的结果导向的做法，认识到大学教师是一个兼具多重角色的统一体，不仅仅是知识的传播者，更是知识的创新者和推广者，承载着社会的多种角色期待。而不能仅把教师都当作研究者来看待，这样才能满足大学教师角色复杂性对评价内容多元化的诉求。

（四）以评价反馈为"抓手"促进评价效益的提升

大学盲目追求大学排名上升和财政投入增加的功利化倾向，导致大学教师评价只重视评价结果，而不对评价过程中教师暴露出来的问题进行有效的反馈与帮助；导致评价对教师的引导矫正、激励强化、自我教育等功能的弱化与冲突，不仅无助于教师教学科研等学术能力的提高，反而助长了教师对功利的追求。缓解大学教师评价功能的冲突，一方面，不能仅强调评价结果的产生，更要关注评价结果背后隐藏的信息。通过对评价过程中积累的信息进行全面客观的分析与解读，将其后深层的蕴意真实、客观地呈现给作为评价对象的大学教师，让大学教师对自己的工作表现有一个较为全面的认识。如有的学校采用档案袋评价法，将教师的个人信息、教学信息、自我发展信息、教学成果信息、各种评价信息和科研成果信息等要素包括在内，不同类型的教师选择的档案袋类型不同，反思的侧重点不同，反馈的方式也不同，在激励教师的专业成长和促进教师的自我反思方

---

[1] 牛风蕊：《大学教师评价的制度同形：现状、根源及消解》，《现代教育管理》2014 年第 6 期。

面有着良好的效果；① 另一方面，要注重对教师学术生涯规划的有效帮助。大学教师由于其工作的特殊性，存在着工作时间不固定、工作要求难统一、职级晋升看心情的特点，这都不利于学术生涯的良性发展。如果光靠评价的硬性规定督促而不进行合理的引导，难以使大学教师对自己的工作进行反思与改进。所以，大学教师评价应加强对教师职业生涯规划的帮助，使其树立良好的学术愿景，进而愿意为了自己的目标改进自身存在的问题，提高自身的学术修养和学术水平。

Conflicts and Adjustment in Faculty Evaluation

Fan Cheng　　Fu Yuyuan

Abstract：The evaluation of faculty is an important tool for the management of university. At present, the evaluation of faculty has put much emphasis on college standards, showing a trend of weakening the purpose of evaluation, simplifying the evaluation methods, paying attention to the evaluation results and pursuing the evaluation efficiency. At the same time, the demands of faculty, such as teachers' academic achievements, current problems, and self-realization have been ignored. As a result, the conflicts of the purpose, manner, content and function in the evaluation of faculty become noticeable. Therefore, we should aim at the development of faculty, adopt the multiple evaluation methods, determine the evaluation contents with the characteristics of the work, and improve the evaluation efficiency by feedback , and reconcile the contradictions and conflicts in the evaluation so as to make the faculty' evaluation work well.

Key words：management of university；faculty evaluation；conflict；adjustment

---

① 周景坤、腾兰青：《档案袋法在我国高校教师分类绩效评价中的运用》，《教育探索》2015年第3期。

党建与思政

高校纪检监察机构"三转"问题的对策和建议

罗新远 黄 静[*]

摘 要：在新形势下，高校纪检监察机构面临许多新情况、新问题。如何深入贯彻并落实好党章赋予纪检监察机构的职责，有效地遏制腐败行为，深化高校纪检监察机构的体制机制改革是关键。只有厘清职责，突出主业转职能；创新制度机制，突出问题导向转方式；加强队伍建设，突出职业能力转作风，才能使监督、执纪、问责有实效，从而进一步推动高校党风廉政建设和反腐败工作向纵深发展。

关键词：高校纪检监察机构；"三转"；对策

如何推动解决高校纪检监察机构转职能、转方式、转作风，是深化当前高校纪检监察体制机制改革的重要举措，对纪检监察机关自身改革具有重要的里程碑意义。如何有效推动纪检监察机构"三转"工作是一个不容回避的政治任务。近期我校纪检监察部门重点围绕"三转"工作推进对部分院校进行了实地调研，结合工作实际体会如下。

一 高校纪检监察机构"三转"工作的现状

各高校党委及纪检监察部门都认识到了"三转"的必要性，但由于多年的惯性思维和工作模式的影响，高校的管理体制和内部管理仍然保持着旧的封闭运行的模式，在推动落实"三转"要求的过程中，仍然面临着以下几方面的困难和问题。

---

[*] 罗新远：西北政法大学，教授，经济学博士，主要研究方向：政治经济学、高等教育管理。黄静：西北政法大学，副研究员，主要研究方向：高等教育管理。

(一) 思想认识不统一，没有形成合力

中纪委对"三转"工作的要求十分明确。由于各所学校多年沿袭自己的管理体制运行，因此对于"三转"总体怎么转的意见并不统一，有些学校信心不足，存在"等等看"的思想苗头。当前学校纪检监察工作主要存在点多、面广、线长的实际情况，主业不够突出、中心不够聚焦、方式方法不够科学，因此工作成效不够明显。与新形势下中央党要管党、从严治党的要求差距较大，亟须统一思想，形成合力。

(二) 纪检监察职责定位不清，监察工作上位法缺失

各高校现在均实行了纪委和监察合署办公。机构演变至今，《教育部直属高校党的纪律检查工作暂行规定》（以下简称《暂行规定》）对高校纪委的性质给出了明确的界定，《暂行规定》第三条指出"高校纪委是党在直属高校党内执纪、监督的专门机关，依据党章赋予的权力履行职能"；《陕西省高等学校纪委工作暂行规定》第四条规定："高校纪委是在高等学校的党内执纪、监督组织，是高校党的纪律检查工作的领导机构，依据党章赋予的权利，履行'保护、惩处、监督、教育'的职能。"而高校监察机构的职责性质则没有明确的上位法规定。高校监察工作最早参照的是1990年生效的《中华人民共和国行政监察实施条例》第四十九条规定"全民所有制企业、事业单位可以参照本条例的规定，对本单位非国家行政机关任命的工作人员进行监察"。但是在1997年5月10日和2004年10月12日相继颁布的新《中华人民共和国行政监察法》和《中华人民共和国行政监察法实施条例》中并没有对高校行政监察工作加以规定。因此学校监察部门不是法律意义上的监察机关，高校行政监察工作只是内部监察，不是上级对下级的监察，其监察对象也不是公务员，只是事业单位的工作人员。高校行政监察工作的目标、原则、程序等都不太明确。同时校内监察也不具有独立性，它是在校长领导下负责校内行政监察工作的职能部门。纪检和监察职权上也有交叉，师生员工容易混同，把原本隶属于监察范畴的业务误认为是纪委在履职。所以目前高校监察工作上位法的缺失客观上增加了"三转"工作推进的难度。

监察部门职责不清导致了监察工作的外延不断扩大，参与学校各类议事机构增多，各种验收、检查、监督，层出不穷。与以往不同，近年来各

个学校的职能部门对纪检监察工作表示理解和支持，很多工作希望纪检监察机构全程参与，并对各类验收、检查、监督工作表态或签字，以此作为决策的依据。过去这种工作方式会造成监察部门往往缺乏自己的工作规划，被动监察，甚至流于形式。其结果是，监察部门既当"裁判员"又当"运动员"，业务部门自己的监督管理职能被弱化，主体责任履行不到位。反过来，高校纪检监察部门的职能越位、缺位、错位的现象突出。因此职能被泛化而造成执纪、监督、问责的主业被弱化。

（三）监督机制不完善，监督方式单一

从制度层面看，学校纪检监察机构对权力运行的制约和监督机制不尽完善。虽然大多数学校都在廉政风险防控方面有所作为，但在深化和加强内控机制建设方面，大多数还停留在用文件落实文件上。纪检监察部门的监督主要体现在事后监督，对事前监督和事中监督乏力，很少能够对苗头性、倾向性问题提出有效的防范措施。廉政风险防控的作用有限。

监督体制不顺和监督方式单一是造成监督乏力的重要因素。高校纪委在同级党委的领导下工作并向同级党委报告的体制，使得纪委作为高校专门监督机关的独立性和权威性受到影响。纪委如何履行监督职责会变得比较困难；[①] 而高校的监察工作也由于缺乏上位法等可操作性的制度做指导及体制的限制，监察效果不尽如人意。目前大多数高校实际中主要采取现场监督和年终检查两种监督方式，因此，监督机制的不完善、监督方式的单一使学校的纪检监察工作的独立性、可操作性、权威性受到削弱。

（四）对廉政文化建设的认识不到位，廉政宣传教育缺乏有效性

习近平总书记在2014年的讲话中提道："要大力加强反腐倡廉教育和廉政文化建设，坚持依法治国和以德治国相结合。从思想道德抓起具有基础性作用，思想纯洁是马克思主义政党保持纯洁性的根本，道德高尚是领

[①] 柏维春：《完善高校腐败治理领导体制的思考》，《廉政文化研究》2011年第4期。

导干部做到清正廉洁的基础。"① 许多高校对廉政文化建设的认识不到位，对"腐败文化"的危害性认识不清。"腐败文化"滋生和蔓延，其危害性、腐蚀性作用巨大，而大多高校热衷于廉政文化物质层面的建设，许多还停留在廉政宣传教育活动层面上，对廉政文化的精神层面和制度层面建设着力不够，尤其是在廉政文化建设中高校对于应该发挥对社会风气的引领作用认识不足。

（五）高校纪检监察系统履职现状不适应新的"三转"工作要求

高校纪检监察工作发展不平衡。从高校纪检监察队伍的人员结构情况看：校际之间的人数差异明显，总的平均值为 6 人，多的学校有 18 人，最少的只有 2 人；工作人员的专业背景与所在学校的学科相关性显著，但政治、法律、经济专业相对不足；队伍的人员素质不够完备，主要表现在工作人员的"法律素养"与"办案能力"亟待提高、"文字表达能力"有待提高。②

从履职内容上看：信访办案工作量有下降趋势，各校情况差异较大，综合性大学平均每年 20 件左右；在实际履职过程中，涉及学校重要事项（招投标、招生考试、干部选任等）的全过程监督的工作量很大，并且处于增长态势。尤其是社会关注度较高的如特招、艺考、司法考试等，必须全面参与工作、全程监督。有些工作环节还是上级文件中有明确要求的；文字工作烦琐，参加会议成为经常性工作，还有领导报告及讲话稿、各种检查工作汇报、总结；等等。高校纪检监察机构耗时耗力的工作依次是具体监督工作、撰写材料、应对检查、参加校内各种会议和信访办案。③ 学校重要事务的过程监督和文案的撰写是高校纪检监察机构实际履职过程中的主要工作，而监督、执纪、问责的三大主要职能却被削弱。

---

① 习近平在中共中央政治局就培育和弘扬社会主义核心价值观、弘扬中华传统美德进行第十三次学习时的讲话，2014 年 2 月 24 日。

② 张增田、谢丽：《高校纪检监察机构履职状况调查及影响因素探析》，《广州大学学报》2014 年第 4 期。

③ 谢丽：《高校纪检监察机构履职研究》，硕士学位论文，中国科学技术大学，2014 年。

二 推动解决高校纪检机构"三转"的对策及建议

经过我们调研，各所高校都不同程度地存在"三转"推进难的问题，其原因有三个：一是业务部门存在依赖思想。认为只要有纪检监察机构监督参与，就能保障业务流程的合法合规，无形中将职能部门的主责推给了纪检监察机构；二是有的纪检干部认为，"三转"会改变原有的工作程序和习惯，担心监督不力造成不良后果；三是落实两个责任过程中带来的"三转"困难。虽然明确了高校党委的主体责任、纪委的监督责任，但缺乏可操作的具体规范和要求，纪检监察工作的职能范围不够稳定、边界模糊、机构设置上的规范性不够，纪律检查委员会作为委员会的角色被虚化，等等。如何推进高校纪检监察机构"三转"工作，我们的建议如下。

（一）围绕中心，服务大局，推动"三转"工作

"围绕中心，服务大局"是纪检监察工作的根本方针，职能的调整、工作方法改进，都是为了不偏离这个方针。王岐山同志明确讲，高校纪检监察各项决策部署和工作措施都必须围绕党委中心工作来开展，我们履行监督责任必须对党委负责，开展反腐败组织协调必须在党委的统一领导下进行。

（二）厘清职责，落实两个责任，突出主业转职能

围绕发挥党内纪律检查和监察两种职能，聚焦主责主业，强化监督、执纪、问责三大职能。首先要认真梳理参与的各类领导小组和议事机构，需要退出的坚决退出；不应该牵头主抓的，交还给主责部门。更好地发挥党内监督专门机关的作用，促进党委主体责任的落实，协助党委加强党风廉政建设，组织协调反腐工作；维护党的纪律，投入更多的精力加强对党的路线、方针、政策、决议、决定执行情况和学校重大决策部署贯彻落实情况的监督检查，确保政令畅通；加强对党员干部执行纪律和遵守制度情况的监督检查；强化党内监督，认真落实党内监督条例。其次是加强对干部的管理和监督。扭住"四风"不放，一个节点一个节点地抓，持续释放执纪必严的强烈信号。案件查办要严格审查程序和审查纪律，提高质量和

效率。高校纪委的监督责任要从参与、配合相关职能部门开展业务检查，转变到对业务部门履行职责的再监督、再检查上来；必须突出主业、主责，集中精力抓中心工作，从而保障学校事业的健康发展。在落实党风廉政建设责任制方面，党的十八届三中全会明确党委负主体责任，纪委负监督责任，并要求制定切实可行的责任追究制度。各高校都出台了两个责任的实施办法，有利于高校纪检监察部门推动"三转"。对于高校党委来说，主动承担党内廉政建设的主体责任就是对纪委工作的最大支持。纪检监察部门才有精力考虑如何从大量的监督事务中解脱出来，履行好监督责任。

此外，高等学校的教育主管部门应该尽快结合中央精神和教育行业实际，全面清理、调整从全局层面上影响"三转"工作推进的相关制度和办法，改进顶层设计。从根本上推进"三转"，解决好学校"三转"制度层面与上级文件精神的对接、统一和协调问题。建议解决好高校监察工作无法可依的问题。建议对《陕西省高校纪委工作暂行规定》（2003）、《陕西省高等学校基建工程招标管理办法（试行）》（2004）和《陕西省高等学校物资设备采购管理办法》（2011）几项文件中与高校纪检监察工作同中央"三转"要求精神不符的内容加以修订，理顺关系，明确要求，为"三转"推进创造有利条件。

（三）创新制度机制，突出问题导向转方式

转方式就是要创新体制机制，改进方式方法。在完善干部监督工作机制上，要重视离任审计的震慑作用，改变只能由组织部门委托才能启动对干部离任审计的做法，宜将其常态化。"先审后离"应当成为领导干部离任审计制度的一项基本原则。领导干部离任之前，必须接受审计，未经审计不得就任新职。同时用好审计结果，尤其将关乎财政财务真实性、合法性与效益性等部分向纪委、组织人事部门存档或备案，作为考察与使用干部的重要依据。① 这样做可以逐渐降低腐败的存量，从而减少领导干部任期内权力寻租的可能性，客观上保护了干部。

改革的本质是实施组织和制度创新。首先，作为高校要树立转方式的问题意识，把问题意识转变成问题导向。当前在高校学科及科研经费管理、

---

① 杨建党：《当前领导干部离任审计制度的缺陷与优化对策》，《行政管理改革》2014年第10期。

基建工程管理、物资设备采购、国有资产的监管、干部离任审计、财务管理等方面存在薄弱环节。纪检监察部门要敢于直面问题，积极发挥舆论监督、群众监督，拓展发现问题的渠道。其次，要探索科学合理地解决问题的方式方法。一方面要建立问责机制，完善责任追究的配套措施；另一方面作为纪检监察部门在人手不足的情况下，可以尝试纪委委员分工制度，按照"术业有专攻"的思路，充分发挥纪委委员在监督监察查办案件中的积极作用。最后，积极探索在二级学院设立纪检组织、配备纪检干部的做法，使全系统能上下都一致，真正做到纪律检查工作有专门的力量。

（四）加强队伍建设，突出职业能力转作风

转职能、转方式必须靠优良的作风做保障。要用"三严三实"要求纪检监察干部，从改进文风、会风、作风抓起。改进作风要把自己摆进去，从自身做起，以上率下，少一点官样文章、多一点管用的措施办法，各高校应在加强基础工作、强化日常管理上下足功夫，重点放在对薄弱环节以及有制度漏洞和隐患问题的排查上，立行立改；同时紧紧抓住对已有规章制度的落实和监督检查上，防止制度的空转。此外转作风的关键是要敢于担当，要在惩治腐败上求突破。高校纪检干部要牢记历史使命，聚焦中心任务，坚守责任担当，提高履职能力，加强培训和学习，不断提高纪检监察干部的法律素养与办案能力以及文字表达能力。同时面对发生在高校党员领导干部的腐败行为和不正之风，勇于担当、敢于亮剑、铁面执纪。按照"三转"新要求，纪检监察干部要不断加强作风建设和能力建设，用铁的纪律打造忠诚、干净、尽责的干部队伍。

Countermeasures and Suggestions on the Issue of "Three Turns" of the Discipline Inspection and Supervision Institutions of Colleges

Luo Xinyuan   Huang Jing

Abstract: At present the discipline inspection and supervision institutions in colleges and universities are facing many new problems. How to fulfill the responsibilities stipulated in Party Constitution, to effectively curb corruption, and to deepen the system reform of discipline inspection and supervision mechanism are critical. Only through clarifying responsibilities and highlighting the major works and turning its functions, innovating mechanisms and highlighting the problem - oriented approach and turning its mode; strengthening the team-building and highlighting professional ability and turning its style, can make effective supervision in the discipline inspection and supervision institutions, and further promote the construction of a clean and honest administration and the anti - corruption work in colleges and universities.

Key words: the discipline inspection and supervision institutions in colleges and universities; "three turns"; countermeasures

高校意识形态工作现状、问题及应对策略

李政敏[*]

摘 要：高度重视并切实加强高校意识形态工作是办好中国特色社会主义大学的根本保证。新形势下，高校在意识形态工作方面取得了重大成就，但在思想认识、工作格局、机制体制、工作方法和队伍建设等方面还存着与高校担负的历史使命不相适应的问题。面对复杂的发展形势和严峻的挑战，要通过强化党对高校意识形态工作的主导权、建立健全完善的意识形态工作机制、强化高校对意识形态工作阵地的管理权、强化意识形态工作队伍建设等途径应对解决存在的问题，以维护高校稳定，促进社会和谐，为培育合格建设者和可靠接班人，巩固中国共产党的执政地位，实现中华民族伟大复兴的"中国梦"做出应有的贡献。

关键词：高校；意识形态工作；问题；应对策略

高校作为意识形态工作前沿阵地，肩负着研究学习宣传马克思主义，引领意识形态建设的重要任务。新形势下，意识形态工作的现实环境发生了重大变化，给高校意识形态工作带来了极大的挑战，出现了种种不适应的问题。如何正视和应对高校意识形态工作的问题，对于维护主流意识形态在高校乃至国家中的主导地位具有极其重要的现实意义。

一 高校强化意识形态工作的重要性

强调高校意识形态工作的重要性，不能仅仅在字面上喊出多么响亮的口号，而要从意识形态产生发展的规律和开展意识形态工作的合法性上进行学理性分析。

---

[*] 李政敏：西北政法大学，讲师，主要研究方向：思想政治教育研究。

(一) 高校开展意识形态工作有其学理上的合法性

意识形态工作重要不重要的前提是它必须具有合法性。如何判断一种社会活动的合法性呢？学者王习胜认为，可从三个层面判断一种社会活动是否具有"合法性"：其一，这种活动是否遵循了某种规律。大凡遵循事物发生发展基本规律的社会活动都具有存在的合法性；其二，这种活动是否符合某种规范。大凡符合富有成效的规范而开展的社会活动也具有存在的合法性；其三，这种活动是否符合某种目的。任何社会活动都是为了某种目的而开展的，没有目的的社会活动谈不上存在的合法性。当然，这里的"目的"不是指个人随意的目的，而是代表着特定群体或集团利益的社会性的目的，因此，大凡符合社会有序运行和良性发展之目的的社会活动也具有存在的合法性。① 以此来判断，党开展意识形态建设工作尤其是在高校以马克思主义为指导，实施反映人们思想观念形成和发展规律的马克思主义理论教育，引导高校师生形成正确的世界观、人生观和价值观，自觉培育和践行社会主义核心价值观，把大学生培养成为中国特色社会主义事业可靠接班人和合格建设者，解决的是"为谁培养人"和"培养什么人"的大是大非的问题。可以看出，高校开展的意识形态工作符合高等教育发展规律，符合国家《高等教育法》等法律法规，代表最广大人民群众的根本利益，有着有序的运行和良性发展目的。因此，高校开展意识形态工作具有学理上的合法性。

(二) 强化意识形态工作是无产阶级政党自身建设的内在要求

意识形态作为社会活动的产物，自身具有其特有的发展规律。在马克思看来，在阶级社会中，意识形态是统治阶级维护其利益的理论基础，不是社会存在及人们的社会关系的被动反映，其能够积极地加入到社会关系建设中来，并为巩固统治阶级的统治地位提供思想支持，有时甚至可能演变为一种"物质力量"。列宁、毛泽东等后来的马克思主义者则继承和发展了马克思、恩格斯的重要观点。列宁认为，"只有以先进理论为指南的

---

① 王习胜：《高校实施马克思主义理论教育的合法性与合理性》，《安徽师范大学学报》(人文社会科学版) 2016 年第 4 期。

党,才能实现先进战士的作用"。① 毛泽东指出,"一定的文化(当作观念形态的文化)是一定社会的政治和经济的反映,又给予伟大影响和作用于一定社会的政治和经济"。② 鉴于意识形态巨大的能动作用,列宁认为意识形态是指导无产阶级为获得解放而斗争的有力思想武器,无产阶级政党必须增强用马克思主义意识形态对工人阶级进行思想教育的自觉性。他还强调,"没有革命的理论,就不会有革命的运动"。③ "应当积极地对工人阶级进行政治教育,发展工人阶级的政治意识。"④ 在长期的革命斗争实践中,毛泽东认为思想工作和政治工作是完成经济工作和技术工作的保证,"只要我们的思想工作和政治工作稍微一放松,经济工作和技术工作就一定会走到邪路上去"⑤。进入改革开放新时期后,党和国家领导人邓小平、江泽民、胡锦涛分别发表《党在组织战线和思想战线上的迫切任务》《宣传思想战线的主要任务》《坚持用"三个代表"重要思想统领宣传思想工作》等重要讲话,强调党的意识形态建设工作。党的建设的实践结果也证明,无产阶级政党如果不重视意识形态建设的引领、领导和管理,丧失党对意识形态的主导权、话语权和管理权,最终将导致党的事业失败。

(三) 新形势下,党将意识形态工作的重要性提升到新的高度

高校的意识形态工作具有特殊性和复杂性。在新的历史条件下,面对复杂的国际国内形势,习近平总书记丰富和发展了老一辈革命家的意识形态思想理论,进一步强调在现阶段加强意识形态工作的必要性和紧迫性。2013年8月19日,习近平总书记在全国宣传思想工作会议上指出,意识形态工作是党的一项极端重要的工作,要从巩固马克思主义在意识形态领域的指导地位、巩固全党全国人民团结奋斗的共同思想基础的意义上不断加强意识形态工作。对高校,习近平总书记更是强调意识形态工作的重要

---

① 《列宁选集》第1卷,人民出版社1995年版,第312页。
② 《毛泽东选集》第2卷,人民出版社1991年版,第663—664页。
③ 《列宁选集》第1卷,人民出版社1995年版,第311页。
④ 《列宁选集》第1卷,人民出版社1995年版,第342页。
⑤ 《毛泽东文集》第7卷,人民出版社1993年版,第351页。

性，在第 23 次全国高等学校党的建设工作会议上，他指出，高校肩负着学习研究宣传马克思主义、培养中国特色社会主义事业建设者和接班人的重大任务。加强党对高校的领导，加强和改进高校党的建设，牢牢把握高校意识形态工作领导权，是办好中国特色社会主义大学的根本保证。这是党重申意识形态工作的重要性并将其提升到了新的高度，对新时期高校意识形态工作提出了新的要求。

二 高校意识形态工作面临的问题

中央《关于进一步加强和改进新形势下高校宣传思想工作的意见》发布后，各省市高等教育管理部门迅速贯彻落实，加强高校宣传思想工作，意识形态工作成绩斐然。从整体上看，高校意识形态工作主流是好的，但在思想认识问题、工作机制体制等方面还存在一些问题。

（一）思想认识上与要应对的挑战不相适应

随着经济全球化、政治多极化、文化多元化的发展，民主社会主义、新自由主义等非马克思主义和反马克思主义思潮对社会主义主流意识形态的认同产生强大冲击，宗教和邪教组织对高校师生在思想上造成的渗透和侵蚀不容低估，高校意识形态工作面临严峻的挑战。面对挑战，绝大多数高校都高度重视，从讲政治的高度出发，深化意识形态工作，但也有一些重视不够的现象：从学校层面看，尽管党委主要领导重视，但其他领导因不分管或忙于业务，思想重视不够，存在平时看不出来、关键时刻跟不上去的现象；从二级学院党委（党总支）来看，主要领导、班子成员对意识形态工作说起来重要，做起来不要，意识形态工作在该层面收效甚微；从学生层面来看，由于缺乏足够的政治敏锐性和学术鉴别力，有的大学生认为马克思主义理论教育课程"与生活毫无关系"、是"没有什么用"的课程，[①] 甚至认为是在被"洗脑"。这样的思想认识与要应对的意识形态领域斗争的严峻形势极不适应。

---

① 王习胜：《高校实施马克思主义理论教育的合法性与合理性》，《安徽师范大学学报》（人文社会科学版）2016 年第 4 期。

(二) 工作格局机制与要承担的责任要求不相适应

作为一项极端重要的工作，意识形态工作本应是高校党委加强党建的首要工作，但有些高校在学校总体工作中，意识形态工作没有上升到突出地位，更缺乏顶层设计，没有形成运行顺畅的工作机制，更没有形成党、政、工、团齐抓共管的工作格局，导致意识形态工作成为宣传部门单打独斗的现象。在党中央《党委（党组）意识形态工作责任制实施办法》发布后，有些高校还没有将其落地、落实、落细，工作机制体制不健全、不完善，导致二级单位党组织责任不清、任务不明、遇事推诿的现象。中央要求的意识形态工作责任制并没有真正地得到落实。这样的工作格局与要承担的意识形态领域工作责任的要求极不适应。

(三) 传统工作技能与现代化新媒体信息传播不相适应

随着网络新媒体技术的飞速发展和迅猛普及，人们获取资讯的手段和交流、交往的方式均发生了翻天覆地的变化。大学生运用新媒体借助于虚拟空间获得的信息数量和服务质量已经远远超过现实空间。微信、微博、QQ等不仅是交流沟通的工具，也是高校开展意识形态教育的新式途径。但从目前来看，高校的意识形态工作主要方法仍然是借助于课堂、研讨会、报告会、报刊、校园广播、宣传栏等传统方法，还没有将微信、微博、QQ纳入意识形态阵地管理范畴，有些学校的微信公众号随意开设，对其内容的监控和管理基本处于失控状态，不仅没有用好，也没有管好，这也给敌对势力抢占意识形态阵地提供了可乘之机。由于投入经费、硬件设施和工作技能等原因，有些学校对于网络上不良信息的筛查、监控基本上是靠"人海战术"，效果甚微。这样的工作方法与现代化新媒体信息迅猛传播和敌对势力对意识形态阵地的极力抢占状态极不适应。

(四) 工作队伍建设与要担负的任务不相适应

高校要坚持以德树人，坚守教书育人、管理育人和服务育人理念。但有些高校由于对意识形态工作缺乏顶层设计，工作格局不完善，导致工作队伍力量薄弱。由于格局的不完善，一些本应纳入意识形态工作队伍的干部没有加入，致使工作人员数量上不能满足要求；一些从事意识形态工作的干部缺乏扎实的理论功底和实际工作经验，重视不够、敏感性不强、政策水平不高，有时不能清楚认识自己的角色定位和工作职责。个别教师缺乏坚定正确的政治立场和方向，在教学科研中还喜欢套用西方话语体系，有意无意地在推行"多元化"的指导思想，甚至有意回避"马克思主义意识形态"，导致各种错误思潮在高校中时强时弱地出现；个别思想政治理论课教师在教学科研中片面地理解马克思主义，肢解马克思主义的系统性、整体性，宣扬一些偏颇的甚至是有害的观点，对学生产生了较大的负面影响。由此来看，意识形态工作干部和教师队伍建设的数量和质量及其综合素养问题与要担负的工作任务极不适应。

三 加强高校意识形态工作的策略

《党章》明确规定，党的领导主要是政治、思想和组织领导。意识形态工作必须坚持党的领导，因为"党管宣传、党管意识形态，是我们党在长期实践中形成的重要原则和制度，是坚持党的领导的一个重要方面，必须始终牢牢坚持，任何时候都不能动摇"。① 在高校意识形态工作中，要在党的统一领导下，提高认识，健全工作机制，创新工作方法，加强队伍建设，巩固党在高校意识形态领域中的主导权、话语权和管理权。

（一）凸显党的思想政治领导，强化党对高校意识形态工作的主导权

强化党对高校意识形态工作的主导权，首先要强化学校党委的政治责任和领导责任，班子成员特别是书记、校长，要切实提高做好意识形态工作重要性的认识，要按照社会主义政治家、教育家的要求，自觉把意识形态工作作为学校发展中的重要工作来抓。学校领导班子要把意识形态工作纳入重要议事日程，纳入领导干部的目标管理考核，认真开展调查研究，根据学校实际情况，每年研究制定学校意识形态工作和教职工宣传思想工作要点，认真解决存在的突出问题，在体制机制、队伍建设、经费支持方面提供必要保障。其次要通过多种方式深化干部、师生的意识形态教育，要让所有干部、师生清醒地认识到：当前，大国之间综合国力的竞争越来越集中在意识形态领域的争夺上、国家价值观之间的比拼上，来自各方的

---

① 胡锦涛：《在全国宣传思想工作会议上的讲话》，《人民日报》2003年12月8日第1版。

民主社会主义、新自由主义、历史虚无主义、后现代主义、意识形态终结论等思潮借助网络广泛传播，宗教渗透和邪教渗透破坏日益激烈，给高校意识形态工作带来严峻挑战。要从讲政治的高度提高认识，进一步增强政治意识、大局意识、核心意识和看齐意识，牢固树立危机意识，全身心投入意识形态领域内的斗争，自觉抵制各种渗透和诱惑，主动抢占党对高校意识形态工作的主导权。

（二）凸显党的问责追责利器作用，建立健全意识形态工作机制

关于如何做好新形势下的意识形态工作，习近平曾强调，做好宣传思想工作必须全党动手，要树立大宣传的工作理念，动员各条战线各个部门一起来做。这实际上是对高校意识形态工作提出了构建大工作格局、健全责任机制的要求。要按照党中央《党委（党组）意识形态工作责任制实施办法》的要求，落实、落细意识形态工作责任制。

建立健全意识形态工作格局。"意识形态工作不是宣传部门一家之事，不能让宣传部门'单打独斗'，必须坚持'一盘棋'，形成'大合唱'。"因此，高校要树立大宣传思想工作理念，形成党委统一领导、党政工团齐抓共管、党委宣传部门牵头协调、全校各部门和院系共同参加、上下协调一致、政令畅通的工作格局。在大工作格局中，学校领导班子其成员要明确意识形态工作方面的工作职责，把日常分管工作与意识形态工作有机结合。

落实意识形态工作责任制。首先要明确各部门、各层级干部的工作责任。校党委书记是第一责任人，各二级院系党组织负责人为责任主体，且要认真履行"一岗双责"，明确各部门各学院意识形态工作要求，使意识形态工作成为各部门各学院的分内工作。建立健全意识形态工作研究报告制度、会商研判制度、情况通报制度、主动引导和风险防控制度、管控处置制度等，完善意识形态工作机制；建立健全意识形态专题督察制度、责任制检查考核制度等完善意识形态工作监督考核机制；制定细则和具体举措、原则、标准等，建立健全意识形态工作责任追究机制，真正发挥党的意识形态工作问责追责利器作用。

（三）凸显党的思想理论建设的科学性，强化高校意识形态工作话语权

在世界文化多元化、价值观多元化的社会条件下，要做好宣传思想工作，尤其是意识形态工作必须加强党的思想理论建设。开展理论研究是巩固马克思主义在意识形态领域内的指导地位的重要手段。"能否科学论证马克思主义在全球化时代存在的现实合理性和必要性，对现实中马克思主义面对的挑战和冲击做出有力回应，是解答和消除人们思想中各种疑惑，增强马克思主义信仰的关键。"[①] 高校要加强马克思主义理论的学科体系建设，借助马克思主义理论硕士点、博士点和博士后流动站建设，充分发挥哲学社会科学的学科优势和学术研究力量，结合中国特色社会主义建设的实际，深入开展马克思主义理论研究，大力推进马克思主义中国化、时代化和大众化，通过理论宣讲对重大理论和现实问题做科学解答，引导人们用科学的态度对待马克思主义，彻底消除"马克思主义在学科中'失语'、教材中'失踪'、论坛上'失声'"的问题，强化高校马克思主义意识形态工作话语权。

（四）凸显现代新媒体的信息传播优势，强化高校对意识形态工作阵地的管理权

随着网络技术的飞速发展，使用新媒体的用户逐年增加，截至2015年12月，中国网民规模达6.88亿人……其中，中国手机网民规模达6.2亿人。[②] 网络的发展既给意识形态工作带来机遇也带来挑战，因此，高校对网络新媒体既要用好也要管好。要严格落实有关管理规定，管理好课堂、研讨会、报告会、报刊、校园广播、宣传栏等阵地，加强对对外文化交流活动、学术交流合作等方面的管理，同时，还要将校园网、主题网站、微信、微博、QQ等新媒体纳入意识形态阵地管理范畴，探索、实现传统媒体与微博、博客、微信、电子邮件等网络化的新媒体有机结合，推

---

① 吴怀友：《全球化与中国共产党执政能力建设研究》，中共中央党校出版社2007年版，第154—155页。

② 《CNNIC：中国网民规模达6.88亿，手机网民6.2亿》[EB/OL].http://finance.chinanews.com/it/2006/01-22/7727960.shtml.2016-1-22。

进社会主义主流意识形态宣传方式的现代化。面对西方网络强势信息的挑战和对新媒体阵地的抢占，高校要坚定社会主义意识形态的信心，大力宣传马克思列宁主义、毛泽东思想以及中国特色社会主义理论体系，积极主动地宣传党的路线、方针和政策，积极推进网上主流意识形态教育，牢牢把握网络舆论导向的主动权，弘扬主旋律和进行社会主义意识形态教育，在网络上争取一片新天地。同时，高校还要运用行政、技术和法律手段加强对新媒体的管控，以防止不良信息的传播，为高校把握意识形态工作主阵地和领导权奠定基础。

（五）凸显党管人才的主体功能，强化意识形态工作队伍建设

"政治路线确定之后，干部就是决定的因素。"[①] 打好意识形态主动仗，必须依靠一支政治上绝对可靠的意识形态工作队伍来实现。在意识形态工作领域，必须选拔那些忠于党、忠于国家、忠于社会主义，有强烈的责任心、事业心和使命感并且遵纪守法的人来领导意识形态工作。作为高校来说，主要要抓好四支队伍建设。

宣传工作队伍建设。宣传工作干部担负着高校马克思主义理论宣教重任，具有不可替代的地位和作用。《党委（党组）意识形态工作责任制实施办法》也对宣传部门提出了引领、协调等工作要求。习近平总书记曾强调："各级宣传部门领导同志要加强学习、加强实践，真正成为让人信服的行家里手。""要加快培养造就一支政治坚定、业务精湛、作风优良、党和人民放心的新闻舆论工作队伍。"因此，高校要坚持高标准选优、配足宣传思想部门的专职队伍，做到舆情有人察、工作有人干、阵地有人守。

选优配强意识形态关键岗位党员领导干部。意识形态工作不仅仅是宣传部门的事情，也不仅仅是选配善于做意识形态工作的优秀干部就可以了。高校的纪委、组织部、统战部、学工部、保卫部、研工部、工会、团委、教务处、科研处、国际处、人事处以及各教学单位的学院院长、书记等，都是做好意识形态工作的关键岗位，都负有做好意识形态工作的责任。因此，要特别注重将政治素质过硬、专业水平高和业务能力强的领导干部选配到这些岗位上。通过大规模培训，引导关键岗位领导干部掌握高

[①] 《毛泽东选集》第 2 卷，人民出版社 1991 年版，第 526 页。

校意识形态工作的特点、规律、突出问题表现以及应对政策策略，不断提高工作效能。

强化教师队伍建设。高校教学科研教师承担教书育人的重任，是意识形态工作中最重要的力量，加强教师意识形态工作能力建设是做好意识形态工作的根本和基础。要认真落实《高等教育法》《高等学校教师职业道德规范》《关于加强和改进高校青年教师思想政治工作的若干意见》等法律规章，深化教师思想政治教育和职业道德教育，引导教师提高思想政治素质，强化政治意识和责任意识。在学校招聘教师时，要严把政治观关，严防政治素质不过关的人混入高校校园课堂。同时，要及时把政治素质低下、在课堂等公开场合传播不良信息、发表不当言论的教师清除出教师队伍。

加强学生党、团员队伍建设。开展意识形态教育，学生党员、团员队伍是一支不可替代的力量。高校党员、团员既是受教育的对象，也是意识形态工作最深入学生生活的工作者。因此，既要发挥他们的自我教育功能，又要发挥他们在学生中间传、帮、带的教育作用。学校要通过"大学生马克思主义骨干培训班""党课""团课"等途径深化马克思主义理论教育，帮助他们提高思想政治素养，提高自我教育技能。建立健全学生工作队伍意识形态教育运行机制，使用好、培养好、建设好学生党、团员队伍。

Current Situation, Problems and Coping Strategies of Ideological Work in Colleges and Universities

Li Zhengmin

Abstract: Attaching great importance to and strengthening the ideological work in colleges and universities is the fundamental guarantee for running a university with Chinese characteristics. Colleges and universities have made great achievements in ideological work under the new situation, but there are still some problems in the aspects of ideological understanding, working pattern, mechanism system, working method and team construction, which are not compatible with the historical mission of colleges and universities. Facing the complicated situation and great challenges, it is necessary to strengthen the CCP's leadership in ideological work of colleges and universities, to establish and improve the working mechanism of ideological work, to enhance the administrative power of colleges and universities in ideological work, to solve the existing problems. And finally our aim of maintaining the stability of colleges and universities, promoting social harmony, cultivating qualified talents, consolidating the leading role of the Chinese Communist Party, and making due contributions to the realization of Chinese Dream can be achieved.

Key words: colleges and universities; ideological work; problems; coping strategies

教学研究

我国大学通识教育课程体系与发展模式研究[*]

周开发 曾玉珍[**]

摘 要：本文通过类型抽样与个案研究方法，定性定量分析了我国通识教育课程的结构与分布。研究发现，我国通识教育学分比重偏低，课程分类不够合理，课程内容陈旧泛化，课堂教学单调沉闷。论文阐述了我国通识教育改革取得的局部突破：本科生院制度、经典阅读、新生研讨课等模式创新以及通识教育课程改革中的其他探索。论文认为，我国大学通识教育改革正处在十字路口：一边是大多数高校习惯行走的边缘化道路；另一边是少数高校正在探索的整体设计之路。论文最后提出了基于学生核心能力发展的通识教育改革的框架性建议。

关键词：复杂性理论；本科教育；通识教育；核心能力

一 引言

在理论上和实践上，"通识教育"都是一个模糊概念。而且，它还有许多随意使用的同义词和近义词，如素质教育、通才教育、博雅教育、自由教育等。事实上，中外教育史表明，通识教育的内涵与外延在不断演变。比如20世纪初期，通识教育与自由教育几乎是同义词。而2007年，哈佛大学明确指出，哈佛教育是自由教育，通识教育是构成哈佛教育体系的三个

---

[*] 基金项目：教育部人文社会科学规划基金项目"基于复杂性科学的大学课程与课堂教学变革研究"（项目编号：13XJA880008）。重庆市社会科学规划项目"云计算时代高等教育变革研究"（项目编号：2015YBJY061）。

[**] 周开发：重庆交通大学土木工程学院副教授，主要研究方向：高等教育和弹塑性动力学研究。曾玉珍：重庆交通大学图书馆副研究馆员，主要研究方向：图书情报、信息素养教育和学习理论的研究。

组成部分之一，通识课占总学分的1/4，专业课占1/2，任选课占1/4。①

通过高等教育史容易看到，通识教育的发展经历了多次高潮和低谷。比如，Morrill Act（1862）和德国大学模式（19世纪末）都曾引起美国高等教育专业化和职业化倾向，而芝加哥大学的通识教育改革（20世纪20年代）和哈佛大学的"The Redbook"（1945）也曾给通识教育带来复兴并产生深远影响。再如，苏联教育模式（20世纪50年代）曾导致中国高等教育过度专业化，其影响延续至今；而发起于1995年的人文素质教育倡议，则给中国通识教育带来了久违的复兴，并激发起中国高教改革的新活力②。

通识教育是大学本科教育的重要组成部分，这已成为世界高等教育界的基本共识。然而，经过近二十年的改革与探索，我国大学通识教育目前却处于十字路口。本文将探讨中国大学通识教育的现状、改革趋势与未来之路。

二　中国大学通识教育课程体系现状的调查与分析

以艾瑞深中国校友会网2015年中国大学排行榜700强名单为参照③，采用类型抽样法，选取70所高校为研究样本，其星级和地区分布见表1。所选的5、6星级学校是"985"高校，3、4星级主要是"211"高校，1、2星级是一般本科院校。

表1　　　　　　70所样本高校星级和地区分布情况　　　　　单位：所

分布类型	高校星级分布			高校地区分布					
	1、2星级	3、4星级	5、6星级	华北	东北	华东	中南	西北	西南
学校数量	24	26	20	9	7	24	16	7	7

样本数据主要来源于大学主页、学校文件、课程目录和教学大纲，用于分析通识教育的现状及存在的主要问题。下面将从通识教育的学分数

---

① Harvard University. Report of the Task Force on General Education [EB/OL]. http://www.generaleducation.fas.harvard.edu/icb/icb.do，2014-7-23.
② 庞海芍：《通识教育困境与希望》，北京理工大学出版社2009年版，第10页。
③ 中国校友会网：《2015中国大学评价研究报告》[EB/OL]，http://www.cuaa.net/cur/2015/index_700，2015-1-23。

量、课程选修模式、课程分类、课程内容四个方面进行统计分析。

1. 通识教育学分及其比重

如何计算通识教育学分目前存有争议。本文按照北京大学通识教育课程界定方式进行统一计算，即通识教育课程不含政治、外语、计算机、高等数学等公共必修基础课。

表2　　70所样本高校通识教育学分及其比重

平均值	1、2星级	3、4星级	5、6星级	70所高校平均值
平均总学分	178.1	173.2	165.5	172.3
平均通识学分	8.96	9.58	12.63	10.39
平均通识学分比重	5.03%	5.53%	7.63%	6.03%

由表2可见，1、2星级学校的平均总学分最多，其次是3、4星级的，5、6星级的最少；相反，1、2星级学校的平均通识学分最少，其次是3、4星级的，5、6星级的最多。自然，1、2星级学校通识学分比重最低（占5.03%），其次是3、4星级的，5、6星级的最高（占7.63%）。总体上，我国高校通识学分偏少，只有10.39学分；其比重偏低，只占总学分的6.03%。

2. 通识教育课程选修模式

通识课程的选修模式按必修（Prescribed）、分布（Distribution）和任选（Free）三类来划分。绝大多数学校采用一种选课方式，极少学校采用分布与任选结合的方式。

由表3可见，5、6星级学校基本上采用美国名校常用的分布模式（90%），3、4星级学校也以分布模式为主（占61.5%），而1、2星级学校偏爱于任选制度（占70.8%）。这种差异反映了学校的学科综合性程度和教师开课能力。

表3　　通识教育的课程选修模式

选修模式	1、2星级	3、4星级	5、6星级	70所高校平均值
必修	1（4.2%）	0（0%）	0（0%）	1（1.4%）
分布	6（25%）	16（61.5%）	18（90%）	40（57.2%）
任选	17（70.8%）	10（38.5%）	2（10%）	29（41.4%）
总计	24（100%）	26（100%）	20（100%）	70（100%）

3. 通识教育课程分类

通识教育课程分类模式繁多，而哈佛大学 2007 版的通识教育课程分类模式，对我国高校的影响很大，已被许多高校广泛借鉴。但哈佛的通识教育课程分类未能突出核心能力和理解教育的地位，所以本文采用"学术能力类课程"、"学科领域分布课程"和"理解教育类课程"三大类十小类的分类模式进行统计分析（见表4）。由表4可见，总体上，社会科学、人文学科、文学与艺术三类课程开课率最高（分别占100%、97.1%和100%），而批判性思维与创新思维，宗教、伦理与道德，信息素养与信息技术，科学方法与定量推理四类课程的开课率最低（分别占40%、47.1%、55.7%和58.6%）。这表明目前的通识教育仍局限于早期的人文素质教育观念，没有拓展到知识、技能、情感、态度、行为、价值等核心能力（Core Competencies）的全面发展上。由表4还可见，不同星级学校之间某些类课程的开课率相差较大。1、2星级，3、4星级，5、6星级三者之间有明显差异的课程类别是交流能力（各占54.2%、80.8%、95%），信息素养与信息技术（各占33.3%、53.6%、85%），批判性思维与创新思维（各占16.7%、30.8%、80%），科学方法与定量推理（各占50%、46.2%、85%），宗教、伦理与道德（各占12.5%、42.3%、95%）。可见，"985"高校更重视大学生学术能力和理解教育的培养。

综上表明，自然科学、人文社科和文学艺术方面的知识教育得到广泛重视，而学术能力和理解教育两个要素明显强调不够。

表4　　　　　　　　　　通识教育课程分类

	课程内容类别	1、2星级	3、4星级	5、6星级	70所高校平均值
学术能力类课程	交流能力	13（54.2%）	21（80.8%）	19（95%）	53（75.7%）
	信息素养与信息技术	8（33.3%）	14（53.6%）	17（85%）	39（55.7%）
	批判性思维与创新思维	4（16.7%）	8（30.8%）	16（80%）	28（40%）
	科学方法与定量推理	12（50%）	12（46.2%）	17（85%）	41（58.6%）
学科领域分布课程	自然科学	20（83.3%）	21（80.8%）	20（100%）	61（87.1%）
	社会科学	24（100%）	26（100%）	20（100%）	70（100%）
	人文学科	23（95.8%）	25（96.2%）	20（100%）	68（97.1%）

续表

课程内容类别		1、2星级	3、4星级	5、6星级	70所高校平均值
理解教育类课程	文学与艺术	24（100%）	26（100%）	20（100%）	70（100%）
	宗教、伦理与道德	3（12.5%）	11（42.3%）	19（95%）	33（47.1%）
	健康教育	18（75%）	21（80.8%）	19（95%）	58（82.9%）
样本学校数量（所）		24	26	20	70

4. 通识教育课程的构成要素

从课程开设方式与内容来考虑，可以将通识教育课程划分为六个要素：导论课、学科前沿课程、跨学科课程、新生研讨课、经典阅读课程、学术写作课程，以便了解我国通识教育与国际通识教育发展趋势上的异同。

表5　　　　　　　　通识教育课程的构成要素

构成要素	1、2星级	3、4星级	5、6星级	70所高校平均值
导论课	24（100%）	26（100%）	20（100%）	70（100%）
学科前沿课程（讲座）	7（29.2%）	11（42.3%）	17（85%）	35（50%）
跨学科课程	11（45.8%）	20（76.9%）	19（95%）	50（71.4%）
新生研讨课	2（8.3%）	10（38.5%）	13（65%）	25（35.7%）
经典阅读课程	19（79.2%）	18（69.2%）	19（95%）	56（80%）
学术写作课程	2（8.3%）	6（23.1%）	12（60%）	20（28.6%）
样本学校数量（所）	24	26	20	70

由表5可见，总体上，导论课开设得最普遍（100%），其次是经典阅读课程（80%）和跨学科课程（71.4%），然后是学科前沿课程（讲座）（50%），最少的是新生研讨课（35.7%）和学术写作课程（28.6%）。这与美国大学通识教育课程的发展趋势形成强烈对比。

另外，由表5还可见，不同星级学校之间通识教育课程开设的方式与内容有很大差异。1、2星级，3、4星级，5、6星级三者之间存在较大差异的课程类别是学科前沿课程（讲座）（各占29.2%、42.3%、85%），跨学科课程（各占45.8%、76.9%、95%），新生研讨课（各占8.3%、38.5%、65%），学术写作课程（各占8.3%、23.1%、60%）。这表明"985"高校与国际名校的通识课程发展趋势比较一致，而一般高校则有较大的脱节。

综合以上分析，并与西方大学对比，可以发现我国大学通识教育存在以下主要问题。

（1）我国高校通识教育学分所占比重偏低。例如，上海交通大学的通识教育占总学分的12.5%，是我国大学最高的，而哈佛大学通识教育则占总学分的1/4。

（2）通识教育课程体系缺乏合理分类。除5、6星级高校外，其他高校通识课程体系很多是不完整的，甚至不成体系，因此有较多高校（占41.4%）采用任选模式，以应对通识课程的贫乏。另外，即使"985"高校的通识课程体系也明显忽视学术能力和跨文化理解教育。

（3）通识教育课程内容陈旧泛化，教学方式单调沉闷。所有高校都开设了各种导论课，而且许多课程内容过于泛化或庞杂；相反，跨学科课程和学科前沿课程则开设得较少。另外，有关跨文化教育、人与人之间的理解教育、地球公民意识与伦理道德、宗教文化等课程普遍偏少，这将导致我们的学生难以适应经济全球化时代的发展变化。最后，特别需要指出的是，西方大学普遍重视学术写作训练，而我们却严重忽视它，结果我们的学生学术写作水平令人失望，各种学术抄袭现象频发。

三　我国大学通识教育的新探索

近年来我国高校通识教育改革的推进十分艰难，但复旦大学、中山大学[①]等少数高校在广泛借鉴国外名校的经验基础上，重新审视自己的通识教育方案，并进行大胆的整体性变革。下面选取北京大学、清华大学、北京理工大学、复旦大学、上海交通大学、浙江大学、中山大学、南京大学、华中科技大学和西南财经大学10所高校作为研究个案，综合分析它们的通识教育改革经验，帮助我们理解和分析当前中国大学通识教育改革的内容和动向。个案分析资料，主要来源于大学主页、学校文件、课程目录和大纲、工作报告、期刊论文、通讯报道、现场调研等。虽然这些学校的改革并不代表所有高校的做法，但它们的改革理念和创新实践是中国大学通识教育改革的风向标。所以，选择这些高校作为典型案例是合理的。

---

① 温才妃：《中山大学：通识教育意味着更高标准》，《中国科学报》2012年5月2日第2版。

1. 通识教育改革的三类新模式

近年来，高校在进行通识教育改革方案整体设计时，提出了各种新模式。其中，最有影响的三类模式是：本科生院组织管理模式、通识课程跨学科/分布模式和互动教学模式。

(1) 本科生院组织管理模式。该模式是美国本科教育的主要特色之一，其核心是通识教育。该模式的首创可以追溯到1930—1931年芝加哥大学进行的大学重组。目前，这种模式在美国私立研究型大学中很常见，如哈佛大学哈佛学院、耶鲁大学耶鲁学院等。在美国该模式中，大学新生将全部进入本科生院学习和生活，接受通识教育。有些是前两年在本科生院学习和生活，后两年选择专业，进入专业学院学习；有些是四年都在本科生院中学习和生活。

2005年复旦大学成立复旦学院，2008年浙江大学成立了本科生院，它们对大学本科生管理模式进行了根本性的改革，以全面推行通识教育。复旦大学的复旦学院，下设志德、腾飞、克卿和任重四个书院。复旦学院是复旦大学实施通识教育的教学、研究和管理机构，负责全校本科一年级和部分二年级学生教育教学管理工作。所有入学新生依照专业门类分流进入四大书院，实施书院式管理①。

浙江大学的本科生院，下设求是学院、竺可桢荣誉学院。求是学院负责浙大本科生院通识教育工作，下设文理社科大类学生园区、农生医大类及竺可桢学院学生园区、工科大类学生园区三个学生园区。新生入学后，按大类入住不同的学园，学生按所住学园编班，3至4个寝室为1个小班，每个班级的规模为20人到30人，以利于教学互动。在实施大类招生和通识教育培养一年后，学生可以在大类中自由选择专业，并回归专业学院管理②。

(2) 跨学科/分布模式。通识教育课程模式有许多种，目前主要采用四种：必修核心模式（Required Core Model）、整合模式（Integrated Model）、基于能力模式（Competency-Based Model）和跨学科/分布模式（Interdisciplinary/Distribution Model）。其中，跨学科/分布模式是哈佛大学、

---

① 陈竹、周凯：《复旦大学成立本科生院》，《中国青年报》2012年9月17日第3版。
② 欣文：《浙大成立本科生院——探索实践研究型大学的本科教育教学管理新模式》，http://www.news.zju.edu.cn/news.php?id=23812，2015-01-23。

耶鲁大学等美国高校目前常用的一种模式。该模式将跨学科必修核心课程要求与学分分布要求结合起来，允许学生在限定的主题分类课程清单中灵活选择。这种模式避免了任选和必修的缺点，可有效防止课程支离破碎和学生所学知识过分专业化的弊端。目前，北京大学、北京理工大学、复旦大学、南京大学等均采用这种模式。

北京大学最早采用分布模式[①]。从2000年开始，它面向全校本科生开设大类平台素质教育通选课。目前，通选课分为六个基本领域：数学与自然科学，社会科学，哲学与心理学，历史学，语言学、文学、艺术与美育，社会可持续发展。北大规定本科生毕业时应修满至少12学分。理工科学生在数学与自然科学和社会可持续发展两个领域至少要修满2学分；在语言学、文学、艺术与美育类至少要修满4学分，其中至少一门是艺术与美育类课程；在其他三个领域分别至少要修满2学分。文科学生在数学与自然科学和社会可持续发展两个领域至少要修满4学分；在语言学、文学、艺术与美育类至少要修满2学分，其中至少一门是艺术与美育类课程；在其他三个领域分别至少要修满2学分。

（3）互动教学模式。传统上，通识课程教学采用的是单一的教师讲授模式，如果是大班课，学生的学习比较被动。结果，学生常常不去上课，宁愿自己自学。因此，如何创新通识课程教学方式是一个重要的问题。

目前，互动教学模式是我国通识教育广泛探索的新模式，它有多种表现形式，如新生研讨课、小班讨论课、大班授课小班讨论、经典阅读、案例教学等。上海交通大学、复旦大学、北京大学、南京大学等在互动教学模式创新方面做了有益的尝试。

上海交通大学自2006年开始，为一年级学生开设新生研讨课，以改变长期形成的被动僵化的教学模式，培养学生学习能力和综合素质[②]。新生研讨课一般在老师的指导和参与下，围绕某一专题进行小班学习，强调师生之间进行平等互动与对话交流。这些课程多以探索和研

---

① 北京大学教务部：《2013—2014学年通选课手册》，http：//dean.pku.edu.cn/zxdt/zxdt_main.htm，2014-12-20。

② 上海交通大学：《新生研讨课手册(2014-2015-1，2014级)》，http：//www.jwc.sjtu.edu.cn/web/sjtu/198001.htm，2015-1-10。

究为指向，重在培养与训练学生探索知识、拓宽视野、团队合作、批判性思考、有效交流、学术写作等技能。每门课程的选课人数限定在8—30人，以小组方式边学习、边讨论，上课期间教授定期与学生见面，指导学生学习和研究。

2. 通识教育课程教学新举措

在通识教育改革与创新中，除以上三种突出的新模式以外，还探索了一系列新的做法，典型的有经典阅读、跨学科教育、通专融合。

(1) 经典阅读（Great Books）。经典阅读是大学通识教育的重要内容之一。比较有影响的案例有北京大学元培学院、中山大学博雅学院、复旦大学复旦学院等。复旦大学开设的经典阅读课程是通识教育的亮点，其开设的中外经典阅读课程十分丰富[①]，有60多种，如《国学经典·三礼》《春秋》《论语》《共产党宣言》《荷马史诗》《理想国》等。其目的是使学生直接面对经典巨著与思想大师，学会与人类精神导师对话；在提高学生人文素养的同时，促进其心灵与人格的发展，努力使他们有志于成为伟大文化的承载者。经典阅读的授课方式灵活多样，不拘一格。例如《西学经典》是复旦全校综合选修课，它从古希腊到文艺复兴，系统精选西方思想史的经典巨著（共32本），由本校中文、历史、哲学和政治学各系教师分专题讲授并组织学生讨论。

(2) 跨学科教育。跨学科教育是目前通识教育改革的一个重要趋势，以克服学习的碎片化问题。在借鉴哈佛大学通识课程体系的基础上，北京大学以跨学科课程为通识教育主线，打通原有的专业和学科分界，开设一系列跨学科精品课程，如"地球环境与人类社会""人类发展与环境变迁""自然科学中的混沌和分形""中国近代政治与外交""全球变化及其对策""复杂系统科学导论""人类的性、生育与健康"。北大跨学科通选课旨在引导学生从本科教育的最基本的领域中获得广泛的知识，让学生了解不同学术领域的研究方法及主要思路，从而为能力和经验各异的大学生提供日后长远学习和发展所必需的方法和眼界。[②]

---

① 复旦学院：《复旦大学通识教育核心课程》，http://www.fdcollege.fudan.edu.cn/2961/list.htm，2014-08-14。

② 北京大学教务部：《2013—2014学年通选课手册》，http://dean.pku.edu.cn/zxdt/zxdt_main.htm，2014-12-20。

（3）通专融合。通识教育注重拓宽知识面，而专业教育强调学科知识的深度。如何解决通识教育与专业教育之间的矛盾，是高等教育界探讨的热点课题。清华大学、重庆大学、西南财经大学等在通识教育与专业教育的融合方面做了有益的探索。例如，从2006年开始，西南财经大学着手通专改革，围绕"知识传授、能力培养、素质提高"三大培养目标，重新设计人才培养体系，构筑"基本教育＋专业教育"的创新型财经人才培养模式，构建"五个层级＋个性化模块"的课程结构体系，完善多学科领域的通识教育课程体系。在四年的本科教育中，一年级以通识课程教学为主，渗透学科（专业）基础教育；二年级以后以专业教育为主，在专业教育中渗透和深化通识教育，以实现通识教育与专业教育的完美结合①。

四　十字路口的选择与展望

经过二十年的改革与发展探索，当前中国大学的通识教育正处于十字路口。第一条路是大多数高校习惯行走的"大杂烩"式的边缘化道路。通识教育有名无实，与专业教育没有建立起任何内在联系。通识课程游离于主要课程之外，几乎成为专业教育的装饰品。通识教育课程无体系可言，贫瘠的课程清单任学生自由选择。大量的专业导论课和就业指导课充斥其中，变着花样进行专业和职业教育。教学方法依然是以教师讲课为主导的传统模式，学生完全得不到共同学习的自主体验。

另一条是少数高校正在大胆探索的通识教育整体设计之路。北京大学、复旦大学、中山大学、华中科技大学等是先行者。它们希望引入自由教育或全人教育的理念，复兴和发展蔡元培、蒋梦麟等教育家曾经倡导的通识教育思想，对人才培养模式重新进行顶层设计和整体规划，以培养学生追求知识、探索真理和陶冶品德作为大学使命，并纠正大学过分工具化的弊端。目前，它们的通识教育改革正处于艰难的革命性演变之中，改革

---

① 曾双宝：《西南财经大学的通识教育研究》，华中科技大学出版社2008年版。

实践充满许多争议，但它们给中国高等教育改革带来许多新启示和强力冲击①。

中国大学通识教育将何去何从，每所高校都有自己的选择。这不仅取决于我们对教育理念能否达成共识，而且取决于我们对于改革阻力与动力的认识是否充分，或许最终取决于制定的改革方案是否有可操作性。现在正是全面审视并大胆探索通识教育整体设计之路的时候。

首先，必须看清当前和未来我们所面临的主要挑战。经济全球化的发展趋势是当今世界历史的主流，它带来多元文化的冲突碰撞，导致世界格局日趋一体化。因此，高等教育必须帮助学生适应日益快速变化的世界，学会成功应对种种不确定性。网络时代的到来对传统教育思想、教育模式以及整个教育体系已产生重大影响，大学必须帮助学生学习如何查找、评价、理解和使用信息。科学技术的高速发展正加快知识更新，促进不同学科领域相互交融，导致信息量呈几何级数增长。因此，大学教育必须对学生进行跨学科教育，培养学生掌握终身学习的核心能力。核威胁、环境污染、全球变暖、恐怖主义、疾病与文化冲突等人类生存危机，正严重威胁着全球人类未来的命运。所以，我们的老师必须培养学生地球公民意识，教授学生相互理解与相互依存的人类伦理学。②

其次，确立通识教育项目整体设计原则。本质上，通识教育是针对当代社会特有问题和现代性挑战而制定的。它旨在帮助大学生为应对快速多变、复杂多样的世界做好终身学习的准备，为他们提供一个跨学科的、问题导向的教育体验，培养他们作为公民的责任感和使命感，训练他们运用人类的各种知识批判地思考和解决复杂问题的能力。因此，其目标应体现为：（1）强化学生系统思维、批判性思考、解决问题和有效交流等核心能力；（2）拓宽知识视野，激发广泛的探究兴趣，深入了解自然世界和

---

① 李华林：《中山大学通识教育培养"无专业精英"引争议》，http://www.gxnews.com.cn/specialzip/516/002.html，2015-01-27。复旦大学：《通识教育大讨论》，http://www.fudan.edu.cn/tsjy/，2012-07-13。辛智慧：《立人的尝试——中国大学通识教育现状》，《文化纵横》2012年第3期。

② William C. Kirby. Essays on General Education in Harvard College [EB/OL]. http://www.generaleducation.fas.harvard.edu/icb/icb.do? keyword=k37826& pageid=icb.page331351.2014-07-23. 埃德加·莫兰：《复杂性理论与教育问题》，北京大学出版社2004年版，第9页。

人类社会；(3)反思个人价值观，教授人与人之间的相互理解。其课程内容可包括六大领域：核心能力与科学方法，自然科学，社会科学，人文学科，宗教与文学艺术，跨文化交流与理解。

再次，认清通识教育改革的动力与阻力。影响通识教育改革的主要阻力有传统的大学办学理念和组织结构、专业教育和学生就业的过度强调、偏重科研的教师考核制度、管理者的保守或急功近利、专业教师的个人利益盘算。促进通识教育改革的主要动力是大学的使命与校长的教育思想、学生和家长对优质高等教育的期盼、学生个性化和大学国际化的要求、科学技术的交叉与融合、信息全球化与经济全球化。

最后，制定通识教育整体改革的实施方案与行动策略。每所学校应该：(1)就大学使命、办学理念、通识教育目标等内容达成一致认识；(2)组建专门委员会重新审视和整体设计通识教育方案；(3)借鉴 CBE(Competency-Based Education)理念，构建通专相融的通识教育课程体系；(4)建立通识教育核心能力评价制度。

Research on the General Education Curriculum and Development Modle in Universities

Zhou Kaifa Zeng Yuzhen

Abstract：Using stratified sampling and case study, the paper analyzes the construction and distribution faced by higher education in China both qualitatively and quantitatively. It is found that the proportion of the credit of general education course is low, the classification of curriculum is not reasonable, the curriculum content is too old and the classroom teaching is monotonous and boring. It is also found that general education reform has made a breakthrough; and thus the model of undergraduate education, classic reading, freshman seminars and other initiatives have been widely affected. The research results suggest that the reform of general education in our country is at a crossroads. On the one side is the edge of the road that most colleges and universities used to walk on; on the other side a small number of colleges and universities are exploring the road of overall design of the reform. Finally, this paper presents a suggestion on a framework of competency-based general education reform.

Key words: complexity theory; undergraduate education; general education; core competency

"1+3+2"创新创业型人才培养模式的探索与实践[*]

刘光岭　赵云君　王胜利　陈小勇　李进武[**]

摘　要：欧美发达国家的创新创业教育起步比较早，它们所积累的丰富实践经验和研究成果对我国创新创业型人才培养具有宝贵的借鉴价值。本文立足于中国的具体国情，结合西北政法大学经济学院近十年来的创新创业教学实践，构建了一套"1+3+2"创新创业型人才培养模式，对当前中国高等学校创新创业教育实践具有现实的理论借鉴意义。

关键词：高等学校；大学生创业；创新创业型；人才培养模式；实践

一　引言

我国已确立了市场在经济发展中的决定性地位。市场对于人类福祉的意义，亚当·斯密早在1773年的《国富论》一书中就进行了深刻的揭示——在自由的价格竞争激励下，理性人在谋取个人私利的同时却促进了社会福利水平的增进。市场机制的最大魅力在于它能使市场参与者的创新力和创造力实现价值最大化。然而，市场运行是有规律的，市场参与者能否顺利实现其价值、获取市场竞争力还取决于其对于市场规律的认识和把握程度。因此，高校未来人才培养目标定位为市场型。在市场经济中，每一个市场参与者都是平等、自愿的交易主体。不管是生产者，还是消费

---

[*] 本文为陕西省高等教育教学改革研究项目"经管类专业大学生创新创业教育的实践"的阶段性成果（项目编号：15BZ46），也是西北政法大学创新创业孵化与教育研究院的研究成果。

[**] 刘光岭：西北政法大学经济学院，教授，经济学博士，主要研究方向：企业理论。赵云君：西北政法大学经济学院，教授，经济学博士，主要研究方向：产业经济学、创业学。王胜利：西北政法大学经济学院，教授，经济学博士，主要研究方向：西方经济学、政治经济学。陈小勇：西北政法大学创新创业孵化与教育研究院主任，副教授，经济学博士，主要研究方向：企业经济。李进武：西北政法大学经济学院，讲师，教育管理硕士，主要研究方向：教育管理。

者，或者是中间服务提供者，他们都是自负盈亏、风险自担的市场交易主体。根据新兴古典经济理论，市场经济中每一个人都是生产者和消费者的统一体，因此，每一个人都是创业者。高校进行创新创业教育实际是抓住了市场经济的本质，抓住了市场型人才的本质。

美国一些高校早在20世纪50年代就开始重视对于学生的创业教育，并进行了积极的探索和实践。哈佛大学商学院早在1947年就引入了创业课程。1983年美国奥斯汀得州大学举办的首届大学生创业竞赛拉开了大学生创业活动的序幕。英国政府1998年启动了大学生创业项目，到2003年参与此项目的大学生超过1万人，参与该项目的高校从第一年的十几所增加到三十多所，从中诞生了很多大学生创业成功的企业。

我国的创业教育起步较晚，教育部从2002年4月开始启动高校创业教育，选取了清华大学、北京航空航天大学、中国人民大学、上海交通大学、南京经济学院、武汉大学、西安交通大学、西北工业大学、黑龙江大学九所大学作为创业教育试点院校。近几年，国家号召"大众创业、万众创新"，全国所有高校都开始积极响应国家的创新和创业号召，着手开展创新创业教育。国务院办公厅《国务院关于大力推进大众创业万众创新若干政策措施的意见》（国办发〔2015〕32号）、《国务院关于深化高等学校创新创业教育改革的实施意见》（国办发〔2015〕36号）、陕西省教育厅《关于实施高等学校创新创业教育推进计划的意见》（陕教高〔2016〕4号）等相关文件不断出台，使得创新创业教育成为各高校"十三五"教育教学改革的重点。在高等学校开展创新创业教育，积极鼓励高校学生自主创业，是教育系统深入学习实践科学发展观，服务于创新型国家建设的重大战略举措；是深化高等教育教学改革，培养学生创新精神和实践能力的重要途径；是落实以创业带动就业，促进高校毕业生充分就业的重要措施。尤其是经管类专业学生，他们有着在创新创业方面的知识结构等优势。如何通过教育模式的改变，将这种知识优势转化成精神、意识和能力优势显得尤为重要。

然而，从总体上看国内高校创业教育呈现出典型的政府推动型，自发进行创业教育的主动性不够，在教育模式、内容和创业教育团队的组建等多方面都与西方发达国家存在差距。本文将基于中国具体国情，结合西北政法大学经济学院近十年来的创新创业教学实践，将从创业教育的模式、内容、组织架构三个层次来构建探讨中国高校创业教育的理论研究范式，进而构建了一套"1+3+2"创新创业型人才培养模式，以此为当前蓬勃开展的高校创业教育实践提供理论借鉴。

二 国外高校创新创业教育的比较分析

（一）高校创业教育模式

从教育的角度来讲，创业教育是教育的一部分，它仍然涉及培养教育对象发现问题、分析问题和解决问题三方面的能力。而且，可能更加突出对受教者这三方面能力的培养。这样，传统教育模式都是可以考虑的选项，如课堂式、引导式、研讨式、论坛式、模拟实验、实习、竞赛等。从欧美国家的高校创业教育实践来看，每所高校的侧重点也是不同的。有的高校注重创业理论的教育，从而主要采用课堂、研讨等教学模式；有的侧重创业实践的教育，从而主要采用模拟实验、实习、竞赛等模式；大部分高校希望将创业的理论和实践教育纳为一体，对学生进行系统、综合的创业教育。

高校创业教育模式总地来讲分为两大类：一是理论教育模式。理论教育是培养人理性思维最有效的方式。互联网经济是全球化的市场经济，分工深度、组织分工的模式、市场参与主体的价值创造理念、人类消费理念等都发生了深刻的变化。理论教育有助于受教育者对这些转变有更深刻的理解；二是实践教育模式。实践教育模式对于创业来讲具有直接的作用，可以对创业者的真正创业起到提前预演和尝试的作用。

（二）高校创业教育内容

教育内容是高校创业教育的核心。创业成功涉及多种因素，因此，这些因素构成了创业教育内容的主体。一般来讲，对创业影响比较大的主要有政治、经济、科学技术、文化等几个方面。但是，对于不同的创业者、不同领域的创业活动，创业所需关注的侧重点会有所不同。所以，各国各高校创业教育的内容也是各有侧重。

从国外创业教育的发展历程来看，对创业和创业教育的认识是一个逐步深入的过程。虽然各国对创业教育的内涵还存在着争论和分歧，但从发达国家的创业教育实践及各国学者对于创业教育的研究来看，创业教育都是围绕三个层次的目标所展开的：一是致力于使高校的学生通过学习来了解创业；二是将教育对象教育成为具有创业素质的人；三是将具有创业质素的人教育成为创业者。

相比较而言，美国高校创业教育做得已经比较成熟，形成了系统化的课程体系，课程设计覆盖了创业构思、融资、公司设立、企业管理等创业过程的各个环节。目前，在美国高校流行的创业教育课程包括商业计划书撰写、创业企业融资、创业涉及的法律、领导力教育、社会创业、企业管理、市场营销、企业成长战略等。

（三）高校创业教育组织构建

高校创业教育开展的方式很多，大多数通过构建专门的组织来实施创业教育活动。法国专门成立了创业计划培训中心（CEPAC）。在培训方式上，将个人自主学习、课堂传统教学、生产实习操作、教师个别辅导等多种形式相结合。CEPAC 以学院企业需求为中心进行教学内容设计。该组织也会要求每位学员一入学就开始编写创业计划书，在培训过程中进行创业计划书的完善，并在培训结束时从学员中筛选优秀的计划书进行孵化。CEPAC 对于培训后期的服务值得其他国家高校创业教育借鉴，对于学员的创业计划实施，中心一年内会安排专家对创业学员进行选址、场所布置、融资（如贷款申请）、财务及法务等各个环节的指导和帮助。此后创业企业随时有需要都可到中心寻求帮助。这种互动具有两种好处，一是有助于创业学员弥补经验上的不足；二是让中心可以保持和创业学员之间的联系，并获取创业实践第一手信息，从而为更好地开展创业教育积累经验。

英国政府1999年建立了科学创业中心（UK-SEC）来管理和实施创业教育，后又建立了全国大学生创业委员会（NCGE），全面负责国内的创业教育。UK-SEC 初创有8个创业中心，后来发展到13个，覆盖英国60多所高校，该中心成立的意图是希望将创业融入传统的大学教学之中。每一个创业中心的活动又分为三个方面：一是创业教育，主要以科学和技术专业的学生为对象，通过辅修和非学分创业课来向其他专业拓展；二是加强与产业界的联系，以咨询指导、赞助商计划、竞赛等活动开展校企联合；三是项目孵化，主要支持大学师生基于科技研发项目创办企业。创业中心为大学技术转化提供种子基金、天使资本、创业孵化和科学区的服务等。

在美国，创业教育已形成了系统化组织支撑网络体系。如美国中小企业管理局（SBA）为准备创业和在创业中的小企业提供低收费甚至免费的技术支援。设在大学内的中小企业发展中心（SBDC）随时为准备创业的个人提供咨询，并通过举办研讨会为创业提供服务。退休主管服务队（SCORE）是一个由具有多年经营和管理经验的退休人员组成的志愿者咨询团，通过网络和实地考察为创业者出谋划策、排忧解难，每年参加咨询超过30万次，具有良好的社会声誉。

三 "1+3+2"创新创业教育模式的构建

鉴于中国经济发展的客观实际，我们不可能照搬西方发达国家的创新创业教育经验。经过10年的探索和实践，西北政法大学经济学院已经形成了一套系统化，具有多层次结构的"1+3+2"创新创业教育模式。

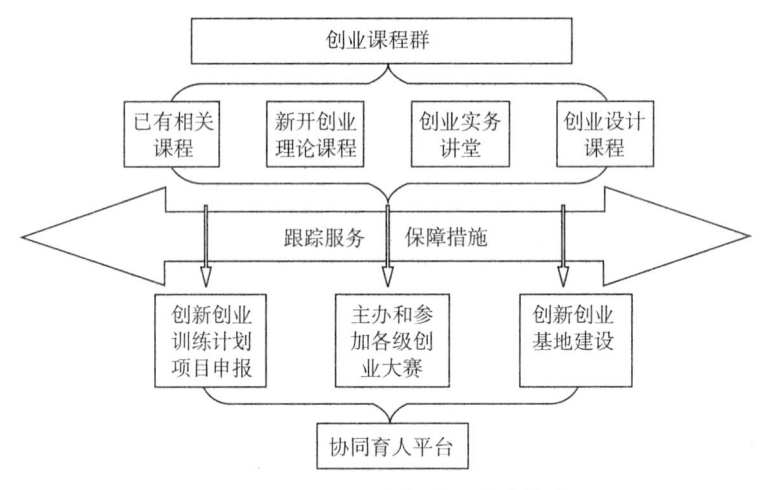

图1 "1+3+2"创新创业教育模式

（一）"1"代表一个主阵地——构建完整的创业课程群

高校课堂教学永远是一个不可或缺的主阵地，只有坚守主阵地，才能夯实创新创业教育基础，为此要构建一个完整的创业类课程体系。

首先，不断挖掘教师资源，开设相关课程，形成完整的课程体系。目前，《大学生创业理论与实践》已经纳入2014级人才培养方案中。随着改革，以后会陆续开设创业基础和创业团队、创业资源、创业机会和风险管理等相关课程。

其次，充分利用学校网络教学综合平台和网络课程选修平台，推动创新创业课程信息化建设。在现有13门创新创业类在线课程的基础上，再有针对性地引进一批优秀双创课程和其他在线资源，为学生提供在线课程、职业测评、创业体验等条件。

最后，挖掘和充实专业课程的创新创业教育资源。专业教师在传授专业知识过程中要加强创新创业教育，增进对学生创新精神、创业意识的引导，促进专业教育与创新创业教育有机融合。

（二）"3"代表三个主抓手——创新创业训练计划项目、各级各类创业大赛和创新创业基地建设

首先，积极鼓励学生申报大学生创新创业训练计划。继续深入实施大学生创新创业训练计划，加强制度、经费、政策的多方面保障，加强过程管理，稳步提升各级别立项数量和质量，不断鼓励学生自主开展创新创业训练。支持以教师科研项目为引领、学生创新创业项目参与的模式，建立本科生、研究生导师指导学生创新创业的新机制。

其次，办好和参加各级各类传统双创竞赛。办好每年度的校内"创业大赛""市场营销大赛"等各类传统双创竞赛，遴选优秀项目和团队，积极组织学生参加"中国互联网＋大学生创新创业大赛""创青春全国创业大赛"等全国性创新创业竞赛，以赛促教。做好赛前培训、赛中指导、赛后总结工作。

最后，不定期举办各类创业沙龙、讲座。成立大学生创新创业社团组织，定期举办创业讲座、创业沙龙、创业论坛等交流活动，营造创客文化，丰富大学生创业交流渠道，为自主创业大学生及时了解政策和行业信息、学习积累创业经验、优秀项目推介、寻找合作伙伴、吸引投资等创造条件。

（三）"2"代表两个保障——协同育人平台和跟踪服务体系

首先，深化校际、校企、校地、校所以及国际合作。结合专业特色，加强联合培养基地、创新创业教育基地、实习实践教育基地建设，积极吸引优质社会资源投入学校创新创业人才培养，共同制订培养目标、设计课

程体系、开发优质教材、组织教学团队、开展实习实践，建立适应创新创业教育改革需要的协同育人机制。

其次，贯彻落实《关于发展众创空间推进大众创新创业的指导意见》（国办发〔2015〕9号）等文件精神。调研省内外兄弟院校的优秀做法和先进经验，建成校内"众创空间"和"创业孵化基地"，以低成本、便利化、全要素、开放式为基本原则，打造为我校创业大学生提供创业孵化服务的新型平台。

再次，成立"大学生创业指导中心"。统筹全校的创业孵化平台、创业基金、创业项目管理，开展学生创业就业指导帮扶工作。

最后，积极推进实验教学的创新型建设。实验中心、实验室在综合性、设计性实验的基础上，要开设创新性实验项目。实验室在完成正常教学任务的前提下，建立预约制度，全面对学生开放，鼓励学生利用课余时间在实验室从事创新创业实践，支持学生积极开展发明创造等科技创新活动与科研课题研究。

四 基于"西北政法大学经管类专业创新创业教育"的案例剖析

（一）案例介绍

经过多年的探索和实践，构建了"课堂实践教学、社会实践和专业实习"三位一体、四年不断线的独具特色的新型实践教学体系，促进了学生理论学习、科研训练与专业和社会实践相结合，培养了学生的创新精神、实践能力，对学校学生创新创业能力的提高起到了积极的推动作用。

1. 学校定期组织举办各类丰富多彩的创新创业类竞赛

自2008年起，每年都举办"创业大赛"，至今已举办8届。自2010年起，每年都举办"市场营销大赛"。除此之外，还有"模拟集体谈判大赛""建模大赛""沙盘模拟经营大赛"等。通过这些比赛，不但提高了学生的创新创业能力，也加强了学校和用人单位之间的联系和沟通，部分获奖学生在赛后就和比赛赞助商达成就业意向。学校通过校级比赛，遴选优秀的学生团队和项目，代表参加省级、国家级各类赛事，并多次在"创青春""互联网＋全国大学生创新创业大赛"等赛事中获得优异成绩。

2. 逐步加强创新创业理论及实践教育

自2014年起，学校陆续开设了"大学生创业理论与实践""创业基础""实务大讲堂"等课程，纳入人才培养方案，还引入了"创业创新执行力""创业管理实战""大学生创业基础"等一批网络教育课程，初步形成了创新创业课程群。部分学院开始实行创新学分制度。学校定期举办各类创业讲座和沙龙，邀请知名企业负责人、杰出校友讲述创业经历和人生感悟，和同学们面对面交流，帮助同学们规划自己的事业和人生。学校还有专门的创业社团——创立于2005年的"西北政法大学创业协会"。协会本着"凝聚创业人才、营造创业氛围、开拓创业空间、提高创业能力、传播创业文化"的宗旨，面向全校同学，以服务创业为主线，以丰富的系列活动为载体，致力于服务大学生创业。

2012年起，教育部将"大学生创新创业训练计划"纳入本科教学质量工程，学校积极响应号召，成立了"大学生创新创业训练计划"校级领导小组及各学院工作小组，建立了配套工作方案和《西北政法大学"大学生创新创业训练计划"项目管理办法》等制度，学校财政每年配套专项资金，鼓励和支持我校学生参与创新研究、技术开发和创业实践。2012年至今，学校共立项421项校级大学生创新创业训练计划项目，从中产生了299项省级立项项目、165项国家级立项项目。部分项目团队如"初晨网""新锐青年工作室"等经过学校扶持和孵化，已经创业成功，获得持续发展。学校还将大学生创新创业训练计划纳入学生评优、推荐免试研究生等环节，激励更多的学生参与。

3. 注重合作育人

近年来，学校、学院积极推进与政府机关、实务部门以及各类企事业单位的交流与合作，充分利用优质的社会资源来促进学院办学水平的提高。截至目前，学校和各二级学院已经与91家单位签署了共建协议，建成实习基地。另有和实务部门共建的国家级大学生校外实践教育基地1个、省级大学生校外实践教育基地2个。2013年10月27日，中央政法委在我校召开法律人才互聘"双千计划"现场会。"双千计划"是教育部、中央政法委联合实施卓越法律人才培养计划的一项重要内容，学校采取"送出去、请进来、携起手"，通过选派教师到实务部门挂职，聘请实务部门专家到学校任教，建立双向可持续合作机制的方式积极落实，把实施高校与实务部门人员互聘"双千计划"作为推进人才教育培养计划的切入点和着力点，建立健全与实务部门的合作交流机制，推进创新人才培养机制改革。

4. 充分开发利用教师资源

学校于2011年起实施本科生导师制，为每个学生提供个性化指导，增强学生创新创业能力，鼓励导师关注学生的思想状况，引导学生树立正确的世界观、人生观和价值观，帮助学生强化专业思想、端正学习态度，注重学生探索精神、创新精神、人文精神以及专业素养的培养，发挥导师自身专业优势和知识结构优势，针对学生的个体差异，从学习方法、学习进程、实践活动、科学研究、职业生涯规划等方面对学生给予指导，带领学生进行创新创业活动。

5. 积极响应和实践创业创新教育改革

2016年4月，学校拟订了《西北政法大学深化创新创业教育改革实施方案》，旨在认真总结学校创新创业教育的工作经验，按照国家总体要求，结合学校"十三五"教育事业改革发展规划和人才培养工作实际，全面启动创新创业教育改革工作，通过"十三五"期间的不懈努力，形成理念认同、机制创新、保障有力的创新创业教育工作局面，构建融课堂教学、自主学习、实训实践、指导帮扶、文化引领为一体的创新创业教育体系。学院积极响应并探索出了一套系统化的"1+3+2"创新创业教育模式。在此模式的指导下，使得学院学生的创新精神、创业意识和创新创业能力明显增强，投身创业实践的学生显著增加，涌现大批优秀的学生创新创业成果，学生就业质量和人才培养质量稳步提高。

6. 以教学改革项目研究为载体，总结、提升创新创业教育实践

近年来，经济学院不断鼓励教师进行教学改革研究，并申报各级各类教改项目，形成了一批较有成效的项目。主要成果集中在《经济管理类本科人才培养改革与探索（2013）》一书，书中收录了51位教师的54篇研究成果，主要涉及教育观、人才观、师资培养与提升、课程体系设计、教学方法改革、教学质量控制、人才质量评价、第二课堂、社会实践、教学研究等诸多方面。以此为基础的专业综合改革获得陕西省2015年教学成果奖二等奖。而且，通过不断努力，获得了省教育厅的多种教学管理方面的立项：（1）陕西省教育厅项目《经济管理类本科应用型人才培养模式创新实验区》，2011—2014年；（2）陕西省教育厅《经济学专业综合改革》试点项目，2012—2015年；（3）陕西省教育厅《经济管理

实验示范中心》，2013—2016 年；（4）陕西省教育厅《西北政法大学—华山风景名胜区旅游集团经济管理实践教育基地大学生校外实践教育基地》，2013—2016 年；（5）陕西省教育厅《经管类专业人才创新创业教育的实践》，重点教改研究项目，2015—2017 年；（6）2016 年，学院被陕西省教育厅批准为高等学校创新创业教育改革试点学院。

（二） 实施效果与反响

1. 学生综合能力普遍得到提升

学生实践能力明显提高。仅"十二五"期间，学生参加国家、省级学科竞赛近十项，获得优异成绩，获国家级和陕西省大学生实践创新项目立项近五十项：（1）2014 年，学院以梁文强为队长的团队参加社科奖第六届全国高校市场营销大赛，获得全程竞赛奖三等奖；（2）在 2014 年参加的大智慧云操作金融模拟交易大赛中，学院有 10 名同学进入全国前 100 名，全国参赛学生达 2 万人；（3）2012—2016 年，学院共有六支队伍在全国"创青春"大赛陕西赛区，获得 2 银、4 铜的好成绩；（4）2012—2016 年，学院共有超过 200 个团队报名参与创新创业训练计划项目，共有 36 项获批国家级，有 53 项获批省级项目。其中由任宗强同学负责的《初晨网》项目获国家级项目，该项目业务范围涉及餐饮预订、团购、兼职信息、二手市场、网络商城等领域，以经济管理学院学生为主体，团队已发展至 24 人，兼职员工 174 人，日营业额超过 2 万元，月工资发放超过 20 万元。微信公众平台在线人数超过 10000 人，通过手机平台为学校各机构和社团发送活动、讲座、比赛预告等信息，获得壹网科技、站长之家、派代网、虎嗅网等专业媒体的持续关注和报道。此外，学生就业率有了实质性提升。在近几年学生就业非常困难的情况下，学院学生的就业率始终保持在 85% 以上，用人单位普遍对学生的实践能力给予了较高的评价。

2. 教师整体水平的提升

近三年获得 8 项国家级科研课题，省级本科教学质量工程项目 6 项。省级科研项目 28 项，校级立项 2 项，科研立项总计 38 项。获得陕西省哲学社会科学优秀理论成果奖等省级研究成果奖 7 项，其他奖项 20 余项。到位科研经费总额 81 万元。在《生产力研究》《经济纵横》等期刊发表学术论文 337 篇。

3. 对促进良好学风的形成具有重要的价值

本项目在经济管理类专业实施研究型教学使学生形成了创新意识和实践意识，并形成良好的学风，推进了学校教育和社会实践的有机结合，对良好学风的形成起到示范作用。

五 总结与评价

欧美发达国家的高校早在20世纪中期就开始注重对学生的创业教育，并在高校创业教育模式、创业教育内容、创业教育组织构建等方面积累了丰富的经验。我国真正开始关注高校创业教育是从20世纪80年代开始，国家通过设立以清华大学、中国人民大学等为代表的试点学校来促进高校创业教育。相比较而言，中国高校创业教育与发达国家还是存在很大的差距。从本文的研究就可以看出，无论是高校开展创业教育的外部环境，还是校内创业教育组织程度、教学内容设计及创业教育理念的定位，发达国家在各个方面都比我国做得要好，当然，任何时代创业所面临的问题都不可能是相同的，而且，不同国家的国情也存在各种各样的差异。发达国家创业教育比我们做得更成熟是因为它们起步早。但是，当前全球经济正从工业经济向信息化经济演进，互联网打破区域市场的边界，全球化市场正在加速形成，尤其是互联网打造的虚拟市场空间具有先天性的全球化基因。而互联网对于各个国家来讲都是新事物，互联网经济所具有的创新力和创造力在这十几年间得到了充分的证明。目前，互联网经济还处于发展的初级阶段，未来还有广阔的发展空间。在这种发展背景下，国家号召"大众创业、万众创新"，是顺应互联网经济发展趋势的。虽然我国高校在创业教育上落后于发达国家，但是，作为后来者也有发展优势，尤其是没有过去传统条件下创业成功经验的束缚，因为过去的经验很有可能不适应互联网经济时代的要求。但是，发达国家在组织构建、教学内容设计、创业项目孵化机制设计等方面的经验是值得借鉴的。本文基于中国具体国情，从创业教育的模式、内容、组织架构等三个层次对中国高校创业教育进行了深入对比剖析，所构建的"1+3+2"创新创业型人才培养模式，对当前蓬勃开展的高校创新创业教育实践具有借鉴价值。

Exploration and Practice of "1+3+2" Teaching Mode for Innovative and Entrepr-Eneurial Talent Training

Liu Guanglin   Zhao Yunjun   Wang Shengli
Chen Xiaoyong   Li Jinwu

Abstract: The innovation entrepreneurship education program in the developed countries started relatively early, and the rich practical experience and research results accumulated in the developed countries can be used as reference for the cultivation of innovative and entrepreneurial talents in China. This paper, based on the specific conditions of China and combined with the teaching practice of economics school of Northwest University of Politics and Law, constructs a set of education model for innovative & entrepreneurial talents training which is described as "1+3+2". The research findings of this paper have theoretical value for the practice of innovative & entrepreneurial talents training in Chinese colleges and universities.

key words: colleges and universities; entrepreneurial activity of college students; innovation and entrepreneurship talent training model; entrepreneurial practice

高等工程教育专业建设改革与探索[*]

郭 涛 谢 琨[**]

摘 要："十三五"是贯彻落实《国家中长期教育改革和发展规划纲要（2010—2020年）》的关键时期。与此同时，信息技术的飞速发展带来了"互联网+"这种以互联网为基础设施和实现工具的经济发展新形态。本文以西安电子科技大学为例，在总结学校工科专业建设和发展经验的基础上，结合"中国制造2025""互联网+"等对工程人才的需求，分析目前工程教育存在的主要问题，为行业特色型高校在工科专业设置和工程教育改革等方面提供借鉴与参考。

关键词：工程教育；专业建设；改革；探索

"十三五"是贯彻落实《国家中长期教育改革和发展规划纲要（2010—2020年）》的关键时期，纲要的深入实施必将从转变发展方式、深化改革、扩大开放、促进创新发展、提高师资水平和人才培养质量等方面为高校改革和发展带来新的机遇。2016年6月，中国"转正"《华盛顿协议》，正式并轨国际化体系，标志着我国工程教育质量得到国际认可，工程教育国际化迈出重要步伐。反观我国工程技术人才培养过程，规模虽居世界前列，但随着科学技术的创新、社会经济的变革、产业发展步伐不断加快，工程教育还不能充分满足制造业的战略性人才需求，工程教育与产业人才需求存在一定的脱节，行业的领军人才、战略性新兴产业所急需的工程技术人才储备仍旧不足[①]。

---

[*] 基金项目：教育部人文社会科学研究专项任务项目"工程科技人才培养研究"（项目编号：15JDGC006）。

[**] 郭涛：西安电子科技大学教务处，高级工程师，硕士，主要研究方向：高等教育管理。谢琨：西安电子科技大学计算机学院，讲师，博士，主要研究方向：计算机科学与技术与高等教育管理。

[①] 林健：《高校工程人才培养的定位研究》，《高等工程教育研究》2009年第5期。

一　高校面临新常态下的机遇与挑战

（一）新科技革命推动的产业变革带来的新机遇

交叉科学与深度融合催生了新的学科和技术领域，进一步推动了信息技术的创新与发展，在传统产业改造升级的基础上，以人工智能、大数据、云计算、生物科技、新材料等为代表的前沿技术领域正带动新一轮科技革命与产业革命。为抓住这一重大历史机遇，国家出台了"中国制造2025"行动纲领，重点发展新一代信息技术产业、高档数控机床和机器人、航空航天装备、海洋工程装备及高技术船舶、先进轨道交通装备、节能与新能源汽车、电力装备、农业装备、新材料、生物医药及高性能医疗器械十大重点领域，着力推进新一代信息技术和制造业深度融合[1]。另外，信息技术的飞速发展带来了"互联网+"这种以互联网为基础设施和实现工具的经济发展新形态，为我国经济发展方式转变注入了新动力。高校注定需要在推动信息化与工业化深度融合、互联网创新成果与经济社会各领域深度融合的过程中为国家提供智力支持[2]。

（二）区域发展的新机遇

党的十八大提出继续大力实施区域发展总体战略，优先推进西部大开发战略，以科技进步和人才开发为支撑，大力发展教育事业，支持特色学科和品牌专业建设，努力办好一批高水平大学，这为西部高校内涵发展提供了重要的政策支持。同时，深入实施西部大开发将要优先发展的战略性新兴产业覆盖优势学科专业，这为西部高校参与更多的国家重大科技计划、承担更多的重大重点项目、进一步提高科技创新能力带来新的机遇。

为推动沿线各国开展更大范围、更高水平、更深层次的区域合作，习

---

[1] 国务院《关于印发〈中国制造2025〉的通知》，《中华人民共和国国务院公报》2015年第16期。

[2] 闫傲霜：《众创空间，创新创业的新选择》，《人民日报》2015年4月7日。

总书记提出共建"丝绸之路经济带"重大倡议①。特别指出要促进沿线国家地区加强在新一代信息技术等新兴产业领域的深入合作,把信息技术产业确定为重点发展的七大战略性新兴产业之一,把"一带一路"倡议与"互联网+"相结合,充分发挥西部科教优势,强化创新驱动,着力构建航空、卫星应用、物联网、半导体照明、光伏等特色产业链和产业集群,全面助推"一带一路"倡议实施②。同时,在高校与科研院所、企业之间建设一批工程技术中心、实验室等,进一步加强"产学研"等不同层面的高校合作。为提升学校的成果转化、创新能力提供政策支持,也为西部高校的内涵发展提供良好机遇。

二 学校适应社会经济发展在工科专业建设方面的举措

以西安电子科技大学为例。近年来,学校不断适应社会经济发展的新要求,调整学科专业结构,丰富学科专业内涵,研究和解决不断出现的新情况、新问题,主动为社会经济发展服务。

(一) 面向学校定位和区域经济社会发展符合度的专业建设

专业建设与学校定位的符合度方面。学校在信息科学领域创新人才的培育基地建设,以及高新技术研发的创新基地建设方面进行了积极的拓展,成为推动国家信息化建设、国防现代化建设与区域经济社会创新发展的重要力量。学校学科与专业建设始终面向国家和学校的发展需要,以培育电子与信息技术领域的高质量人才为目标,以跟踪和创新电子科学技术为特色③。

---

① 国家发展改革委:《推动共建丝绸之路经济带和21世纪海上丝绸之路的愿景与行动》,外文出版社2015年版,第9—12、20页。
② 瞿振元:《"一带一路"建设与国家教育新使命》,《光明日报》2015年8月13日。
③ 朱高峰:《工程教育中的几个理念问题》,《高等工程教育研究》2011年第1期。

(二) 试点专业动态调整机制

学校根据国家经济社会发展，加强对人才需求的分析、预测，结合办学条件及近年来各专业报考、毕业生就业等情况，加大对专业结构的调整，在安排分专业招生计划时充分考虑各相关因素，健全专业预警、退出和动态调整机制，坚决限制或调减明显供大于求专业的招生计划。通过各专业各项指标，专门统计分析学校招生总量较大专业，调减各项指标表现欠佳的招生总量较大的专业。同时，结合各学院生师比，调减生师比过高的学院专业计划，向生师比低、师资力量充足的学院调整。另外，逐步分学院分省试点专业合并大类招生，跟进国家考试招生制度改革等措施，持续优化学校的专业结构。

三 学校在工程教育方面遇到的主要问题

制造业是立国之本、兴国之器、强国之基，世界各国纷纷将发展制造业作为抢占未来竞争制高点的重要战略，如德国的"工业4.0"、美国的"再工业化"、英国的"高价值制造"、日本的机器人产业等[①]。由于外部环境的变化和自身的发展等原因，我国高等工程教育确实还存在一些不适应当前经济、科技和社会发展的地方。学校在工程教育方面遇到的主要问题包括：在人才培养目标、课程体系设置、实践教学环节、学生创新创业能力培养、师资队伍工程经历、校企合作机制等方面不同程度地存在一些欠缺。这说明我国高等工程教育需要深层次的系统改革[②]。主要突出表现在以下几个方面。

（一）人才培养结构不能完全满足产业结构转型升级需要

人才培养结构还未充分适应和推动产业发展变革，还未形成对产业结

---

① 国务院《关于印发〈中国制造2025〉的通知》，《中华人民共和国国务院公报》2015年第16期。

② 郭涛、曾兴雯、孙肖子：《论高校开展实践创新活动的重要意义》，《西安电子科技大学学报》（社会科学版）2010年第2期。

构转型升级的有力支撑，在"中国制造2025""互联网+"等对工程人才的需求下，亟须按照新形势下制造业强国战略要求，进一步调整优化人才培养结构，调动全社会力量参与工程技术人才培养工作，明确所培养的人才"不是研究已有的世界，而是要创造未来的世界"，构建行业领军人才、专业技术人才、专门技能人才有机结合的素质优良、结构合理的人才队伍，质量规格也应该是分层次、分类型、多样化的。

（二）构建新形势下工程教育人才培养的知识体系

随着产业发展步伐加快，产业界还需进一步参与到工程人才培养工作中去，企业新技术、新工艺应及时出现在教学内容中。另外，在学科专业建设与课程体系设计中应体现有机融合、跨学科的特性。而更需要建成一个以理、工、文、管基础学科为支撑的、以信息学科为引领的、多学科有机融合的学科生态群。因此，在相关课程知识体系设计中，应以社会需求为中心，突出学生主体地位，注重创新创业能力培养，构建覆盖前沿课程的拓展性课程体系等。

（三）以产学合作主导教学资源的建设有待加强

人才培养质量最终落实于师资、教材、实验室等教学资源的建设水准。师资建设首先要培养教师的工程化思维，用"请进来、走出去"的方式增加师资与业界的互动，加深教师对全新业态的跟踪研究和内涵认识，在授课中予以体现和运用[1]。加大案例教学和大规模在线课程等多媒体资源的建设，运用信息化与互联网等手段，紧贴实际案例和实际项目。建设校企联合校外实践教育基地，突出创新创业孵化器建设，指导创新创业活动，扶持成果转化，最终带动课内外的资源汇集与融合，使得效益最大化。如，卓越工程师教育培养计划就是一项非常好的战略性举措，我校作为教育部首批"卓越计划"试点高校，正在稳步推进此项工作。

---

[1] 林健：《胜任卓越工程师培养的工科教师队伍建设》，《高等工程教育研究》2012年第1期。

四 建议与启示

（一）持续深化高校人才培养机制与改革

推动高校围绕制造业、新型产业，发挥自身特色，构建具有行业特色的创新型工程人才培养体系。更新知识体系，结合当前经济、科技和社会发展需求，在人才培养目标、课程体系设置、实践教学环节、学生创新创业能力培养、师资队伍工程经历、校企合作机制等方面持续创新与发展。另外，强调学科交叉与融合，强化工程实践能力培养，加强校企内涵建设的长效机制。深化创新创业教育改革，将创新创业教育融入人才培养全过程，提高学生受益面。培养多层次、多类型，具有创新精神、创业意识和创新创业能力的高素质工程技术人才[①]。

（二）积极搭建"产学研"合作教育平台，多方位推进"产学研"合作教育，构建专业教育与"产学研"合作教育相融合的人才培养新机制

借助企业平台，探索高校、政府、企业三方共赢的合作机制。持续加强工程实践创新平台的建设，根据"中国制造 2025"规划的重点领域，建设一批综合性强、学科交叉前沿的工程实践中心、实习实训基地等校内外实践平台，为创新人才培养提供优质的硬件资源保障。建立和完善"产学研"合作教育质量保障体系，规范"产学研"合作教育过程，制定"产学研"合作教育评估指标，确立参与"产学研"合作教育学生的评价指标、学分认定等。

（三）加强对高校中青年教师到企业实践的政策引导

高校中青年教师的工程实践经历与工程教育能力不足，已经成为目前高校师资队伍建设的瓶颈，必将影响教师工程实践能力的提升与发展。建议我省教育主管部门以推动工程教育改革为契机，制定相关的引导性政

---

① 郭涛：《"五要素带动—循环"探索大学生创新创业教育育人新模式》，《实验室研究与探索》2016 年第 1 期。

策，来推动高校改变以论文、项目等科研水平评价教师的单一模式。此外，努力营造良好的"产学研"合作教育氛围，鼓励教师积极参与"产学研"合作教育项目。同时，建立专业教师工程实践教学能力竞赛、培训等机制。建立校企教师互派制度、鼓励高校教师定期到企业培训的制度，推动教师更新工程知识、丰富工程实践经验，持续强化工程实践能力。

Reform and Exploration of the Construction of Engineering Programs

Guo Tao　Xie Kun

Abstract：The 13th Five-Year period is crucial for carrying out *Outline of National Medium and Long-term Educational Reform and Development Plan*. Meanwhile, the development of information technology has introduced a new form called "Internet Plus", which takes Internet as infrastructure and implementation tool. This thesis, taking Xidian University as an example, analyzes the major problems existing in engineering education on the base of summarizing the experiences of the construction of engineering programs, combined with the demands for talents raised by "Made in China 2025" and "Internet Plus" program, in order to provide reference for the universities with industry-based characteristic in their specialty setup and education reform.

Key words：engineering education; construction of engineering programs; reform; exploration

公共管理类研究生教育教学内容改革[*]

——以公共价值培养为导向

郑家昊[**]

摘 要：20世纪80年代以来，在世界研究生教育改革潮流中，中国的公共管理类研究生教育教学逐渐实现了"科学化"的发展。不过，这种"科学化"发展使得公共管理类研究生教育教学内容的设置格外注重"公共管理"的"管理"方面，而忽视了"公共"的方面，导致了"公共价值"在教学内容中的缺失，不利于学生的公共价值观的养成。鉴于此，以公共价值培养为导向的公共管理类研究生教育教学内容改革势在必行，应当着力于研究生情感目标的实现，将公共价值规范体现在教育教学的全过程，培养研究生基于公共利益的合作行动观。

关键词：公共管理；研究生教育；教学改革；公共价值；合作行动观

自20世纪80年代恢复行政管理学科、1988年首届行政学硕士研究生入校、1998年首批行政管理博士学位授予单位获批以来，中国的公共管理类研究生教育教学在改革中探索、在创新中前进，已经形成了一套科学化和系统化的教育教学体系。回望近三十年的发展，中国的公共管理类研究生教育教学主要立足于培养学生的创新精神和实践能力，因此在教学内容设计上崇尚科学理性精神，并且遵循实用性原则突出了应用性的特征，侧重于介绍公共管理的技术与方法以及一般原理等。这种设计体现了1998年颁布实施的《中华人民共和国高等

---

[*] 基金项目：2015—2016年度陕西师范大学研究生教育教学改革研究项目"管理类专业研究生课堂教学内容改革研究——以公共价值培养为导向"（立项号：GERP-15-05）。

[**] 郑家昊：陕西师范大学哲学与政府管理学院副教授、硕士生导师，博士，主要研究方向：政府职能、行政伦理和行政学理论。

教育法》中"第五条高等教育的任务"的基本精神，即"培养具有创新精神和实践能力的高级专门人才，发展科学技术文化，促进社会主义现代化建设"。

不过，进入21世纪以来，社会治理复杂性陡增，人们在反思"治理失灵"的同时，逐渐发现公共管理领域的治理危机很多是"人造的危机"，是由公共管理者的道德滑坡、滥用职权、贪污腐败等所导致的，这严重威胁到国家治理体系和治理能力现代化建设。虽然导致公共管理者道德沦丧和违法乱纪的原因是多方面的，但是具体到教育教学上，对公共管理类研究生教育教学内容的"科学化"体系进行反思显得非常必要。这一体系虽然具有科学性和系统性等现代化特征，但是却丢失了公共价值培养的视角，没有能够对公共管理类研究生的社会责任感和伦理道德素养的培育给予足够重视。2016年6月1日，《全国人民代表大会常务委员会关于修改〈中华人民共和国高等教育法〉的决定》（简称《决定》）全面施行。《决定》将"第五条 高等教育的任务"修改为"培养具有社会责任感、创新精神和实践能力的高级专门人才，发展科学技术文化，促进社会主义现代化建设"。可见，"社会责任感"的培养已经获得国家高等教育最高位法的确认，成为中国高等教育培养高级专门人才的首要任务。为此，一场基于公共价值培养的公共管理类研究生教育教学内容改革，可谓势在必行。

一 公共管理类研究生教育教学内容的"科学化"取向

研究生教育是高等教育的高级阶段，承担着向社会培养和输送高级专门人才的任务。从教育过程的维度来看，研究生教育是介于研究生招收和研究生输出的中间环节，因此，研究生教育的质量和水准是研究生能力和素质养成的决定因素。"当前，世界研究生教育形势正在发生深刻变化，许多国家把发展研究生教育作为创新驱动发展和提高国际竞争力的战略选择。例如，美国研究生院和考试中心在《前进之路：美国研究生教育的未来》报告中，直接指出要将美国研究生教育体系视为'国家的一项战略资产',将研究生教育的战略地位上升到前所未有的高度。"①

中国的研究生教育恢复于1978年,公共管理类研究生教育勃兴和发展于20世纪80年代后期,处于世界研究生教育改革的历史背景之中。因而,中国公共管理类研究生教育教学体系的确立和发展是世界研究生教育改革潮流的重要构成。在学习发达国家的研究生教育经验时,中国的公共管理类研究生教育选择了"科学化"的路径。但"我们的目光更多停留在对西方国家研究生教育学制体系、课程建构等'器'与制度层面的模仿,较少对其精神与文化层面进行探究与反思"②。

现在看来,公共管理类研究生教育教学的"科学化"取向是受制于世界研究生教育的"科学化"总趋势的,因而具有一定的历史必然性。其一,社会科学化发展的结果。西方国家在经历了黑暗的中世纪之后,经由启蒙运动逐渐摆脱了神学、宗教的束缚,开启了科学发展的步伐。发展至今,科学化已经成为现代化的重要维度和衡量标准。科学化的实现是离不开教育支持的,尤其是高等教育对技术与管理人才的培养。于是,"科学化"既成为目标又作为要求,实现了从社会发展的大环境向高等教育领域(包括公共管理类研究生教育教学)的蔓延和传递。其二,追求效率和崇尚科学理性。相较于传统的农业社会,现代社会的变迁日新月异,高速的社会发展在让人们体验到生产和生活的现代化的同时,也在考验和重塑着人的思维方式。科学技术的广泛应用,内在地包含着提升社会运转效率的要求。因此,人们逐渐开始崇尚工具理性和技术理性,无论是工作还是生活都希望自己付出的努力可以取得立竿见影的成效。高等教育尤其是研究生教育为了适应社会发展对效率的追求,在人才培养方面开设的课程更加侧重于技术和原理的引介。需要注意的是,由工具理性和技术理性构成的科学理性会天然地排斥公共性价值,于是,公共管理类研究生教育教学在追求"科学化"的时候,便存在着忽视公平正义和伦理道德等公共价值的倾向,而且科学化的程度越高,对公共价值的忽视程度越严重。

相较于私人领域,公共领域更需要强调公平正义和伦理道德,公共管

---

① 黄宝印等:《加快建立健全我国学位与研究生教育质量保证和监督体系》,《学位与研究生教育》2014年第3期。

② 姜勇等:《论研究生教育改革中的"守成"精神》,《学位与研究生教育》2016年第3期。

理领域更需要强化公共价值的培养。公共管理类研究生教育担负着向公共管理部门输送高级专门人才的重任，也是最应该回应"公共性"的要求的，以矫正人们对科学理性的过度崇尚。然而，在全球研究生教育科学化改革的浪潮之中，中国的公共管理类研究生教育却正在丢失"公共性"的视角，在课程内容的设置上并没有注重好对研究生的公共价值关怀和伦理精神启蒙，反而成为传播工具理性和技术理性的前沿阵地。公共管理类研究生教育教学内容设置的"科学化"主要体现在：第一，在教学目标的设计上，重视知识目标和能力目标。现代教育学理论倾向于将教学目标细分为知识目标、能力目标和情感目标。知识目标和能力目标的实现程度是可以通过考试等考查手段来进行测量的，因此，在教学方案的设计中，受到教师的重视。情感目标涉及人生观和价值观的培养，它的实现情况是比较难于衡量和评估的，因此，在具体教学中经常被忽视。第二，课程体系多侧重于管理技术、方法和原理的介绍。当前公共管理类研究生课程体系基本上分为三个部分，即公共基础课、专业核心课和专业选修课。在整个课程体系中，几乎所有的课程都是围绕着公共管理基本原理、公共管理具体领域的管理技术、公共管理的方法等展开的。这样的一种课程导向也形塑了研究生在开展科研活动的时候，因为过度关注方法、工具和手段的选择和使用问题，而忽视了研究问题本身。

二 "科学化"的局限与"公共价值"的回归

毫无疑问，"科学化"是当前中国公共管理类教育教学内容改革所取得的重大成就。然而，"科学化"发展本身存在一个"适度"的问题。当前的公共管理类教育教学在追求"科学化"的时候，已经踏上了追求效率、信仰工具理性和技术理性的快轨，在某种程度上，出现了过度科学化的问题。过度的科学化已经成为掣肘公共管理教育教学质量的重要因素。

公共管理类研究生教育教学内容过度"科学化"的局限性及其后果体现为：第一，忽视了研究生情感目标的实现。长期以来，公共管理类研究生教育教学致力于实现"培养具有创新精神和实践能力的高级专业人才"，在教学中更加注重知识目标和能力目标的实现，而忽视了情感目标。其实，情感目标是非常重要的，具有"灯塔式"导向作用。如果一个学生只会机械地做事，而缺乏公平正义和社会责任感，即使他再有能力、掌握再多的知识，也未必能为社会发展贡献应有的力量，反而极有可能成为阻碍社会发展的因素。第二，忽视了社会公正等公共性价值。"公共管理"一词可以拆分为"公共"和"管理"来加以理解。在追求"科学化"的历程中，公共管理的"管理"方面得到了发展，"公共"方面却受到了冷落和排挤。实际上，"公共"方面才是"公共管理"的灵魂所在，是公共管理存在的本质属性。20 世纪后期出现的新公共行政运动和新公共服务运动，实际上就是在反思和批判公共管理的"唯管理"而忽视社会公正的情况。公共管理类研究生教育教学的发展也存在着"唯管理"和忽视公共性价值培养的问题，在课程内容选择和教学设计上着重对原理、技术和方法的介绍，而轻视社会公正、伦理道德等内容，没有能够对研究生的道德修养和社会责任意识给予足够的重视并形成正确的引导。第三，忽视了对中国传统文化的继承以及先进文化理念的学习。毫无疑问，美国、英国等先发工业化国家掌握着先进的公共管理的理论与技术，是中国的公共管理实践以及公共管理研究生教育教学所应当认真学习的。然而，在学习西方国家先进经验的时候，公共管理类研究生教育教学存在着过度注重国外经验引进而忽视传承中国传统文化精髓的现象。在当前的公共管理类研究生教育教学中，几乎难以找到有关传统文化的专门课程，另外，在引介的公共管理类国外译著中，关于"公共性""伦理价值"的作品也非常稀少。

也许有人会提出不同的观点，认为公共管理类研究生教育教学从来就没有放弃过对研究生伦理道德和社会责任的培育。例如，在课程内容设置上，思想政治课作为公共基础课就发挥着培养道德责任的功能；另外，进入 21 世纪之后，部分院校在专业选修课中增设"公共管理伦理学"课程。的确，思想政治课和公共伦理课的开设为公共管理类研究生教育教学增添了"公共"的情怀，是对"过度科学化"的一种纠偏，确实发挥了培养研究生伦理道德修养的作用。但是，这两门课程的开设并不足以全面提升公共管理研究生对"公共性价值"的理解、体悟与践行。具体原因有三：第一，思想政治课和公共伦理课并不足以体现公共管理"公共性"的内容。思想政治课着重培养研究生正确的世界观、人生观和价值观，以及对国家复兴发展所应持有的正确信仰，公共伦理课更加注重对研究生伦理道德情操的培育、涉及具体行政工作中的伦理修养等。而公共管理的

"公共性"价值却不止于思想政治、伦理道德,更体现为社会公平、社会公正、社会责任担当、服务精神等。第二,思想政治课和公共伦理课的教育效果,随着课程的结束而逐渐递减甚至消失。而"公共性价值"的培养是需要较长时期的,是需要贯彻于公共管理类研究生课程学习和社会实践始终的。第三,思想政治课和公共伦理课的教学和设计,对教师教学要求较高,既需要教师具有较高的道德修养,又需要教师具备专业的理论知识,还需要教师具有丰富的实践阅历和经验。因此,这一类课程的教学多受制于教师的教学设计和研究水平。现实情况是,负责高等学校研究生教育的教师,作为公共管理类研究生教育教学科学化所培养出的人才,也多是熟悉"科学化"的原理与技术,而对"公共性"的认识是亟须强化的。

不管是理论层面还是实践维度,公共管理类研究生教育教学内容的设计都是应当回应社会发展需要、立足于当下中国发展的最大现实的。众所周知,公共管理的科学化进程是随着改革开放开启的,在近三十年发展周期中实现了"管理"的科学化,却忽视了"公共"的方面。这也使得公共管理必须面对这样的现实:现代化水平在快速提高,但是腐败等现象却愈演愈烈,日益侵蚀着社会发展的有机体。"腐败是政治之癌。反腐败是当代国家共同面临的一个难题。"[①] 近年来,世界各国在结合本国实际情况的前提下,针对腐败现象的肆虐提出了建设廉政国家的目标,并不断更新着廉政建设理论和反腐方式。其实,应对社会腐败现象必须立足于制度建设并且重视廉政教育,这已经成为一项共识。然而,当下的公共管理类研究生教育教学不仅没能及时推进包含廉政建设在内的公共性价值培养的课程扩容,反而强化着"唯技术"和"唯管理"的理念,在某种程度上造成了研究生对道德伦理、公共价值的漠不关心和倦怠感。

在这一严峻形势下,公共管理类研究生教育教学内容中的"公共精神"回归已经非常紧迫。"公共"与"管理"共同构成"公共管理",从工具和价值的角度来看,"管理"是"公共管理"的技术和工具特性,"公共"则是"公共管理"的价值所在。因而,缺失了公共价值,公共管理也就失掉了存在的合法性基础。公共管理实践中的所有管理行为都应该以公共性为基本准绳,体现公共价值和公共精神。同样,公共管理类研究

---

① 李敏杰:《论廉洁政治的制度基础——当代中国廉政建设研究》,博士学位论文,华中师范大学,2014年。

生教育教学内容设置与改革也应该纠正"唯管理""唯技术"的导向,重新审视"公共性"的价值和意义,呼唤"公共性"的回归,推行一场旨在以公共价值培养为导向的教育教学内容改革。

三 公共价值培养导向的教育教学内容改革构想

如上所述,以公共价值培养为导向的公共管理类研究生教育教学内容改革,已经势在必行。推进改革的关键点和突破口在于首先明确公共价值的基本内容,进而规划改革的具体实施路向。

(一) 公共价值的基本内容

20世纪后期,国内外学术界曾经围绕着公共价值及其管理展开过研究,却从来没有对"公共价值的含义与内容"做出过明确而具有共识性的解释,"有的学者甚至认为,给公共价值一个实质性的定义是不可能的。"① 这是由公共价值的概念本身的抽象化和内容的复杂性所决定的。在中国学术界,公共价值的概念被看成与存在于私人生活领域的个人价值相对应的范畴。有的学者认为,"公共价值是与公共生活促进公共福祉的基本需要相关的。从普遍人性、历史延续、社会凝聚三个角度看,这些基本的需要是源自人的共同生活本性的需要。比如正义、公平、自治、政治平等、希望、和平、生活中免除恐惧、公民友爱、公共安全、参与、认可、尊重,等等。因此是'基本价值',也就是第一性价值。"② 在国外学术界,"公共价值"(Public Value)一词最早出现于1995年。在这一年,哈佛大学马克·莫尔教授(Moore M. H.)在其著作《创造公共价值:公共部门的战略管理》中提出了"公共价值"概念,此后,"公共价值"概念开始在公共行政和公共管理领域被广泛应用与拓展③。2006年,在《美

---

① 何艳玲:《"公共价值管理":一个新的公共行政学范式》,《政治学研究》2009年第6期。

② 金生鈜:《公共价值教育何以必要》,《华中师范大学学报》(人文社会科学版) 2014年第4期。

③ Moore M. H., *Creating Public Value: Strategic Management in Government*, Harvard University Press, 1995.

国公共行政评论》杂志上，英国曼彻斯特大学杰瑞·斯托克教授（Stoker G.）发表了题为《公共价值管理：网络治理的新叙事》一文，在公共管理范式的意义上探讨了公共价值管理议题。①

虽然国内外学者对公共价值的理解莫衷一是，但是他们都是在公共生活和公共领域的意义上来对它加以理解的。因而，"公共价值"就是"公共性的价值"，而且是具有实质公共性的价值。具体而言，公共价值体现为三个层面：（1）在理念的层面，公共价值体现为公平正义和服务精神；（2）在规范层面，体现为公共道德、公共伦理和公共服务；（3）在行为层面，体现为实现公共利益的合作行动。因此，以公共价值为导向的公共管理类研究生教育教学内容应当体现出以上三个层面，注重对公平正义和服务精神的宣扬，让研究生在深入认识公平正义和服务精神的基础上，形成具有公共道德、公共伦理和公共服务的公共价值观，进而落实到具体的公共管理活动中，开展旨在维护和实现公共利益的合作行动。

（二）公共价值培养的可能性及基本策略

价值教育是一种具有广泛影响的教育理念和实践形式。"价值教育思潮自20世纪80年代以来席卷全球。在多元化的社会背景下，英、美等西方发达国家，率先在公立学校实施有意识、有目的、有计划的价值教育"②。公共价值培养属于价值教育的范畴，是价值教育的重要构成部分，因而是完全可能的。只不过，在"科学化"盛行的时代，"价值认知的方式变得重要，而价值的内容不再重要，价值教育仅仅是让学生了解工具性价值的作用，而不是了解实质性价值的内容，仅仅学习价值选择的程序，而不是体认价值的内容与秩序。价值教育的重心放置在个体对私人生活领域中的价值及其选择方式上，价值指向个人生活的私人领域，而非公共生活领域，价值成为个人偏好与个人倾向性。价值教育忽视了普遍性的公共价值的认同感与归属感的培养。公共价值的教育被排除在外"③。

---

① Stoker G.. "Public Value Management: A New Narrative for Networked Governance?" *American Review of Public Administration*, 2006, 36 (1)：41—57.
② 邱琳：《英国学校价值教育研究》，博士学位论文，武汉大学，2010年。
③ 金生鈜：《公共价值教育何以必要》，《华中师范大学学报》（人文社会科学版）2014年第4期。

"从公共生活的客观性来看，关键是形成为公共福祉而行动的公民品德和公民价值观，这是我们的公共价值观教育的根本使命。价值教育塑造公民的公共价值观对促进文明社会的道德建设和公民生活的福祉具有不可推卸的责任。"① 因此，以公共价值培养为导向的公共管理类研究生教育教学内容改革，必须体现出对研究生的公共价值观教育，改变让研究生了解工具性价值的作用和将价值指向个人生活的私人领域的传统做法，注重介绍实质性价值的内容、让学生去体会价值的内容和程序以及培养学生对公共价值的认同感和归属感。而且，公共价值培养必须体现价值教育的基本规律，同时也要凸显出公共价值的特殊性。具体而言，以公共价值培养为导向的公共管理类研究生教育教学改革的策略包括以下几个方面。

第一，重视情感目标的实现。在教学目标的设置上，应当将情感目标与知识目标和能力目标同等对待，甚至将情感目标放在优先实现的位置。公共管理类研究生教育教学内容的情感目标应该紧扣"公共价值"的理念要求，在公共领域的范畴体系下着重向研究生介绍公平正义和服务精神等价值，培养他们对公共管理认知和实践的公共情怀，使他们能够理性地形成共同的价值认同，在公共管理实践活动中开展服务公共价值要求的行动。

第二，公共价值的规范应该体现在教育教学的全过程。长期以来，我们寄希望于通过开设专门的课程来提升研究生的公共价值素养，例如政治思想课或行政伦理课。实践证明仅仅通过一门或几门这样的课程是不足以达到培养研究生公共价值的目标的。毕竟，公共价值的培养是一项长期性的教育工作，因此，以公共价值培养为导向的公共管理类研究生教育教学内容改革必须做好：（1）在公共管理类研究生的所有课程中，包括介绍公共管理原理、技术、方法课程，都应该引入公共伦理等公共价值内容，例如在每一章节后增设关于公平正义、公共伦理规范的讨论，以实现学生对公共管理技术与价值认识的统一性。（2）教师应当在授课过程中，首先确立起公共价值关怀，并且努力改进教学方式，将公共管理包含的"公共性"内容渗透在具体的授课中。

第三，理论联系实际，培养学生基于公共利益的合作行动观。无论是强化公共价值的精神教育还是引导学生形成公共价值观，最终的目的都在

---

① 金生鈜：《公共价值教育何以必要》，《华中师范大学学报》（人文社会科学版）2014年第4期。

于培养学生基于公共利益的合作行动观。当前的社会治理充满了高度复杂性和高度不确定性，危机和冲突日益常态化。作为承担起未来公共治理实践活动的主体而言，公共管理类研究生需要在公共价值的引导下，基于人的共生共在去开展积极的合作，也只有在公共利益实现的前提下，合作的行为和行动才能最终化为社会前进的珍贵动力源，而且在实践中，实践者本身也会强化这种基于公共利益的合作行动观。

Teaching Reform of Graduate Education of Public Management
——Guided by the Cultivation of Public Value

Zheng Jiahao

Abstract: Since 1980s, public management graduate education in China has been on the way of scientific development which is a part of the trend of postgraduate education reform in the world. However, this kind of "scientific" development has put great emphasis on "management" concerning the teaching contents, while the "public" aspect has been ignored, which leads to the lack of "public value" in the teaching content and thus it is not helpful for the development of graduate students' public values. Therefore, it is imperative to reform the teaching contents of public management. The reform should focus on the realization of the emotional goals of graduate students, and introduce the public value norms into the whole process of education, in order to cultivate the graduates' view of cooperative action based on public interests.

Key words: public management; graduate education; teaching reform; public value; view of cooperative action

基于学生实际应用能力提升的"视听语言"课程改革

罗 朋[*]

摘 要：学习视听语言的目的是在掌握影视创作中声画系统的基本概念和重要规律的基础上，建立起视听思维，能灵活地运用视听语言进行影视作品的视听分析和作品的创作。本文从深化改革视听语言课程的教学内容、教学方法、教学资源、实践教学、考核方式等多方面，阐述加强教师课堂讲授与学生课后自学与实践的关联重要性，探索了有助于学生知识掌握与实践能力培养的教学方式以及将能力培养融入教学过程的"知识+能力""过程+结果"的考核评价方式，以切实提高教学质量，提升学生的专业水平与能力。

关键词：视听语言；视听思维；深化改革；教学创新

一 研究背景

1. 视听语言课程的内容、特点与课程改革的背景

电影电视是一般意义上的视听传播媒介。与普通的语言（口语/文字）表达方式不同，电影、电视的表达方式是视觉图像与听觉声音的综合并用——借助影像和声音等视听材料进行叙事。因此，视听语言就是一套以叙事为目的、以视听材料为对象组织起来的话语系统。然而，伴随着新媒体的不断涌现，视听媒介不仅包括广播、电视、电影等大众媒介形态，也包括了运用视听元素进行表达的数字化新媒体（如移动端媒体、数字电视等）。与影视视听语言、影视语言（以电影、电视为传播载体）的概念相比，"视听语言"这一概念的内涵与外延要更丰富、更宽泛。但作为视听传播，其叙事方式/表达方式仍然与影像、声音和剪辑等影视表现元素紧密相关，因此，在广义上，视听语言就等同于影视语言或影视视

---

[*] 罗朋：西北政法大学新闻传播学院，教授，主要研究方向：新闻学、影视学。

听语言,对与视听传播密切相关的视听表达元素与表达技巧的研究也就成为视听语言课的主要内容。不同于以文字为载体的传统语言形态,视听语言有其独特的语汇组织、表意方式与感知、接受方式,它通过具体可感的视觉与听觉形象表情达意,涉及影像、声音、剪辑等诸种表现元素及其运用法则与技巧,具有独特的美学价值。

"视听语言"课程是我校新闻传播学院广播电视学专业、广播电视编导专业和戏剧影视文学专业的专业必修课,是为培养和提高学生掌握、运用影视语言的能力与水平而开设的一门专业必修课。课程对于学生影视理论知识体系的建构、影视语言实际应用能力的培养有重要的指导意义。通过课程学习,使学生掌握视听语言的基本知识、基本理论和基本规律,并能够将视听语言知识与理论灵活地运用于影视作品分析与影视创作之中,是课程的主要目标。

随着数字技术、视听技术的快速发展,特别是电影电视与新媒体的日益普及,视听语言的重要性也日益凸显。海德格尔在1932年的演讲《世界图像的时代》中就提出了"世界图像"的概念,认为"对现代之本质具有决定性意义的有两大进程——亦即世界成为图像和人成为主体——的相互交叉,同时也照亮了初看起来近乎荒谬的现代历史的基本进程"。[①] 在今天,以图像的方式表现人们对世界的认识与判断变得越来越普遍,图像与生活逐渐融为一体,世界成为图像,如同美国社会学家丹尼尔·贝尔所指出的:当代文化正在变成一种视觉文化,而不是一种印刷文化,这是千真万确的事实。中国传媒大学教授梁明也提出:读图观影时代已经到来;21世纪的文盲已不再是传统意义上不识字的人,而是对照相机、摄影机陌生的人,不知晓镜头语言的人。因此,掌握视听语言的特性、熟练地运用视听语言的表达技巧,对于广播电视学、广播电视编导、影视编导专业的学生来说意义重大。

为了较好地达成课程目标、提升课程的教学效果,"视听语言"课程强调理论学习与实践应用并重,课程在讲授影视语言的基本知识与基础理论的同时,注重强化对学生实际应用能力的培养。课程自开设以来,在培养学生实践能力方面进行多方探索,也积累了一定的教学经验。然而,由

---

① [德]海德格尔:《海德格尔选集》(下),孙周兴选编,上海三联书店1996年版,第902页。

于影视创作需要借助专业的设备及软件,对学生进行影视语言实际应用能力的训练与培养也因设备的有限而受到很大的制约,对课程进行的改革效果也较为有限。

近年来,随着网络技术、数字技术的发展和 PC 性能的极大提升与价格的不断降低,影视创作对专业等级的设备与软件的依赖性降低,不少专业软件可以应用于 PC 平台,这就为学生个人利用电脑多媒体进行影视创作提供了便利条件。在此前提下,加强"视听语言"课程对学生实际应用能力的培养也有了基本保障,这也为基于提升学生对实际应用能力的培养、"视听语言"课程深化改革提供了有利的条件。

2. 视听语言课程教学中存在的问题

(1) 教学内容的更新迟缓,影视作品资源的积累与利用不足

随着数字技术、多媒体技术等的快速发展,影视作品的数量与日俱增,制作水平日臻完美,视听语言的运用水平也在日益提高,而"视听语言"课程教材的更新却显得迟缓,难以体现影视创作的最新发展与水平。

此外在"视听语言"课程的教学过程中,需要同时借助不同时期、不同流派、不同创作者的代表性作品,通过认真细致的观摩与分析,使学生理解并掌握视听语言的基本概念、基础理论和基本规律,在大量观摩分析的基础上建立其视听思维,进而熟练地运用视听语言进行影视创作。教材所提供的影视作品资料不仅数量不足,而且内容滞后,难以满足教学需要,需要对教学用影视作品资源库进行大幅度的扩充与更新。

(2) 教学方法对学生学习主动性与探索精神的调动不足

"视听语言"课程教学一般是以教师为中心,注重向学生进行知识与理论的传授,教与学之间的互动不足,难以调动学生学习的主动性和探索精神。由于受教学条件的限制,教学活动中很难开展可操作性较强的实践环节,也不利于学生在学习活动中的主体地位的体现,学习自主性不能得到发挥,更谈不上创新和能力的培养。

(3) 注重理论知识的讲授,对学生实际应用能力的训练不足

"视听语言"课程目前采取的讲授方式,仍然是重理论知识的讲授,对学生视听语言实际应用能力的训练不足,这样就容易造成课程讲授的内容与学生实际应用能力的培养脱节,需要加强学生实践技能的训练与培养,使得课程能够将知识传授与能力培养有效对接。

二 "视听语言"课程的主要改革内容

"基于学生实际应用能力提升的'视听语言'课程改革"项目的实践对象是广播电视新闻专业、广播电视编导专业和戏剧影视文学专业的学生。作为课程改革的探索与尝试，视听语言课程从 2011 年开始进行尝试，积累了一定的经验与成果，也取得了较好的教学效果。

"基于学生实际应用能力提升的'视听语言'课程改革"项目在及时拓展与更新教学内容、采用参与式与互动式教学方法、强化实践环节、改进考核方式等方面进行了有益的探索与改革，具体内容包括以下几个方面。

1. 及时拓展与更新教学内容

当今网络信息传播的广泛与快速，不仅极大地提高了教师拓展和更新课程内容的速度，也极大地丰富了学生获取知识的途径与方法。本项目开展过程中，能够积极利用网络资源，以《视听语言》（邵清风等著，中国传媒大学出版社第 2 版）教材为课堂教学的基础框架，同时，力求每学期的课程都对教学内容进行必要的拓展与更新，并做到了两点：一是体现经典——将电影史上具有代表性的经典名片补充到教学内容中；二是呈现当今——将近年来在世界各大电影节获奖的新影片纳入课堂教学中，并以案例教学的方式，将对视听语言的基本概念、基本原则与运用技巧的讲解，融入对具体影视作品的介绍与分析中。例如在第一章第一节中，既补充了《帝国大厦》（1964 年）、《俄罗斯方舟》（2002 年）、《搏击俱乐部》（1999 年）等经典名片，也补充了《地心引力》（2014 年获第 86 届奥斯卡最佳导演、最佳剪辑、最佳摄影等 7 项大奖）、《鸟人》（2015 年获第 87 届奥斯卡最佳影片、最佳导演、最佳摄影等 4 项大奖）、《少年时代》（2015 年获第 64 届柏林国际电影节银熊奖）、《荒野猎人》（2016 年获第 88 届奥斯卡金像奖最佳影片、最佳摄影等奖项）等新影片。这些内容的补充，对学生在影视知识与理论的积累、影视文化的思考、审美感受能力与审美鉴赏水平的提高等方面，都起到了积极的作用。

本项目实施过程中，能够密切关注影视创作与技术的前沿动态，以使教学内容能够贴近影视艺术与技术的最新发展，在拓展学生的专业视野同时，激发学生的问题意识，培养学生的批判精神与独立思考的能力。如在第一章第一节中，结合影片《地心引力》，对教材给出的传统的"镜头"

定义进行了课堂讨论,由传统定义中存在的不足,引发学生积极思考,进而重新定义了"镜头"的概念。

2. 创建教学用影视作品资源库

视听语言教学的目的,是使学生掌握影视艺术创作中声画系统的基本概念、基础理论和基本规律,以建立视听思维,能运用视听语言进行表达。因此,在教学过程中,通过具有代表性的影视作品分析,来讲解基本概念、基本理论和基本规律就成为课程需要解决的重要问题。在以往的教学过程中,课程已经积累一定的影视作品资料,通过建立影视作品资源库,可以将具有代表性的和最新的影视作品进行归类,使之与教学内容相匹配,便于教师的课堂教学与学生的课后自学。

3. 创建学生影视作品分析的视频作品库

学生影视作品分析视频库是本课程加强课堂实训与课后实践环节的学生实践成果——学生制作的影视作品分析的视频作品资料库。

(1)视听语言课程从 2011 级学生开始尝试,要求学生将所学的知识与理论灵活运用于对影视作品的分析中,并培养学生动手制作相应视频作品的实操能力。迄今已经形成了效果较好的模式,积累了百余部学生自己制作的关于影片分析的视频作品。

(2)模式:课程在第一次上课时,学生先观摩往届学生制作的关于某部影片分析的视频作品。学生视频作品库的建立,既可以提供给学生优秀的作品分析视频范例,也可以激励学生课后进行剪辑软件、制作技术等方面的学习与操作,激发学生的创造性思维,并利用课外时间,动手制作出自己的影片分析视频作品。

(3)具体要求:要求每一位学生选择一部自己喜爱的影视作品,从视听语言分析的角度对影片的精彩片段剪辑并进行必要的视听元素分析讲解;学生完成并提交的是自己制作一部完整的影片分析视频作品,时长为10—15 分钟,从对影片进行剪辑、解说词写作到配音或上字幕等,都由学生在课后独立完成。学生通过动脑与动手,能够较扎实地掌握视听语言课程讲授的主要内容和应用技巧。

(4)课堂展示与讨论部分的要求:视听语言课共 51 课时,每周 3 课时。每周课堂的第 1 小节都用来展示 3—4 位学生的影视作品分析视频,之后由教师组织学生进行点评和讨论,并由学生进行打分。在相互观摩和学习的过程中,学生们相互激励,达到了良好的课堂参与及互动效果。

（5）本视频资料库汇集了2011—2014级学生创作的优秀的视频作品150余部。本目录是学生视频作品精选目录。

组织学生利用课后时间进行影视作品分析的视频作品创作，也进一步理顺了教师课堂讲授与学生课后自学的关系，将能力培养融入教学过程，采用多样化的教学方法，形成"知识＋能力""过程＋结果"教学模式，为全面提高课程教学质量奠定了坚实的基础。

4. 采用参与式与互动式教学方法

本项目进行过程中，致力于多样化的教学方法的探索，结合课程注重实际应用的特点，积极推进启发式、探究式、讨论式、案例式等参与性、互动性强的教学方法。

（1）采用学生上讲台主讲的方式，要求学生从视听语言的角度分析一部自己喜爱的影片，并制作成一部完整的视频作品。学生通过动脑与动手，能够切实领会并掌握视听语言课程讲授的主要内容和应用技巧。

（2）教师注重在课程教学中设计话题或问题，激发学生的问题意识与批判性思维，鼓励学生大胆思考、积极发言，以激发学生的学习主动性，培养其独立思考的能力。

（3）案例式教学。通过分析具有代表性的影视作品，以案例分析的方式，来讲解视听语言的基本概念、基本理论与基本规律，学生通过对相关影片的观摩与分析，切实理解和掌握课程内容，并逐步学会将所学理论与知识灵活运用于影视作品的分析与创作。

5. 采用综合评价的课程考核方式

本项目努力探索更合理与有效的考核方式，以改变僵化的传统考试方式，在注重将能力培养融入教学全过程的同时，考核注重知识与能力的同步发展，探索"过程＋结果"的评价方式，加大学生平时成绩的比重，加大学生动手实践成绩的比重，学生课程成绩构成如下：

总成绩＝平时成绩50%＋期末成绩50%

平时成绩＝课堂发言×20%＋书面作业×20%＋影视作品分析视频作品×60%

三 "视听语言"课程改革的实践效果与反响

课程影视作品资源库和学生作品分析视频库的使用，在教学中取得了良好的效果。

组织学生利用课后时间进行影视作品分析的视频作品创作，也进一步理顺了教师课堂讲授与学生课后自学的关系，将能力培养融入教学过程，采用多样化的教学方法，形成"知识＋能力""过程＋结果"教学模式，为全面提高课程教学质量奠定了坚实的基础。2011—2014级学生制作的影视作品分析视频作品和课后创作的优秀作品，除了在课堂展示外，还在我校校园影视文化节上公开展映，极大地调动了学生相互学习的积极性，对提高学生专业素养与技能发挥了重要作用。

由2012级广播电视编导专业危凯、陈烨同学拍摄制作的纪录片《雨水丰沛的季节》获得第五届"光影纪年"中国纪录片学院奖。这部纪录片也获得了广泛关注，《南方周末人物周刊》对主创人员危凯、陈烨、杨仑等进行了专题报道。由2012级广播电视编导专业高佳雨、徐姣同学执导的纪录片《有弦相聚》获得第二届万峰林国际微电影盛典纪录片竞赛单元二等奖。

四 "视听语言"课程改革的创新点

1. 根据教材的章节，充实并更新了部分内容，制作了完整的课程PPT

视听语言随着视听技术的快速发展，也在发生着不同的变化。本课程涉及的影视作品可以是经典性的，也可以是最新的创作，涉及范围较广，而教材内容设计和资料相对比较滞后。为了使学生了解最新的影视发展和影视创作的具体样态，本课程在教学过程中，关注每年的世界重要的电影节选出的获奖作品，为课堂教学补充了大量最新的影视作品内容，适合课堂教学的需要，将部分作品进行重点推介，部分作品作为学生课后拓展内容自学，PPT上呈现了许多内容是书上所没有的最新的影视作品或研究观点，并且每一学年的课程都会对PPT进行及时更新与补充。这些内容对提升教学质量具有积极的意义。

2. 创建教学用影视作品资源库

按照视听语言教程的章节设置，广泛搜集具有代表性的、经典的和最新的影视作品进行归类，使之与教学内容相匹配，并根据教学内容需要，对部分影视作品截取相应的片段作为案例进行课堂观摩和分析讨论，部分影视作品要求学生课后观摩。

3. 创建学生影视作品分析的视频作品库

学生影视作品分析的视频作品库汇集自 2011 级至 2014 级（本课程开设为第 4 学期）学生制作的影视作品分析视频作品，这些作品在课堂进行展示与讨论，极大地激发了学生相互学习的积极性，对不断提高学生专业素养与技能发挥了重要作用。

4. 创建学生创作的电视片作品库

学生创作的电视片作品库汇集自 2012 级至 2014 级（本课程开设为第 4 学期）学生在课后创作的优秀电视短片和纪录片作品，如 2012 级危凯同学导演的纪录片《雨水丰沛的季节》荣获第五届"光影纪年"中国纪录片学院奖入围奖。这些作品除了在课堂展示外，还在我校的校园影视文化节上公开展映，这些作品也极大地激励了学生相互学习的积极性，对不断提高学生专业素养与技能发挥了重要作用。

五　结语

在新媒介生态环境下，尤其是在自媒体井喷式发展的繁盛期，视听语言的内核被不断解构与建构，如何利用多种形式的媒介载体，使学生能够将所学理论与实际操作有效结合，仍需不断地探索与论证。该过程中不仅要求老师对经典案例和即时优秀作品熟知掌握，更要求学生课下根据兴趣自觉参与到学习实践中，只有在此基础上才有可能真正达到课程改革的实效。

Reform of the Course of "Audio-Visual Language" Based on the Improvement of Students' Practical Ability

Luo Peng

Abstract: The purpose of learning the audio-visual language is to master the basic concepts and important laws of sound and picture system in the film and television creation, to form the audio-visual thinking, and to flexibly use the audio-visual language for the audio-visual analysis and the creation of the works. This article tries to explore the reform of the course of audio-visual language from such aspects as the teaching content, teaching methods, teaching resources, practice teaching and assessment methods. In addition, the paper expounds the importance of strengthening the relationship between classroom teaching and students' self-study and practice; and also studies the teaching methods which are helpful to the cultivation of students' practical ability, and the evaluation method of "knowledge + ability", "process + result", which can be integrated into the teaching process, in order to improve the quality of teaching and increase the professional level and academicability.

Key words: audio-visual language; audio-visual thinking; deepen the reform; teaching innovation

《交替口译》课程教学内容与方法的优化研究

刘颖红[*]

摘　要：本研究以西北政法大学外国语学院英语专业高年级阶段开设的《交替口译》课程为对象，针对历届学生反映的学习障碍和学习瓶颈问题，探索课程教学内容和教学方法的优化途径。研究认为：(1) 课程内容应突出语言能力培养这一核心目标，辅之以口译技能的基础训练；(2) 建立主要口译技能（即时记忆、笔记、数字口译）的"分解或分步"训练模式，是解决教学难点的途径和方法；(3) 以学生参与为核心的体验式和反思式教学符合口译技能的习得规律和发展特点。

关键词：交替口译；课程定位；教学内容；教学方法

一　研究背景

目前，国内口译课程按照专业程度可分为三类：以"会议口译"为教学目标的硕士班口译专业课程；以"企业内口译"为教学目标的大学翻译专业主修课程；以"外语为主，口译为辅"的大学英语专业高年级阶段专业技能课程[①]。本项目研究对象为第三类口译课程，其以语言能力培养为核心，辅之以口译技能的基础训练，亦称为口译入门阶段课程。关于此类课程，《高等学校英语专业英语教学大纲》（2000年）课程描述中写道："通过讲授口译基本理论、口译背景知识和训练口译的基本技巧，使学生掌握口译的基本理论和专题连续传译的技能，初步学会口译记忆方法、口头概述、口译笔记及公众演讲技巧，以求学生能较准确、流畅地进

---

[*] 刘颖红：西北政法大学外国语学院，副教授，硕士，主要研究方向：翻译及应用语言学。
[①] 杨承淑：《口译教学研究：理论与实践》，中国对外翻译出版公司2005年版，前言。

行汉英对译。"①

本研究以西北政法大学外国语学院开设的交替口译课程为对象,探索第三类口译课程教学内容和教学方法的优化途径。该课程自1998年2月开设,经过2005—2006年校优秀课程建设。但是,教学实践中凸显的,也是历届学生所反映的学习障碍和学习瓶颈问题亟待解决。2013年7月本研究获准"西北政法大学高等教育教学改革研究项目"立项(项目编号:XJY201301)。项目组反思、梳理课程在教学内容组织和教学方法方面有待改革的节点,提出切实可行的解决方案,摸索建立成熟的口译子技能训练模式和符合技能习得规律的教学方法,旨在全面提高口译课教学质量,保持学生口译学习的积极性和持续性。2015年6月项目按时完成并通过专家组评审,顺利结题。目前,交替口译课程教学内容与方法的改革项目已经完成三轮教学实践,实践对象分别为外国语学院2011级、2012级和2013级学生。

二 开展的主要工作

本研究首先明确课程定位——以语言交际能力培养为核心,辅之以口译技能的基础训练。以此为基础,我们本着"以学生为主体、教师为主导"的课程理念,遵循口译技能习得的规律和发展特点(即阶段性、实践性、过程性),结合学生认知水平,开展课程内容和实施手段的优化研究。

1. 优化、完善课程内容

(1) 遵循循序渐进原则,优化课程内容次序

针对教学难点和重点——口译记忆(Memory)、口译笔记(Note taking)、注意力分配(Attention splitting)、数字口译(Figure interpreting),本项目遵循循序渐进原则,重新安排讲解和训练次序。将原来在学年第一学期讲练的教学难点"数字口译"技巧后移至第二学期进行,腾出的时间用于即时记忆和笔记技巧训练。这样既可让记忆技巧和笔记技巧的衔接更合理,又便于数字口译学习与相关的但难度偏高的经济、外贸类话题口

---

① 高等学校外语专业教学指导委员会英语组:《高等学校英语专业英语教学大纲》,上海外语教育出版社2000年版,第25页。

译有机结合。调整后，公众演讲、意义听辨、记忆、笔记、注意力分配各项技能的讲解安排在第一学期（但其操练贯穿整个学年），双语转换、数字口译、跨文化交际技能、应对策略、译前准备的教学安排在第二学期。

（2）突出语言交际能力核心目标，完善课程内容

如前所述，"外语为主，口译为辅"的交替口译课程，以语言能力培养为核心，辅之以口译技能的基础训练。这里的语言能力指掌握基本语言（语音、语法、词法等）知识后的交际能力，包括双语听辨能力、双语表达能力和相关语国家文化知识。这是本科阶段英语专业口译教学需要关注的，也是往届学生表现出的弱项。鉴于此，我们补充了两项全新教学内容：意义听辨技巧和双语转换技巧。

意义听辨技巧是针对"交替传译"的特质——"耳听口说"而设计的。教学中我们帮助学生学会口译员的正确"听法"，重点训练学生掌握以下技能：分析性倾听（analytical listening，脱离语言形式、整合输入信息与先有知识）、信息加工（information processing，如信息视觉化、整理逻辑思路、提升中心意思）、信息重组（information reorganization，关注信息要点、构建文本内和文本间逻辑关系、调整信息）。在口译入门阶段，听辨能力的培养尤为重要。不仅可以增强学生完成口译交际任务的信心，还有助于学生提高语言能力、逻辑思维能力和综合分析能力。

双语转换能力是决定翻译速度和质量的关键环节。我们在第一轮教学实践中期开展的口译能力实证研究发现：语言表达能力培养并非局限于外语。学生在翻译英语长句和复杂句式时，亦出现表达环节的问题，即听懂了、记下了，但是汉语表述蹩脚。因此，能够在恰当时间、恰当地点，用另一语言的恰当形式表达源语言承载的思想、概念、意图、信息，实现交际者的交际意图[1]，这是口译教学需要培养的能力之一。

在教学实践中，我们布置给学生的日常训练包括听英语新闻、做口头新闻综述、做英汉平行阅读。"口译课程设置及教学满意度调查问卷"（以下简称"问卷"）统计显示，46/61（75.4%）的学生认为：通过口译课的学习，自己的语言知识即双语能力得到提升。

（3）探索法律专题口译教学

口译课的教学应突出专业特色。鉴于法学教育在西北政法大学的传统

---

[1] 刘和平：《翻译能力发展的阶段性及其教学法研究》，《中国翻译》2011年第1期。

和优势地位，本研究尝试将法律专题口译纳入教学内容。49.18%的同学认为这一做法"应该"，34.43%的同学认为"非常应该"。

需要说明的是，外国语学院开设有法律英语（必修）、英美司法文书（选修）和法律翻译（选修）课程。这样的课程设置让学生对中英不同法系在法律框架、法律制度、法律概念的差异有大致了解；在理解和翻译术语时，具备一定的意识去避免使用形同而神不同的目的语术语进行简单替换；对法律语言，尤其是法律英语的句式特点（长句、被动句式）也有一定掌握。这些都是本研究探索法律专题口译教学的有利因素。"问卷"显示，分别有55.74%和34.43%的学生认为这些课程对法律专题口译教学"有帮助"或"非常有帮助"。

我们在口译课第二学期的后半段，用2—3周开辟法律专题口译。以广东外语外贸大学编写的《法律口译教程》为参照，我们选取"ADR诉讼外争端解决"作为口译场景。由于法律口译中涉及的专业词汇和知识比较多，课前，教师布置学生自行查找有关术语或者阅读相关法律背景材料，学会如何做好口译前的准备工作。

我们在课堂演练"ADR诉讼外争端解决"专题口译时，发现学生表现积极，译文质量甚至好于普通专题（如外交、经济、教育）的口译。现场征询学生感受时，大家一致反映：充分的译前准备对做好法律口译尤为重要。其次，由于法律语言作为语言变体在用词、句法结构、篇章形式上均有自身的特点，要求译员在转换语言片段的过程中，特别要注意措辞的准确、句式的严谨规范和语体的正式程度，做到"法人法语"（talking like a lawyer or writing like a lawyer）。而学院法律与英语相结合的课程设置培养了大家在这方面的基本意识。

2. 多种教学法结合，细化、丰富课程实施，带动学生角色转换

口译课是一门技能性、实践性很强的课程。技能发展具有阶段性和螺旋式上升的特征，需经历感知、领悟、学习、内化、总结、提高的过程。由"知"到"行"的过程需要学生反复实践、体验和总结。本研究针对技能发展的阶段性、实践性、过程性特征，强调过程管控，采用"互动式""自省式""模拟式"教学法，细化、丰富课程实施，从而落实"以学生为主体、教师为主导"的教学理念，带动和推动学生角色转换。具体表现在以下几个方面。

(1) 突出阶段性，摸索建立以技能分解和针对性语料为基础的成熟

训练模式

教学心理学认为，技能是可以通过训练获得的，且技能的获得也是分阶段的。在教学的不同阶段采用不同的教学方法和手段，努力做到教学安排的有序性和方法的可操作性，无疑可以帮助或保证教学计划的实施和教学目标的实现。

我们在处理口译教学难点时，采用"分解"技能的方法，帮助学生分步掌握所授技能。以数字口译为例，我们尝试将常用的英语数字单位分为两组，分批次要求学生熟悉和掌握，无形中化解了任务难度。然后在此基础上，固化常用汉语数字单位与英语单位的对应关系，最后操练大数字的小数转译法。"分解"的结果是学生容易上手，消除了对数字的恐惧心理，树立了学好数字口译的信心[1]。又如口译笔记的讲解，对于初学者而言，笔记问题首要解决的是协调听与记、脑记与笔记的注意力分配问题。本项目对口译笔记教学试行"四步走"，即第一阶段主要介绍笔记的本质、特点、记什么、怎么记以及笔记格式等方面的问题。在熟悉笔记符号运用的基础上[2]，此阶段的记录重点是语段的开头、结尾和专有名词、专业词、数字及列举点，目的是尝试解决注意力分配的问题，不过多分散学生"听"和"脑记"的注意力，先引导学生记录好以上单一意义的词和语段的开头与结尾。难度较大的连接词和转折词的记录，以及信息结构与关键词的记录，因需要学生更多的注意力和精力来协调听与记的关系，放在笔记训练的第二阶段进行[3]。需要说明的是，此时学生处在笔记训练的沉默期（silent），不需要做复述或口译练习，专心体会"听"与"记"、"脑记"与"笔记"之间的关系。第三阶段过渡到有笔记复述阶段，此时的训练我们先要求学生不看笔记复述，旨在强调"脑记为主，笔记为辅"的原则。第四阶段进入有笔记口译训练。这样各阶段训练针对性强，可操作性强。"问卷"显示，70.49%的学生对分解技能训练模式感到"满意"。

每项口译技能训练模式的形成均需要教师制定明确、细化的学习目

---

[1] 此做法是在2014—2015年度教学周期具体实施的。2013—2014年度周期我们将数字口译这个教学难点后移至第二学期进行，但是教学内容的划分还不够细致，部分本来就对数字反应慢的学生感觉消化不了。因此，我们推出技能"分解"练习法，目前效果良好。

[2] 建立个性化的笔记符号系统同样需要学生分解练习，例如每日熟悉三个符号的运用，逐步形成自己的符号体系。

[3] 刘和平：《法语口译教程》（教师用书），上海外语教育出版社2009年版，第33—45页。

标，选择针对性强的练习材料。以口译记忆训练模式为例：首先，教师将人类记忆机制和记忆类型（包括信息的三种编码方式：视觉、声音、语义）介绍给学生，将交替传译所涉及的信息接收、分析、存储、传递过程尽可能地做全面而具体的描述，以便学生能够了解何以必须如此仔细倾听并分析、存储信息，进而准确地动用"笔记"等工具，以"固定"其分析结果。其次，教师通过示例帮助学生逐渐熟悉叙述类、论述类、演讲类和描述类讲话的特点和常用表达方法。这样做的原因是：对于言谈的固定格式或段落发展、功能属性（如"情感诉求"或"信息传达"功能）若能"预知"，会有助于准确地倾听与判断分析。再次，根据不同言语体的特点，运用难度适当的语料有针对性地操练记忆方法。期间注重对语篇信息结构和层次的分析，以及记忆策略的合理使用，如大脑重复（mental repetition）、信息视觉化（visualization）、组块化（chunking）和信息联想（association）。最后，依据一定的评估参数，要求学生完成即时记忆训练阶段自测表。

（2）突出实践性，设计具有持续激发作用的、丰富的教学环节

如前所述，口译技能的获得是由"知"到"行"的过程，需要学生反复实践、体验和总结。没有足够的练习，就不可能有体验，无体验就无法"内化"，无内化知识永远无法变为能力[①]。我们采取"自省式"（回顾与反思、能力习得自我评估）、"模拟式"（体验式学习）、"互动式"（以学生参与为核心）教学方法，调动学生参与整个学习过程。

①"互动式"教学——加强课前准备和课后练习环节

"互动式"教学不仅体现在课堂上的师生间或学生间互动和点评。作为课堂教学的有效延伸，以学生为主体的"互动式"口译教学也应涵盖课前和课后两个时段，突出学生的"动"。我们在教学中鼓励、引导（介绍相关网站）学生自己动手寻找相关技能或话题的训练材料，制作词汇表，做好课前准备。以"气候变化"主题口译为例，译前准备包括知识准备——何为气候问题（危害与表现，如极端天气）？气候变暖的主要成因是什么？国际社会是如何应对的？还有语言准备：收集有关术语、相关协议的中英文表达和有关组织的英文名称及缩略语。

---

① 刘和平：《翻译能力发展的阶段性及其教学法研究》，《中国翻译》2011年第1期。

另外，我们要求学生在课后将课堂训练材料运用"三遍练习法"①重新演练。重点是记忆训练和笔记训练，让学生通过逐遍练习和对比来逐步提高记忆容量或笔记质量，摸索、总结适合自己的方法，树立学好口译的信心。教师要求学生提交课后口译练习录音或笔记，作为平时考核成绩，并在课堂随机抽查、点评。"问卷"显示，学生非常重视教师在课堂上的学生练习点评（50.82%的同学认为"重要"，44.26%的同学认为"非常重要"）。

无论是课前准备还是课后练习，我们强调教师对学生课外自主学习情况的指导和管控。例如，口译笔记的课后练习，教师需要告知学生具体的操练方法：听完后对照讲话对笔记的结构和所记的内容进行分析和总结，看是否合理、是否有效，尤其是检查笔记与记忆和表达的关系，反思何种情况下笔记的作用更为明显有效；建议学生采用排除法删除所有自认为没有必要的词或模糊不清的符号，摸索适合自己的口译笔记系统。"学生课外自主学习是课堂学习的自然延伸，也是提高课堂教学成效的途径之一。如果课堂教学中教师未能就学生课外自主学习进行相应安排、指导、检查，并给予学生展示自主学习成果的机会，这样的课堂教学是不完整的，是半途而废的。"②

② "模拟式"教学——精心设计模拟实战口译活动

本项目在每个教学周期的第一学期安排了一次模拟实战口译。时间点是在口译即时记忆技能训练结束、口译笔记技能讲练开始之前。2011级学生进行的是模拟对话口译。课前学生两人一组准备对话（一中一英），话题涉及本学期训练过的教育、旅游、体育等。口译现场随机选取学生译员完成中英对译任务。2012级学生演练了模拟会议（新闻发布会）口译，并且全程录像，学生表现超出预期。

学生译员的最大体会是口译现场感带给译员的无形心理压力（包括语速加快、口吃、反复）；同时大家统一了认识：作为职业译员，保证口译任务（如会议）进程顺利是译员的首要职责。首先，译员应该具备一定的应对策略，不露痕迹地跳过、扔掉自己因个人能力不足而漏掉的信

---

① 任文：《英汉口译》，全国高校教师网络培训计划，2013年。
② 束定芳：《英语专业综合课目标与教师素养——第三届"外教社杯"全国高校外语教学大赛授课比赛述评》，《外语界》2013年第2期。

息，以后随着能力的提高，逐步提高译文质量。其次，通过回放实战录像，学生发现自己平时在语音实验室练习时所掩盖的不良习惯，意识到良好的表述能力——包括口头表述和体态语言——可以增强听众对译员的信任度，保证译文效果。

另外，实战演练给学生新鲜的刺激，有益于保持学习的积极性。

③"自省式"教学——新增"回顾与反思"课和课堂练习的"自省"环节

体验和回味性讨论是技能习得的重要环节。我们把第二学期的第一次课设计为"回顾与反思"课，即通过对第一学期期末考试素材的重新演练，结合阅卷统计数据（错误类型归纳和成因分析），同步点评学生的表现。

阅卷统计数据的成形是一项考验教师耐心和细心的工作。口译考试采集的是学生音频文件，教师需要先将音频逐一忠实地转写为文字（包括准确记录停顿、重复、语气词等现象），形成口译语料；然后统计高频错误点，结合学生考试笔记，分析错误成因，判断影响学生口译产出质量的因素存在于口译过程的哪个（些）环节。本项目研究论文"关于英语专业学生口译能力的实证研究"对此有详细介绍。

由于教师课前已对学生口译语料进行系统分析，课堂效果非常理想。统计数据中的典型错误在二次演练中一一再现。此时，教师马上要求学生"回忆"自己"犯错"的经过，帮助大家找出错误成因，就具有说服力，学生触动也深。其实，课堂演练中的"自省"环节还包括"回述"自己运用合理的方法和技巧，便于大家交流、学习、提高。

此外，"自省式"教学还体现在技能训练的阶段性自我评估上（详见下文）。

(3) 突出过程性，评价视角从偏重走向并重

鉴于口译技能发展的阶段性、实践性、过程性特征，我们认为口译课堂教学应该抓好过程管控。大到每项口译技能的学习成效评估，小到每次课堂演练中对任务完成过程的点评，我们从抓好每个环节的评价或评估出发，提高教学质量。具体做法如下。

①引入过程性评估，即主要口译技能的阶段性自我评估

阶段性自我评估旨在引导学生反思、发现训练过程中的问题，思考、寻找对策；因此，需要有明确的评价参数或标准。以"口译笔记训练阶

段评估标准"[1] 为例：100% = 技能知识 60% + 语言知识 25% + 心理控制 15%。

此阶段技能训练包括以下内容：

- 数字训练的信息评估参数：数字记录和数字转换的准确与速度、数字及其相关的信息、数字与语篇信息的逻辑关系等（15%）；
- 记忆与笔记：关键词的提炼，信息评估参数。必记信息：数字、专有名词、列举点，笔记量与口译信息量之比、关键词的覆盖面与激发记忆效果、笔记辨认、提示的时间和效率等（15%）；
- 口译笔记语言及结构的讲解与训练，信息评估参数：笔记语言的合理性、缩写语的辨认时间、符号使用的效率、所记录信息的关联性、口译职业笔记基本操作：竖向结构、笔记两边留空、画线表明段译结束、使用竖翻式笔记本等（15%）；
- 精力分配的把握：笔记与脑记的协调、分析理解、记笔记、阅读笔记、组织译语表述等（15%）。

口译笔记训练阶段自测表[2]

回答问题（按程度分 4、3、2、1）	4	3	2	1
你觉得在记笔记的时候影响听吗？				
你觉得自己的笔记符合笔记原则吗？				
你觉得记笔记对表达有帮助吗？				
你个人更偏重多记还是少记？				
你的笔记可用程度为　　％				
你在不记笔记阶段的表达水平和记笔记后有差别吗？				
你认为主要原因是什么？				
现存主要困难或问题				

本项目在 2011 级学生中进行"即时记忆训练阶段自测"，在 2012 级学生中进行"口译笔记训练阶段自测"。采集数据和信息的过程，一方面督促学生"自省"：反思学习效果、发现问题；另一方面为后续教学提供

---

[1] 蔡小红：《口译评估》，中国对外翻译出版公司 2006 年版，第 175—176 页。
[2] 刘和平：《法语口译教程》（学生用书），上海外语教育出版社 2009 年版，第 109 页。

启示和改进依据。

②过程与结果并重、监控和鼓励并重

鉴于口译教学过程中训练阶段的渐进性质，其评估不仅要测量译文质量标准的实现程度，更要分析学生翻译能力的变化。以往课堂教学对学生的评价偏重翻译的结果，即信息的忠实度、语言表达的准确度、译语发布的流利度和交际策略运用的灵活性和有效度[①]。由于迁就多数学生听辨能力的不足，无法对学生完成口译任务的过程如口译释义理解、逻辑记忆和笔记（组织语言片段）、数字口译、应急变通、跨文化交际、心理素质等能力指标从严要求，口译过程的监控和点评也无从谈起。

教学内容优化后，增加了译前准备技能——意义听辨技巧的讲授和操练，学生听辨能力普遍提升，为实施口译过程监控提供了可行条件。口译课堂教学注重过程监控，目的是全面培养学生良好的口译习惯，这也是本科阶段口译教学的侧重点。以口译技能指标中的口译笔记为例，每次课堂练习不仅有教师和同学点评译文，更要通过点评学生笔记（誊写在黑板上，或拍照后连线到电脑上显示）、示范教师笔记，给学生提供即时、直观的反馈信息，帮助其摸索总结进而形成自己的笔记系统，并通过反复练习加以熟悉、内化。又如，训练即时记忆技能时，我们在学生完成复述或概述任务后，进而引导其回顾、说出自己刚刚运用的记忆策略，并讨论其合理性。抓好过程管控，可以在恰当的点适时引发学生的共鸣与反思。这里我们尤其重视鼓励学生，无论是译文产出的多样化，应对策略的灵活运用，还是笔记符号的探索尝试，我们都会用发现的眼光寻找亮点，及时鼓励。毕竟口译技能的训练过程比较艰难、枯燥，教学需要保持学生学习的积极性和可持续性。

同时，过程监控也包括对学生副语言（paralinguistic）和非语言行为（nonverbal behavior）的关注，改正不良口译习惯。我们注意到，学生在英汉口译练习时，习惯在译入语中加入口头禅"然后""嗯""接下来是"，甚至还有"我听到的是"这些"额外"的表述。一则是汉语表达习惯不好，二则是心理因素影响。我们训练学生把每次课堂练习都当作实战演练，用职业译员的标准要求自己，力求做到语言干净、简洁、条理清楚，声音洪亮，举止得体大方。

[①] 蔡小红：《口译评估》，中国对外翻译出版公司2006年版，第36—37页。

（4）实践效果

①我们的学生很多在大三的第二学期就决定转行从事与法律相关的工作或学习，但是从学生的到课率和反映看，他们还是认可口译这门课程的。学院曾经在2014年5—6月做过问卷调查，关于"你认为应该加大课时量的课程"问答中，口译课名列前茅。这是对我们工作的支持和肯定。

我们面向2013级学生进行的"口译课程设置及教学满意度调查问卷"显示：对于口译授课老师的教学方法，44.26%的同学非常满意，54.10%的同学满意。具体而言，对于反省式教学法，37.70%的同学认为非常必要，60.66%的同学认为必要；对于以学生参与和体验为核心的"互动式""模拟式"教学法，73.77%的同学满意，24.59%的同学非常满意。对于教学难点的处理，70.49%的同学对"分解"技能训练模式满意，22.95%的同学非常满意。此外，通过口译课的学习，大家认为自己得到加强的能力依次是口译技能（48人次）、语言知识（46人次）、心理素质（32人次）、职业素养（31人次）和百科知识（24人次）。此结果印证我们的课程定位是成功的，即以语言能力培养为核心，辅之以口译技能的基础训练。而且，对于我们的课程定位，75.41%的同学表示认同，22.95%的同学非常认同。

②我们培养的学生参加2015年"第六届海峡两岸口译大赛西北区级赛"，获得优胜奖。参加北外高翻学院推免复试的同学（2011级、2013级）反映，口试时的复述环节、形式和要求都与我们口译课堂即时记忆训练阶段的"听英语，用英语复述"练习一致，考场上比较适应。2012级苏同学考取中南林业科技大学MTI口译方向翻译硕士。2013级耿同学分别参加了北外高翻和外交学院的推免复试，并通过了外交学院英语系翻译理论与实践学术型硕士研究生复试。他特别提到，在外交学院口译面试环节，尽管口译段落很长，他自己并没有记全，但是仍然按照平时课堂上练习的要求，将自己理解、记忆的信息点条理清晰地表达出来，做到译语干净、简洁。考试结束时，考官还专门问道："你们平时口译课就是这样要求做的吗？"这些无疑是对我们教学改革成果的一种肯定。

三　总　结

1. 通过建立主要口译技能（即时记忆、笔记、数字口译）的"分解或分步"训练模式，我们找到解决教学难点的途径和方法。诚然，好方法还需要不断、持久地练习才会有熟练的掌握和自动化的反应。若想在紧密的信息接收、分析、存储、传递过程中协调好各项技能的使用（即具备多任务处理技能），提高译文的产出质量，仍需要大量的课堂及课后训练和总结。

2. 我们细化过程管理，将口译课堂教学向课外延伸，形成课前准备、课堂讲练、课后巩固、课堂展示巩固练习成果的有机循环。过程管理为提高课堂教学质量提供保障，弥补了课时不足的局限性，培养了学生自主学习能力，保证口译学习的可持续性。

3. 通过细致的口译语料分析，我们关于英语专业学生口译能力的实证研究为教学提供宝贵的数据，产生反拨效应。例如，我们发现有笔记情况下学生出现的误译和漏译问题，首先可以归类为各种理解问题：误解或无视背景信息（包括讲话人身份、场合等）造成认知补充缺失、记录笔记时信息没有经过大脑的分析处理而是一味机械记录，造成笔记无法提供有效信息。其次是笔记本身问题，即学生不熟悉笔记符号的使用，未形成自己的符号系统，造成符号解读困难，无助于表达。总之，以教学为背景的实证研究让教师走出以往的经验式总结和反思，用扎实客观的数据和细致的分析说明学生在口译学习过程中存在的问题，进而提出解决策略，指导口译教学。

4. 依据技能习得的规律和发展特点，结合学生认知水平设计教学方法。学习的认知结果包括言语信息、智慧技能和认知策略[①]。智慧技能的发展要经历感知、领悟、学习、内化的过程。这一过程不仅说明学生认知能力的提高过程，更揭示出口译技能教学必须遵循的重要原则，即以学生的认知水平为基础，以学生参与为中心，通过"互动式""模拟式"教学法，循序渐进、分阶段开展口译子技能教学。智慧技能发展不仅有阶段性特点，还呈现螺旋式发展状态，有发展也有瓶颈。"自省式"教学（如新增的"回顾与反思"环节），引导学生回味技能学习体验，自我观察、分析、总结，实现能力的提高。

5. 我们在资源库建设过程中倾注心力搜集、整理、编辑、完善各类资料，旨在丰富学生学习体验；全新的英文电子课件体现全新的课程设计

---

① 刘和平：《翻译教学模式：理论与应用》，《中国翻译》2013年第2期。

理念；法律口译教学已迈出探索的步伐。

总之，"外语为主，口译为辅"的交替口译课程属于口译入门阶段课程，旨在为今后的学习奠定基础。其课程内容和教学方法的优化应依据学生认知水平、学校课程设置特色，以及口译技能习得的规律和发展特点。

Optimizing Consecutive Interpreting Course for English Majors: from Course Content to Teaching Methods

Liu Yinghong

Abstract: This study investigates the optimization of consecutive interpreting course for English majors in terms of course content and teaching methods. The research findings are as follows: (1) linguistic competence is the kernel of the course, with interpreting competence as a supplement; (2) a phased pattern for skill training is supposed to facilitate learning of such interpreting skills as memory, note taking and figure shift; (3) mock interpreting and reflective learning encouraged in the teaching practice agree with the features of skill acquisition, hence plausible.

Key words: consecutive interpreting; course orientation; course content; teaching methods

翻译硕士《文体学概论》课程教学模式探讨

刘红岭[*]

摘 要：翻译硕士培养应与学校学科优势结合，突出特色建设，避免人才培养的同质化。本文结合西北政法大学翻译硕士培养目标，探索培养计划中《文体学概论》课程的教学模式，包括教学目标、教学内容及以提高翻译实践能力为目标的教学模式，以期在课程建设方面提供一些思路。

关键词：翻译硕士培养；《文体学概论》；教学模式

为适应社会主义市场经济对应用型高层次专门人才的需求，国务院学位委员会于2007年批准设置翻译硕士（MTI, Master of Translation and Interpreting）专业学位。十年间MTI教育发展迅猛，其速度和规模令人瞩目。西北政法大学外国语学院2015年开始招收翻译硕士，翻译硕士的培养在我校尚处于起步阶段，在人才培养目标与规格、课程设置、师资队伍培训、教学材料选择、教学模式、教学方法和手段、测试与评估体系等诸多方面都急需做理论和实践方面的探索；并且努力在实现"培养高层次、应用型、专业化翻译人才"目标的同时，与我校学科优势结合，突出法律翻译特色。

一 国内研究现状和发展趋势

2002年开始已有学者较全面地概述了26个国家及地区112所高校的翻译教育。2007年国家设立翻译硕士学位后，研究工作深入发展。[①] 国内研究现状可以概括为以下几个方面。第一，大部分研究集中在MTI招生

---

[*] 刘红岭：西北政法大学外国语学院，副教授，主要研究方向：英美文学及文学教育。
[①] 高黎、崔雅萍：《翻译硕士培养环境实证研究》，《中国外语》2016年第1期。

模式、培养模式和管理模式，培养计划、课程设置、培养环境以及专业发展中存在的问题和对策等宏观层面。学者们分析国内外翻译人才培养课程，如欧盟笔译硕士课程；调查分析国内翻译硕士培养单位课程设置。课程比较方面的研究如对比国内翻译硕士学位点与美国及加拿大同类培养机构或大学的课程；或从职业化的角度提出完善翻译硕士培养机制等。第二，教学方法和课程实践方面的研究。如案例教学法、文学翻译教学研究、计算机辅助翻译硕士课程实践研究等。第三，关于"翻译能力"和"译者能力"的研究。有实证调查学生翻译能力的构成；分析职业笔译员胜任力特征；对学生职业能力的培养提出建议等。[①]

从上述概述可以得出：(1) 翻译人才培养模式和管理模式还处于摸索时期，加强人才特色培养，避免人才培养的同质化问题，以及随之产生的课程设置研究应是今后研究者关注的问题。(2) "为避免出现人才培养的同质化问题，各校在 MTI 教育中都面临着如何将学校传统特色和学科定位与 MTI 的特色建设有机结合的问题。"[②] 并且，细化到每门课程的研究也是今后必然出现的趋势。(3) MTI 培养的是应用型人才，随着毕业人数的递增以及他们在工作岗位上逐年的磨炼和发展，研究者将会通过对用人单位和社会反馈意见的调查，研究调整课程设置及能力培养实践环节。

我校的翻译硕士培养以法律翻译特色为方向，在《文体学概论》课程的教学研究中将法律翻译特色细化到教学的每一个环节，并且在教学模式设计中体现实践性特点，以实现应用型人才的培养目标。

二 以提高翻译实践能力为目标的教学模式探索

与培养传统学术型人才的教学方法大不相同，突出实践操作能力的翻译硕士专业学位是为培养具有翻译实践能力的应用型人才而设，因此在确定课程教学目标、教学内容和教学方法等方面时应注重学生翻译实践能力

---

① 高黎、崔雅萍：《翻译硕士培养环境实证研究》，《中国外语》2016 年第 1 期。
② 钱多秀、杨英姿：《北京地区翻译硕士专业学位（MTI）教育：经验、反思与建议》，《中国翻译》2013 年第 2 期。

的培养形成过程。必要的翻译理论和翻译技巧的学习之外，更多教学和训练重心应置于帮助学生提高汉语和英语语言分析和鉴赏能力，捕捉蕴含在语义内的文体信息。文本的语义信息和文体信息相辅相成、不可分割，共同承载着文本作者的真实意图和态度。文体学教学着力培养学生对文体风格意义的认知能力，提高学生的文体意识、文体洞察力和文体分析能力，进而使其译文做到既"合意"又"得体"，①从而得到高质量的译文，达到提高翻译实践能力的目标。

1. 设立教学目标

教学模式建设实质上是要解决怎样教才能实现培养目标等问题。教学模式建设要依据学生的实际情况和特点，形成包括教学目标、教学内容、教学结构、教学手段方法、教学评价等内容的教学行为系统。

我校根据国务院学位办的《翻译硕士专业学位研究生指导性培养方案》（学位办〔2007〕78号）中确立的培养目标和实际情况设置我校翻译硕士培养目标为："培养德、智、体全面发展，能适应全球经济一体化及提高国家国际竞争力需要，适应我国社会经济发展和法制建设需要，以法律翻译为特色方向，具有国际视野、创新能力、思辨能力的高层次、应用型、专业性笔译人才。"《文体学概论》课程是翻译硕士的专业方向课，因此课程应以我校培养目标为指导，结合文体学学科特点，形成本课程的教学目标。

文体学研究文本体裁的特征、本质及其规律，是介于语言学、文艺学、美学、心理学等学科之间的综合性学科。课程教学内容包括各种语言要素（包括语音特点、用词倾向、句子特点、修辞手段及章法技巧等）的文体作用、各体英语、汉语的文体特点、文学文体特点、文体学的理论探讨等。"在不同的文体语篇中，源语篇文体知识的匮乏直接影响学生对语篇的解读，即便通过查词典解决了生词意义，语篇意义识解存在障碍，翻译难以为继。"②，因此，文体风格的辨识和再现应是本课程在教学和训练学生翻译实践时的首要考虑，这也构成学生翻译能力的重要方面。综合

---

① 张向阳：《"译意"还要"译体"——文体学视角下的非英语专业研究生翻译教学探讨》，《江西师范大学学报》（哲学社会科学版）2010年第1期。

② 张春燕：《功能文体学视角下的翻译教学探索》，《上海理工大学学报》（社会科学版）2016年第2期。

以上考虑，课程教学目标应是通过课程学习让学生了解文体学的基本概念和理论，掌握文体学的分析方法，并运用这些方法分析不同文体和语体的文本；使学生较系统地掌握各种应用文体（主要包括新闻、公众演讲、科技、法律语言等文体及各种文学文体）的典型特点，以培养学生对各种文学文体及应用文体的写作和翻译能力，进而把文体知识运用到翻译实践中。同时，重视课程学习中的实践环节，培育学生以批判为核心的创新精神；培养学生的应用知识能力和解决问题能力，从而提高其综合素质和能力。

2. 确定教学内容

目前国内没有针对翻译硕士的课程教材，教师可根据国家学位办培养方案的要求、学科的内容特点和本校的培养目标确定教学内容。在确定教学内容时应注意在课程总体结构设计、教学内容选择上，考虑学科和专业特点，体现培养目标的要求；"注重学科基本结构，处理好纵向专深和横向贯通的关系"；[①] 根据学生实际情况进行合理规划；注意本科与硕士教学内容的衔接以及硕士学历层次教育的递进性；突出学生实践内容。形成符合翻译硕士培养目标，突出我校法律翻译特色，课程内容覆盖面广度和深度恰当，体现学科间互相联系的教学内容。根据教学内容采用相应的教学方法，方法设计也应体现在内容的编写中。

教学内容及其确定过程：（1）调研最新文体学研究成果和课程教材，根据学科特点、培养目标与学生实际情况确定教学内容以及各部分内容的比重；增加法律文体概论、法律文体与翻译部分的内容。（2）教学内容分成基本知识、不同文体的特点介绍及分析实践、流派介绍和文体分析与翻译四个模块。分模块安排有利于保持部分教学内容定期进行一定比例的更新、改进，以真实、富有时代感的内容使教材避免陈旧落伍而且可以持续发展。（3）编写文体学分析案例内容。编写包括不同文体和语体的教学案例，其中应以法律文体居多。案例来源真实，例如，无论是中文还是汉语的文学文本可选择经典作品，且有不同译者的出版版本，便于课堂讨论。案例选择应突出问题意识，每个案例应尽可能地体现某个典型的语言特点和翻译问题。最后案例编写还应包括分析过程、指出问题、提供可能

[①] 潘百齐（2000）；转引自常俊跃、于欣慧《高等学校英语专业研究生课程问题研究》，《当代外语研究》2015年第11期。

的思路和对策。（4）在 36 学时的教学中科学合理安排教学内容。在教学实践中，不断检验、考量、评估教学内容。

3. 形成多元化教学模式

教学目标与教学内容联系的建立必须采用与之相应的教学模式，模式适合于教学内容才能达到教学效果。教学模式还要考虑实际教学条件，根据教学目标与教学内容来选择或构建教学模式。

翻译硕士专业是一门实践性、技能性和实用性很强的专业课程。目前"翻译硕士专业教学活动仍然存在以教师为中心、教学模式缺乏互动、学生实际动手翻译机会相对较少等现象。理论和实践课时安排不尽合理，理论课时占了多数时间，这些都偏离了翻译硕士学位注重实践的宗旨。"[1] 因此，我们在开始建设阶段应吸取其他学校的经验和教训，在教学内容安排和教学方法设计过程中突出提高学生翻译实践能力的目标。教学过程应能充分调动学生学习的积极性，使学生成为课堂教学的中心，把培养学生翻译职业的思维能力、分析推理能力和语言表达能力等翻译职业技能放在教学的第一位。

总体上，本课程按照不同模块采用不同的教学方法。根据不同模块的知识特点将教师的知识讲解法或启发引导法，教材的内容陈述或案例采编，学生的分组讨论或课堂展示灵活运用其中，教学方法有机结合在练习中。采用模块组织教学内容有利于教师团队在教材编写和授课环节中的分工合作，发挥特长；也有利于采用灵活的教学方法，诸如改变教学环境、研讨、工作坊、翻转课堂、项目学习和调研等有利于增强学习主动性的方法。教学中可以采用的基本模式如下。

（1）案例教学模式

案例教学模式有助于提高学生在教学活动中的主观能动性，充分发挥学生的主体地位，培养学生的职业能力。教学内容中的案例和案例教学过程设计，打破传统教学的单一性和平面性，使文体学教学走向综合性和立体化。案例选择要体现目的性、典型性、时效性、实践性、难度适中等原则。

文体学案例应包括不同文体和语体的文本，文学文本选择经典作品，目前英语经典作品大都有不同译者的译本出版；汉语作品的选择也遵循同

---

[1] 尚亚宁：《我国高校翻译硕士专业发展：现状、问题与对策》，《现代教育科学》2011 年第 4 期。

样的原则。课堂将学生分组，以学生小组分析讨论为主，形成不同的翻译文本；最后在分析环节，学生与教师一起在学生的文本之间，以及已被认可或发表的文本之间比较赏析。文学文本在准确传达源文本的语义内容外，还应译出文采和意境。文采和意境的传递最能反映出译者的功底。法律文书和经贸合同案例也应以真实为基础，过程与文学文本案例分析相似，法律文本翻译所要求的内容的精确、语言风格的正式及语言格式的规范，都要在学生的练习和分析中不断强调和体现出来。通过这一过程的训练提高学生分析源文本能力、赏析译文的审美能力，从而提高翻译能力。

（2）讨论教学模式

讨论教学模式是以问题为导向的教学模式。通过教师的具体指导，加强学生的自我学习过程。讨论应是硕士培养课堂教学中运用最频繁和广泛的一种教学模式。讨论教学与案例教学相辅相成。

教师首先营造宽松的课堂氛围，让学生敢于发言，说出自己的思路和想法；教师转换成一位启发者、引导者和对话的对象。教师可以文体学理论为突破口，点评学生译文中普遍存在的问题，并提供不同名家的译文，鼓励学生主动思考积极发言，赏析、点评名家译文，重点引导学生关注译者的翻译策略和文体意识。教师在这个过程中，还应指导学生如何发言，如何仔细倾听别人的发言，以及如何评价别人的意见，对于不同的意见如何提出质疑和展开辩论；如果是以小组为单位，还要关注组长如何组织大家讨论，然后集中意见向全班汇报交流；等等。因此，讨论教学模式不但可以提高学生学习的主动性，达到良好的教学效果；而且还锻炼学生的语言表达能力、沟通能力、合作能力等，从而全面提高学生的素质和能力。

（3）合作学习模式

该模式利用教学动态因素间的互动促进学生学习，以团体成绩为评价标准以达成教学目标。MTI教育突出对学生职业能力和实践能力的培养，更加注重学习过程。另外，职业素养既包括专业技术技能，还包括协作、沟通能力。合作学习通过改变学习方式，融合专业知识学习与沟通、合作技能培养；增强学生的团队合作能力。合作学习模式中可将学生分成小组，借鉴翻译公司的操作流程，让学生模拟分工合作，快速且保证质量地完成翻译任务。

在实际操作中，不是仅限于以上模式，也不是单独执行这些模式，而是将它们内在地融合起来，充分发挥各种教学模式的优点。总之，多元化教学模式的灵活性对教师提出更高要求，教师要根据不同的授课内容进行相关的问题设计与教学活动设计。

三 结语

作为陕西省培养翻译硕士的政法类院校，人才培养目标突出法律特色，突破翻译硕士培养的同质化趋势。课程建设要以此为指导展开。课程教学内容整合语言学、心理学、美学、文学批评、翻译等学科内容，打通不同课程的界限，建构跨学科知识，克服研究生的知识结构过于专门化、知识面窄、适应能力较差的倾向；有利于提高MTI学生外语语言能力和双语互译能力，加强培养综合素质，包括沟通能力、协调能力、跨文化交流能力等。凸显提高实践能力的教学模式，也符合当下研究翻译硕士能力培养趋势，有助于探讨教学与培养学生能力的关系。

探索《文体学概论》课程的教学，尤其是适合政法类院校人才培养特色的课程研究，对翻译硕士的课程建设，特别是政法院校翻译硕士培养的合作与交流具有重要意义。

Study on the Teaching Mode of inTroduction to Stylistics in MTI Program

Liu Hongling

Abstract: The cultivation of MTI should be combined with the discipline advantages of the university, and highlight the construction of the subject characteristics and the distinguishing features of talent training. This paper, according to the training goal of MTI program, explores the teaching mode of *Introduction to Stylistics*, including its teaching objectives, teaching content and the teaching mode with the aim of improving students' translatingabilities.

Key words: cultivation of MTI; *Introduction to Stylistics*; teaching mode

"SPOC + FC"混合教学模式：
内涵、特点及实施条件[*]

周　倩　曹天平　王松洁　赵志敏[**]

摘　要："SPOC + FC"混合教学模式是一种新的基于信息技术的课程教学组织模式，为校内大学生提供学习平台，具有教学对象指向性、教学空间多重性、教师群体分化性、教师角色多重性、学生学习灵活性、评价方式多样性和认知方式合理性等七个特点。该模式的有效实施需要高校、学生、教师三个主体的协同配合，高校从政策、管理、经费、硬件和环境方面给予支持；学生需要线上线下齐参与；教师需要高度认同、主动学习并且大胆尝试。

关键词：小规模限制性在线课程；翻转课堂；教学模式

一　"SPOC + FC"混合教学模式的内涵

SPOC（small private online course），即小规模限制性在线课程，是针对某一特定群体提供的在线课程、在线测试、在线讨论交流等。自2013年阿曼多·福克斯教授提出SPOC这一理念后，哈佛大学、清华大学等国内外高校纷纷实施该模式。到目前为止，从生源角度进行分类，SPOC实施目标对象可分为四类：第一类是从全球范围内选择符合限定条件的学生。学生在线观看视频、完成自测、参与在线讨论和最后的作业，即全程在线的SPOC。第二类面向校内学生。筛选积极性高的不同层次的学生参与SPOC课程，然后采用翻转课堂，课堂上讨论答疑、测试的模式，属于

---

[*] 基金项目：河南省教育厅人文社会科学研究项目"MOOC时代背景下大学生思想政治教育教育方式面临的挑战与对策研究"（项目编号：2015-ZD-051）。

[**] 周倩：郑州大学教育学院，教授、博士，硕士研究生导师，主要研究方向：高等教育理论、政策与管理研究。曹天平：郑州大学教育学院硕士研究生。王松洁：郑州大学教育学院硕士研究生。赵志敏：郑州大学教育学院硕士研究生。

"SPOC+FC"(flipped classroom)混合模式。第三类是学校联盟内的学生。他们可以选择联盟共同开发的不同的SPOC课程，在线完成要求后，参加线下校内组织的考试，通过者即可获得学分，属于"SPOC+线下"测试的混合方式。第四类是在职人员。为他们提供有针对性的在线课程，用于培训和提升学员能力。这里主要针对校内学生，结合翻转课堂实施的混合教学模式。从SPOC来源角度可分为三种：第一种是每个学校自己开发制作的；第二种是MOOC资源平台提供的；第三种是将MOOC资源、精品课程进行调整改进，作为SPOC视频资源。

FC，即翻转课堂，是2007年美国科罗拉多州森地公园两名高中化学教师乔纳森·伯尔曼和亚伦·萨姆斯创造的教学模式。他们让学生课前观看录制好的视频，课上完成作业并进行疑难问题讲解。这种教学模式被称之为翻转模式，即学生课前完成知识的接受与汲取，课堂上完成知识内化。教师由之前的纯粹传授者，逐渐成为引导者、解惑者等多重角色。教学平台由以教科书、PPT等资源为主，演变成以有声有色的视频资料为主。翻转课堂根据翻转的程度分为两种：一种是完全翻转，即该课程每一章节都采用学生提前观看视频、课上解惑交流的模式；另一种是该课程的部分章节采用翻转课堂、剩余章节采用传统课堂的模式。

"SPOC + FC"混合教学模式是一种新的基于信息技术的课程教学组织模式，为校内大学生提供学习平台。平台资源源于校内资深教师的讲解视频，或者优质的MOOC资源，或是将已有的精品课程改良，由专业团队制作视频，学生课前可以随时随地观看视频，完成在线测试题，在在线讨论区提出问题，由教师或助理或者同学进行答疑。教师依据后台数据分析学生观看视频次数、时长及存在的主要问题；教师在课堂上简要将课前视频进行串讲，然后通过分组讨论及师生交流解疑释惑。"SPOC+FC"混合教学模式属于先学后教、课前看视频及参与检测、课堂上讨论解惑的方式，有别于传统课堂上教师授课、课下学生自学的教学方式。

二 "SPOC+FC"混合教学模式的特点

教学对象指向性。该混合模式面向的主要是校内学生，选取学习层次水平相近、专业相似的申请者，其学习能力与需求上具有相近的特质。这样有助于教师根据这一群体的需求层次，有针对性地制作或修改在线视频，从而贴切满足学生对知识传授方面的要求，集中解决学生在线提出的疑惑问题，达到提高课堂讨论效率、方便教师兼顾不同学生的目的。

教学空间多重性。学生课前观看在线的教学视频，并完成视频中间设置的测试，实现对理论知识的吸收汲取；课堂上通过小组讨论和测试，深化对知识的理解；教师根据学生课前掌握情况及课堂讨论发言情况，重新为学生梳理知识体系并解惑答疑。相比较传统课堂，教学主要集中于课上，该模式实现了课前与课上的结合、线上与线下的契合，突破了课堂空间限制，方便学生在线与教师、学生的互动交流，为课堂分组讨论创造空间与时间。

教师群体的分化性。部分课程可能需要学校结合本校学生的情况自己制作视频资源，优质的课程资源需要由资深的、擅长讲课的教师来讲解，其他教师更多是负责在线答疑、课堂管理，这就意味着教师群体内部出现了明星教师与普通教师的分化。

教师角色多重性。传统课堂上教师主要扮演传授者的角色，在"SPOC+FC"混合模式里，教师更多地担当的是线上解惑者、课上讨论组织者、引导者、知识体系整合者、终极答疑者。在传统教学模式中，教师更多地把时间用于内容的传授，小部分时间用于解决学生的疑惑，在此混合模式中，教师从重复讲课的教学活动中解放出来，花费少许精力用于梳理知识，更多地投入到学生线上的答疑、对在线学习状况数据分析、整理出学生存在的问题、有针对性地组织课堂进程。

学生学习灵活性。学生在知识吸收这一环节，可以按照自己的学习活动计划，组织安排课程视频的学习，充分利用空闲零碎时间，随时随地观看在线视频，并提出问题。自己能够灵活掌握学习进度，及时调整学习进程，课前清楚存在问题与不足，线上与课上争取有效解决，实现学习无死角。

评价方式多样性。该模式中，一方面可以利用后台在线数据，分析学生观看视频的频率、时长、在线讨论的活跃度、贡献程度和在线自测的结果评价；另一方面可以利用课堂上讨论的表现、发言来考评学生，也可以通过学期结束的考试来衡量，多种考评方式可以真实有效地对学生的学习状况进行评价。

认知方式合理性。布鲁姆教学目标分类法将课堂时间分为记忆、理解、应用、分析、评估和创造六个阶段，而对于记忆和理解部分可以通过课前在线视频传授，如此，教师可以把宝贵的课堂时间用于较高层次的分析、应用创造活动，符合学生的认知顺序，也能强化学生的学习质量。利用斯金纳条件反射加强行为的视角来审视教学方式与布鲁姆教学目标分类法的关系，把讲课作为教学方式，即学生听讲行为被加强，那么学生将仅仅在记忆和理解层次学习；如果采用主动的、合作的教学方式，即学生主动行为（互动和讨论）被加强，那么学生就将在更高的认知层次上学习。[①]

三 "SPOC + FC"混合教学模式的实施条件

"SPOC + FC"混合教学模式主要涉及学生、教师和高校三个主体，SPOC平台和实体课堂是该混合模式的载体，学生和教师是实施该混合模式的"两翼"，高校是师生有效应用的"机体"。促进该混合模式的有效应用，需要学生、教师和高校三个主体具备充分的条件。

（一）学生线上线下齐参与

1. 了解并愿试新模式。"SPOC + FC"混合教学模式属于典型的以学生为中心的教学活动，学生是这一模式重要的参与主体。DTPB模型认为，态度越积极，越容易产生某种行为，具体包括感知有用性、感知易用性和兼容性。因此，高效应用的前提，一是学生要从认知态度上积极主动接受该混合模式，愿意了解参与模式各环节。二是学生要充分掌握其学习流程方式，以便合理分配时间及充分利用相关要素，能够理性看待该模式优势特点，并结合自身的学习习惯适应接纳。

2. 保证视频学习有效。视频学习效率直接影响学生课堂环节学习效果。学生一要能够接受视频授课的方式，愿意使用精品课程视频资源，不拘泥于教师的教学风格。二要积极有效学习视频课程。线上学习成效直接影响到课堂环节学习效果，因为课堂上教师要针对学生线上学习情况进行知识点梳理、问题答疑、内容拔高、课上测试等，这些都需要学生课前有效掌握知识点内容。倘若学生视频学习效率低下，不仅浪费时间，还会影

[①] [美]乔纳森·伯格曼、亚纶·萨姆斯：《翻转学习——如何更好地实践翻转课堂与慕课教学》，王允丽译，中国青年出版社2015年版，第80页。

响课堂效果，产生课堂上听不懂、跟不上节奏等问题。

3. 乐于加入虚拟空间。学生 SPOC 在线空间的参与度直接影响教师课堂教学计划。由于 SPOC 后台数据可以记录学生学习时间段、时长、测试内容的正确率、课程完成度等一系列课前学习状况，为教师真实有效了解学生具体情况提供第一手资料，方便教师有的放矢答疑解惑，灵活安排课堂流程。SPOC 平台上的视频、讨论活动区及测试题，学生需要在学习浏览视频章节过程中认真完成规定内容，根据掌握情况在讨论区提出疑惑点或者积极回答其他同学的问题。学生可以在在线讨论中碰撞火花，激发学习热情，深化对知识点的理解。

4. 积极融入团队合作。团队合作是 "SPOC+FC" 混合模式实施过程的常见形式。线上环节，教师可以把学生分为若干小组，共同完成一些项目设计等，课堂环节以学生为中心，亦多以小组讨论形式开展，以团队方式共同解决教师预设的问题，需要每位学生充分融入小组讨论，集思广益克服难题，为小组的荣誉而认真准备，敢于在公共场合代表组员汇报讨论成果。因此，学生具有团队意识、挑战精神、表达能力，敢于提出问题，提出质疑，同时学会倾听，乐于助人，分享自己不同的见解，以己之长补他人之短，共同成长，十分必要。

5. 拥有整合资源能力。资源整合能力是学生采用该混合模式快速成长的重要条件。知识爆炸时代，学生每天浏览接触的信息庞杂，要求学生课前具有对在线视频资源梳理总结的能力，整合线下相关学习资料信息的能力，厘清脉络、强化把握知识体系的能力。课后环节，要求学生及时梳理总结，正所谓"好记性不如烂笔头"，课堂上其他同学好的观点见解、教师的讲解以及对疑难问题的解析，都需要学生归纳整理。此外，学生可以把自己对某一知识点或项目版块的独到见解编辑到 WIKI 区域，实现学生共同体学习共享，亦方便学生展示个人才华。

（二）教师接受并且能力够

1. 主动学习并认同新形式。在 "SPOC+FC" 混合教学模式中，学生是线上线下的中心，而教师则是贯穿中心的灵魂人物。教师主动认可并愿意使用该模式是至关重要的。根据行为认知理论，教师对该模式的主观接受度对后面各环节执行效果影响很大。首先，教师要了解该混合模式涉及哪些方面，比如对掌握信息技术方面的要求、课堂组织要具备什么样的能力、线上线下扮演什么样的角色、师生间形成什么样的关系，达到对该模式有一个清晰认知。其次，教师要对比传统课堂，挖掘该混合模式的优势特点，结合自己专长，思考其应用的注意事项、适用范围，主动采纳应用。普通高校专任教师年龄统计结果显示，40岁以下的教师占到48.37%，40岁以上的教师占到51.63%，"80后"教师只占到26.6%。一般而言，40岁以上教师从教十年左右，教学方式较为固定，教学理念较为传统，相比较学生，接受新事物的速度慢、态度不那么积极。"SPOC+FC"混合教学模式的应用需要根据教师的年龄、心理结构差异有所侧重。

表1　　　　　　　　　2014年普通高校专任教师年龄分布①

年龄 职称	29岁 及以下	30—34 岁	35—39 岁	40—44 岁	45—49 岁	50—54 岁	55—59 岁	60—64 岁	65岁 及以上
正高	36	1388	8546	27046	49651	54894	31673	10103	5795
副高	946	29731	93920	114329	97432	71694	29489	6854	4230
中级	55605	245018	170126	77349	35753	21037	7278	1205	358

2. 具备学识、能力等综合素质。渊博的知识是教师提高学生热情的前提，能够对学生提出的各种问题给予指导，对学生探索求知产生潜移默化的作用。SPOC平台中涉及视频资源筛选制作、在线讨论、后台数据分析，课堂上涉及多媒体技术、应答器等技术工具应用，需要教师具备相关的技术素养，以适应该模式技术要求。首先，教师需要在课前调查了解学生的认知状况与学习需求，对比MOOC资料和精品课程，决定自己是制作视频还是改良已有的视频抑或采用现成的资源，确保在线资源能够满足学生的需求。其次，教师要制订章节计划，根据课程需要设置测试题，并对学生的测试结果进行数据分析，使课中答疑具有针对性。最后，该模式需要教师对学生在线学习情况进行数据整合，为课堂环节设计提供依据。

3. 灵活有效组织管理课堂。课堂组织管理是教师实施翻转教学的关键环节。如何有效利用课堂时间、如何提升学生认知能力、如何提高学生团队协作效率、如何保证"SPOC+FC"混合教学模式发挥最大优势最终落脚于教师的课堂组织。首先，教师要善于把学生进行科学分组，处理好

---

① 中华人民共和国教育部：http://www.moe.edu.cn/s78/A03/moe_560/jytjsj_2014/2014_qg/index_2.html。

小组间、小组内关系，激发每一组的课堂热情。其次，要善于引导学生思考，对学生间的讨论有精辟的点评，针对课堂进展状况灵活合理地分配时间。最后，教师要善于引导控制课堂进程，对突发状况有预判，能够及时有效地处理。

4. 愿意并擅长多渠道答疑。多渠道答疑是巩固师生关系、提升学生效率的内在要求。"SPOC+FC"混合教学模式为师生交流提供了多维空间平台。及时解答学生的疑惑，将会激发学生的学习热情，培养他们的探索和质疑精神，调动在线互动的主动性和积极性，提高学习质量。此外，教师能够接受个别学生通过QQ、微信、邮箱和短信等方式交流请教，为师生交流提供多个渠道，提高师生互动频率。

（三）高校软硬条件较完善

1. 政策支持。首先，课时的制定要有弹性，教务系统应方便快捷。由于该模式在实施中课堂时间因课程性质而定，需要教务部门采用灵活的课时计划，比如说文科类理论性强的科目采用此模式时，课堂时间可能会比传统课时少，那么在制定教学大纲时要适当缩短课堂课时；而针对实验性比较强的理工科类专业课，疑难点比较多，实验环节比较复杂，需要安排较传统课堂更长的课时。这就需要教务部门在教学大纲制定时采用弹性制，区别对待不同科目。该模式中对学生的评价包括在线测试评价和考试测评，需要管理部门改进教务系统，实现与在线系统的无缝对接，方便数据录入，提高评价效率。

其次，教师考评要差异化，校内外合作保持通畅。不同课程的教师在该模式的投入时间存在差异性，有的教师全程负责视频的改进制作、PPT等课件资源，有的教师在在线互动中投入时间比较多，因此，对教师评价要调整考评指标，在制定教师绩效时也要适当考虑。高校管理部门合理分工，各司其职。由教务部门牵头，联合网络、信息、教育技术等部门，为课程教师制作在线视频资源保驾护航。这是该模式顺利实施的重要条件。此外，管理部门应积极主动与其他高校就视频资源、联合教学等进行商谈，做到合作共享。

2. 硬件支持。首先，要完善后台数据分析服务系统。分析学生在每一个特定时间段的学习行为和学习效果，比如每周花多少时间观看教学视频，多少时间在做题，做题的正确率如何，有多少学生连续两次没有提交线上作业,哪些学生线上学习活跃度过低,哪些学生需要通过线下监督防止掉队等。

其次,要能保证多人同时使用在线视频资源。为学生在线学习提供了良好的硬件条件,促进其学习热情。建立校内 SPOC 平台,方便上传视频、课件,建立讨论区、WIKI 区,方便学生点击获取资料,在线互动交流,鼓励部分学生尝试编辑新的术语、课程词汇。

再次,要完善在线视频工具。教师和学生需要比如电脑、手机 App 软件等工具,教师制作视频时需要录播系统等。此外,要有完备的后台数据分析系统,以保证视频正常上传,对学生学习行为进行数据分析,对在线测试进行打分,自动生成包括"课程热度、课程健康度、学习进度、学习活跃度",包括学习者七日活跃度、学习者总规模、讨论区发帖回复率、讨论区人均互动与次数、讨论区参与规模等,及时监督学生的学习状况。同时,要结合现实课堂中师生的学习经验进行对照研究,精准进行个体与群体学习行为的解读和统计分析,实现以科学的统计数据指导教学创新发展。

最后,要完善教室设施。建立基于软件或硬件实现的教室应答系统(CRS 或 clicker),"实时搜集和统计学生对教师在课堂上提出问题的反馈,即教师讲一段内容,马上就能知道完全听懂、部分听懂、完全听不懂的学生比例有多少;教师布置一道练习,很快就能知道完全正确、部分正确、完全错误额比例,采用此方式可以实现提高课堂参与度的目标。"[①]由于该模式课堂环节涉及小组讨论、分组展示,要为学生提供一个活跃、有朝气的平台,教室场地设施及空间布置要有别于传统课堂教室,更多摆放圆形桌椅,营造出师生平等、探讨问题的氛围。教室要覆盖无线网络,方便学生携带电脑搜集相关资料,提高课堂参与热情。

3. 管理支持。管理部门要为该模式实施提供经费、环境、人力等方面的保障。经费支持可以使该模式在硬件平台开发、后台服务与安全维护、优质资源共享方面顺利进行。环境和人力支持能够使该模式在教师关系协调、突发问题状况解决上得到有效保障。要积极搭建专业型管理团队,包括校领导、教务员、信息管理员、学生事务管理者、技术服务者、后勤保障者等,专门负责"SPOC+FC"混合教学模式的应用推广和高效

[①] 于歆杰:《以学生为中心的教与学》,高等教育出版社 2015 年版,第 202 页。

运行。

The Mixed Teaching Mode of "SPOC+FC": the Connotation, Charac-Teristics and Implementing Conditions

Zhou Qian Cao Tianping Wang Songjie Zhao Zhimin

Abstract: The mixed teaching mode of "SPOC+FC", a new organizational mode of teaching based on information technology, can provide students with a learning platform and has seven characteristics: the directionality of teaching object, the multiplicity of teaching space, the differentiation of teacher groups, the multiplicity of teacher's role, the flexibility of learning, the diversity of evaluation methods and rationality of cognitive style. The effective implementation of the mode requires universities, students and teachers to cooperative with each other. Universities and colleges should support with such means as policy, administration, expenditure, hardware equipment and environment. Students are encouraged to participate in the online and offline teaching process; and the teaching mode also needs to be recognized by teachers who are suggested to learn and attempt actively.

Key words: small-scale limited online course; flipped classroom; teaching mode

《经济法学》课程探究式教学方法的探索与实践[*]

田静婷[**]

摘 要：探究式教学模式是培养卓越法律人才的重要手段，本文首先在理论研究的基础上尝试提出了"一个中心、两个基本点、三种方式"的多元化阶梯式探究式教学模式，继之以《经济法学》课程为例通过问卷调研指出了当前法学教学领域探究式教学的缺失，并对该门课如何推进探究式教学模式提出了具体的设计和构想，最后从提升教师水平、完善评价体系、聘请客座教授等方面提出了实施探究式教学模式政策层面的若干建议。

关键词：探究式教学；经济法；案例教学；应用能力

2011年教育部"卓越法律人才教育培养计划"正式启动，该计划以提升法律人才的培养质量为核心，以提高法律人才的实践能力为重点。法学应用型人才的培养，对法学专业人才的素质提出了新的要求。同时，也给法学课程的教学改革模式提出了更高的目标。法学作为实践性很强的课程，培养学生的实践能力是重中之重。如何在教学中既关注法律的基础理论体系，又能适应社会经济的需要，培养实践型、应用型法学人才，推动法律教学从理论法学向实践法学转变，应是法学课程建设和教学模式改革的主要任务。

一 探究式教学模式的理论与现实基础

教学模式是在一定的教学思想或教学理论指导下建立起来的各种类型

---

[*] 基金项目：西北政法大学教改项目"经济法课程探究式教学法的探索和实践"（项目编号：XJY201211）。

[**] 田静婷：西北政法大学经济法学院，副教授，主要研究方向：经济法。

的教学活动的基本框架，表现教学过程的程序性的策略体系。它是教育思想、教学理论、学习理论的集中体现。教学结构的改变必然会触动教育思想、教学观念、教与学的理论等根本性的问题，因此，构建科学、合理、有效的教学模式对学生实践能力的培养具有事半功倍的效果。探究式学习最先是由英文"Inquiry Learning"翻译过来的，施瓦布将其定义为：学习者自主地参与获得知识的过程，掌握研究自然所必需的探究能力；同时，形成认识自然的基础——科学概念；进而培养探索未知世界的积极态度。这里强调的是通过"自主地参与获得知识的过程"同时形成科学概念和探究的能力[1]。因此，探究式教学模式是指在教学过程中，要求学生在教师的指导下，通过"自主、探究、合作"为特征的学习方式对当前教学内容中的主要知识点进行自主学习、深入探究并进行小组合作交流，从而达到获取知识、发展能力的一种教学模式。

笔者在美国访学期间，走访了哈佛大学、芝加哥大学、西北大学等大学的法学院，通过对美国法学院教授的授课模式和教学方式的学习和研究，感受颇深。美国法学院教育的主要目标是培养未来的法律从业人员，课程设计主要围绕法律专业知识和法律实务技能两方面展开。由于美国是判例法国家，作为实际的裁判依据，如何分析判例就成为法学院教育的重要内容。为了让学生学习掌握浩如烟海的判例，美国教授经常在课前布置大量的案例阅读预习。在课堂上进行启发式的授课，通过教授提问、学生回答的方式对案例进行分析，勾勒出案件的分析过程，也就是所谓的"苏格拉底式"的教学方法。这种教学方法所关注的是学生的论证能力，在没有标准答案的前提下，学生必须在课前做大量而且充分的准备，以应付课堂上教授寻根究底的追问。在这样的训练下，学生不仅对法学理论及法条熟记于心，而且在将其灵活运用的同时也提前进行了法庭辩论的演练。而这种教学方法的精髓正是本课题所研究和探索的"探究式教学模式的方法"。尽管中美两国在法学教育上存在的差异主要是源于两大法系本身的差异，但美国的法学教育模式、规模和质量等方面都为世界各国所瞩目，成为许多国家法学教育改革所借鉴的对象。我国受大陆法系的影响，普遍实行的是传统的课堂讲授教学法。一方面与我国成文法的特点相

---

[1] ［美］玛丽埃伦·韦默：《以学习者为中心的教学——给教学实践带来的五项关键变化》，洪岗译，浙江大学出版社2006年版。

适应。大陆法系国家的法律规则比较抽象，对理论强的教材进行讲授，有助于学生系统地学习一般的法学原理和法律规则。另一方面与我国的应试教育相适应。我国的法学院校考查学生的成绩一般都采取书面答卷的形式，课堂讲授的教学方法便于学生记笔记、背笔记、考笔记，因而是学生取得好成绩的一种教学方法。美国法学院注重学生的实际职业能力、职业的思维能力和信息获取能力的培养。而这种能力只有通过知识与实践的相互作用才能获得。美国这种教学方法最大的优越性在于，通过重点性的判例教学和探究式的课堂模式把律师职业中必须具备的知识能力、思维能力和获取信息的能力有机地融合在整个的教学过程中，加强了能力的训练，通过学生对判例法知识的深化处理，最大限度地使知识本身转化为一种认识法律的能力，这种能力赋予了知识的无限创造性。而探究式教学模式的目的就是在于培养学生的创新精神和实践能力，因而知识与能力的获得主要不是依靠教师进行强制性灌输与培养，而是在教师的指导下由学生主动探索、主动思考、亲身体验出来的。与以传统的灌输、记诵、被动接受为特征的教学模式相比，探究式教学体现了独特的见解和主张，具有新颖而丰富的内涵。它不仅可以较深入地达到对知识技能的理解与掌握，更有利于创新思维与创新能力的形成与发展。探究式教学使学生由被动接受知识变为主动去获取知识，培养学生的观察能力、动手能力和创新能力，让学生学会发现问题、解决问题。在解决问题的过程中培养学生学习的兴趣，全面提高学生分析问题、解决问题的能力。

二 探究式教学模式的构建框架

探究式教学模式区别于"教师口授、板书，学生耳听、笔记，以教师为中心"的传统教学模式，也不完全等同于"基于建构主义的学习理论和教学理论的以学生为中心"[①] 的现代教学模式。而是倾向于"主导—主体论"，即以教师为主导、以学生为主体，在建构"自主、合作、探究"式课堂教学模式时，充分考虑传统教学模式和现代教学模式的优势互补：在这种模式下，学生是主体、是中心，学生的地位将由传统模式的

---

① 巩丽霞：《应用型本科高校经济法教学改革探讨》，《黑龙江教育》（高教研究与评估）2009 年第 10 期。

被动接受者转变为主动参与者，学生将成为知识的探索者和学习过程中真正的认识主体；同时，这种教学模式也并不忽视教师的地位和作用，而且强调教师角色的变化，"在整个教学过程中起组织者、指导者、帮助者和促进者的作用，最终达到使学生有效地建构当前所学知识的意义的目的"。具体来讲，探究式教学模式就是学生在教师的指导下，以问题解决为核心参与认知过程，通过案例分析等的训练达到对理论知识的理解和掌握。即"一个中心、两个基本点、三种方式"，以学生为中心，以自主学习和参与分享为基本点，以团队学习、问题引导、积极思考为方式。具体来讲，探究式教学模式主要包括以下五方面内容。

（一）创设情境

教师应当根据教学目标的要求和教学的进度来确定相应的知识点，一旦确定后就要通过问题、任务等多种形式，使用适宜的教学手段来创设与此学习对象相关的学习情境，引导学生进入目标点的学习。

（二）启发思考

学习对象确定后，为了使探究式学习切实取得成效，需要在探究之前向学生提出富有启发性、能引起深入思考并与当前学习对象密切相关的问题。

（三）自主探究

探究式教学模式因为采用"自主、探究、合作"的学习方式，所以在教学过程中特别强调学生个人的自主探究，以及在此基础上实施的小组合作学习活动。

（四）协作交流

本环节与自主探究紧密相连，学生只有在经过认真的自主探究、积极思考后，才可能进入高质量的协作交流阶段。

（五）总结提高

教师通过引导学生对问题进行回答与总结，对学习成果进行分析归纳，并可联系实际，对当前知识点进行深化、迁移与提高。

三 以《经济法学》课程为例对探究式教学模式的调研

(一) 本科专业学生对经济法学课程的学习现状

本课题组成员本次共发放问卷 500 份，收回有效问卷 480 份，问卷回收率达到 96%。本次调研对象为本校经济法、民法、行政法、刑法专业的本科生，主要针对大一、大二、大三三个年级。本次调研分别从大学生"对经济法学的认识""课堂形式""师生交流方式""对经济法教学方法的看法""对探究式教学方法的评价"等几个版块进行调研，对教学方式、对经济法学的认识、师生交流等几个方面做了重点研究。

1. 对经济法学这门课的认识

针对不同专业不同年级的学生，根据统计结果，40%的学生是期待获得对经济法现实的认识能力，有32%的学生期待能将经济法学的理论知识转化到日后的工作中，15%的学生认为经济法学是一门专业基础课，13%的学生想通过学习得到学分。78%的学生认为学习经济法学的目的是理解和分析经济现实。对经济法学中的跨学科知识的运用基本上是能够接受的，65%的学生赞同运用其他学科的方法来更加清晰地解释经济法学的理论，73%的人认为经济法学与经济学的联系很紧密。对于经济法学理论的适用性和实用性（见图1），58%的学生认为理论与现实有一定的差距。学生对教师讲解的范围和大纲的要求，就是尽量缩小范围，挑实用的讲，讲解透彻，而不是泛泛地涉及很多知识点而没有讲透。在学习经济法学的态度方面，54%的人认为是在应付考试，38%的人非常喜欢，而8%的人表示不喜欢学习经济法。

2. 教学内容和教学方式

（1）课堂教学方式和内容方面

在教师课堂教学方式和内容方面，有46%的学生喜欢教师在课堂上提问，与学生互动；42%的学生喜欢教师一个人讲完全部课程；12%的学生不喜欢被老师提问。63%的学生赞成教师讲解理论，学生参与案例讨论；21%的学生认为由教师一个人把理论和案例全部讲完。对于课堂教师提问，52%的学生认为很有挑战性。55%的学生认为教师在讲解理论的同

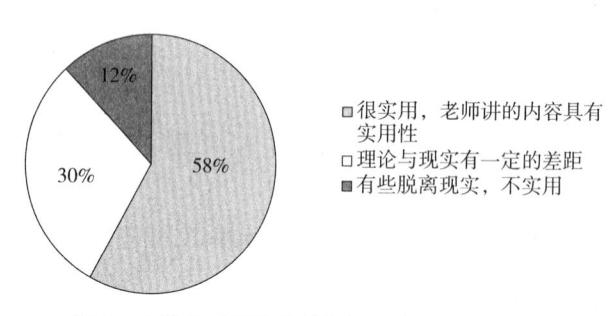

图1 大学生对经济法学课程理论实用性的看法

时应辅助讲解案例能学到很多知识,印象更深;只有7%的人认为仅仅通过理论知识的讲解能够学到知识。有22%的学生希望老师在课堂上讲解理论多、案例少,有78%的学生希望老师在课堂上讲解理论少、案例多。在课件的使用方面,55%的学生倾向于使用以PPT为主、板书为辅的教学展示方法,21%的学生认为应以板书为主。62%的学生认为课件制作不一定与教材匹配,但要能体现出基本理论框架。对课堂互动式教学方法,65%的学生认为非常喜欢,25%的学生认为喜欢,10%的学生认为一般。(见图2) 在对教师上课的首要要求方面,45%的学生希望教师上课能讲课充满激情,上课动听,更有利于调动学生的积极性;32%的学生希望教师讲课能够逻辑性强,更有利于学生掌握和理解所学内容;23%的学生只

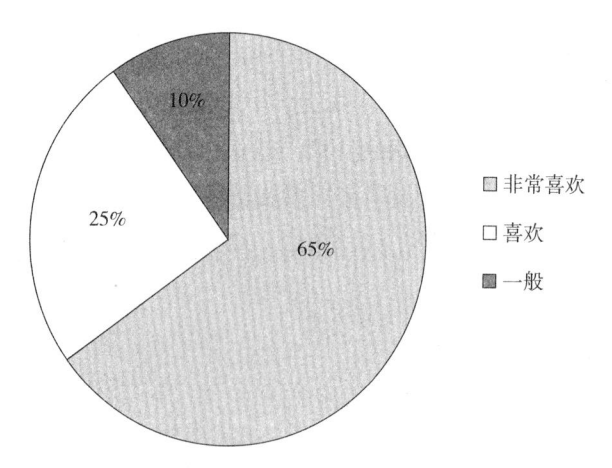

图2 大学生对课堂互动式教学方法的看法

是希望教师上课内容能够使考生容易过关。在"你比较喜欢的课堂形式"这一问题中,58%的学生喜欢老师提出问题、讨论问题、归纳结论;23%

的学生喜欢合作交流；14%的学生喜欢老师讲授；5%的学生喜欢自学（见图3）。

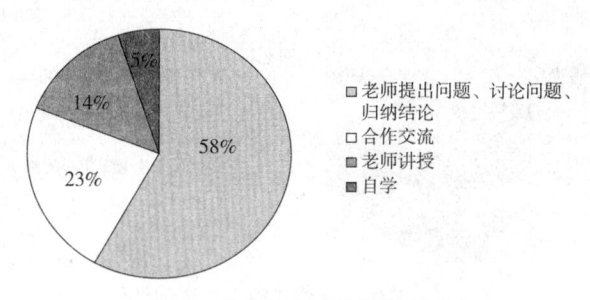

图3　大学生喜欢的课堂形式

（2）作业完成方面

在作业方面，26%的学生认为能很认真地完成老师所布置的书面作业（论文或案例分析），58%的学生认为能较认真地完成老师所布置的书面作业（论文或案例分析），12%的学生认为能马马虎虎地完成老师所布置的书面作业（论文或案例分析），只有4%的学生认为能完成一部分或不完成。在阅读相关书籍或期刊等学术资料方面，25%的学生认为能很认真地完成，47%的学生能较认真地完成，15%的学生能马马虎虎地完成，13%的学生能完成一部分或不完成。在交流学习方面，有22%的学生能很认真地完成，有30%的学生能较认真地完成，有38%的学生能马马虎虎地完成，有10%的学生能完成一部分或不完成。在总结归纳、完成阶段性知识的梳理方面，有5%的学生能很认真地完成，有25%的学生能较认真地完成，有48%的学生能马马虎虎地完成，有22%的学生能完成一部分或不完成。（见表1）

表1　大学生关于作业方面的完成情况

	很认真	较认真	马马虎虎地完成	完成一部分或不完成
书面作业（论文、案例分析）	26%	58%	12%	4%
阅读相关书籍或期刊等学术资料	25%	47%	15%	13%
交流学习	22%	30%	38%	10%
总结归纳、完成阶段性知识的梳理	5%	25%	48%	22%

（3）课程学习方面

在课程学习方面，有12%的学生能非常积极地进行资料收集，

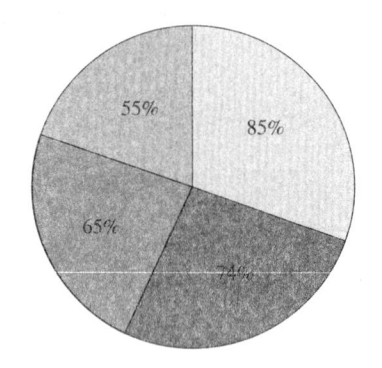

图 4 大学生对探究式教学方法的评价

完成课前预习；有46%的学生能积极地进行资料收集，完成课前预习；有42%的学生不能积极地进行资料收集，完成课前预习。在关注与经济法学相关的图书、期刊和网站方面，有15%的学生能非常积极，58%的学生积极，27%的学生不积极。在提出与课程学习有关的问题方面，有17%的学生非常积极，43%的学生积极，40%的学生不积极。在进行研究和调研方面，有15%的学生非常积极，35%的学生积极，50%的学生不积极。在自主交流学习方面，有20%的学生非常积极，38%的学生积极，42%的学生不积极。在开展主题讨论方面，有15%的学生非常积极，42%的学生积极，43%的学生不积极（见表2）。

表2　　　　　　　　大学生关于课程学习方面的情况

	非常积极	积极	不积极
进行资料收集，完成课前预习	12%	46%	42%
关注与经济法学相关的图书、期刊和网站	15%	58%	27%
提出与课程学习有关的问题	17%	43%	40%
研究和调研方面	15%	35%	50%
自主交流学习	20%	38%	42%
主题讨论方面	15%	42%	43%

3. 对"探究式"教学方法的效果评价

在学生对"探究式教学"课堂的评价方面，有68%的学生表示非常喜欢，有27%的学生表示喜欢，有5%的学生表示不喜欢。在"谈谈你对探究式教学方法的看法"这道题时，有85%的同学认为探究式教学方法有助于提高他们分析问题、解决问题的能力。有74%的同学认为探究式教学方法有助于理解相关理论和知识点。有65%的同学认为探究式教学方法促进了他们上课的积极性和主动性。有55%的学生表示探究式教学方法提高了他们学习本门课程的兴趣。

（二）原因分析

1. 对经济法学认识的原因分析

应用型本科院校的定位强调所学专业的实用性，尤其是实践性极强的法学专业，学生学习每一门课程，其目的都是要能够在未来的工作和应用中找到用武之地，因此，对经济法学的学习往往和自己的专业结合起来，觉得实用性没有专业课那么强。学生对经济法学的期待都是想增强对经济现实和解决实际法律问题的能力。

2. 对教学内容和教学方式的原因分析

在教学内容上，学生不喜欢在课堂上发言，通过了解，主要是由于学生认为课前看书预习、阅读相关的资料会花费很多时间，而且也不愿意关注，懒得去关注，应该说这种心态普遍存在于当前中国的大学生当中，有的学生认为互动是浪费时间，教师讲解理论知识的连续性被断开了，因为他们认为听教师一气呵成地讲课是最好的收获。大多数学生都不喜欢纯理论知识的讲解，这是当代大学生的普遍现象，稍微理论化的东西就会被认为是思想政治课，除了他们的理论功底和对抽象理论知识的掌握程度比较浅的原因之外，能够轻松地获得知识的心态占据主要原因。通过我们的调研，大三学生比大一学生对案例和理论知识相结合的讲解需求更大。分析其原因，主要是大三学生已经学习了相关的法学核心课程，在掌握了一定的理论知识后，对实践的需求越发强烈。在课堂教学方式上，大多数学生喜欢多种形式的教学手段，比如现代多媒体的应用，这种新型教学工具能够充分发挥其使用方便、信息容量大的优势。然而很多理论知识必须建立在数学模型，如图表及图形的基础上，这时板书就发挥其优点，能让教师更有逻辑地教授，更利于学生理解。如果是大班上课，这时坐在前排的学生能比较清晰地看清楚板书，而后排的学生对于各色粉笔画出来的图形，其过程和教师讲解的内容都是清楚的，但是其清晰度就没有课件那么好。考试能过关仍然是很多学生学习的一个直接目的，不少同学希望课件能与教材匹配。对课件内容的丰富性的要求，反映了学生强烈的求知欲，他们有能更好地理解知识并能将理论知识和实际相结合的愿望。学生希望课后发课件表明大多数学生希望能够在课前找出问题，课堂上听讲、思考解决一部分问题，到课后能够利用课件进一步学习并复习。这样可以提高课堂的有效性及学生在课堂上的注意力。而有多数学生（38%）希望能够在课前发放课件，可能是希望能够在课前利用课件更好地预习；也有一部分同学（11%）表示给不给无所谓，其中一部分可能是学得很好，认为不需要课件；也有一部分可能是从不看课件，所以认为给不给无所谓。

3. 对"探究式"教学方法效果评价的原因分析

尽管学生对"探究式"教学方法普遍持支持的态度，但是在课堂实践中，师生之间的良好互动往往收效甚微。在大学教育里，教师注重的是能力的培养，那么所学的知识是否能够与现实紧密相连对教师来讲是一个挑战，尤其是对不断变动的经济形势的把握，那么教学团队的合理分工和资源共享就是比较好的一个途径。对学生基础理论知识的灌输是必要的，而且面临强大的轻松学习的需求，教师和学生之间的张力很大，这是一个难题，需要进一步研究。学生喜欢听抽象理论的比例非常少。对于多数学生来讲，他们还是非常喜欢教师讲解经济现实问题，尽管专业不同，但是也或多或少地在关注，因此要求教师认真备课和掌握大量的经济信息是非常重要的。在探究式教学方法中，首先应以学生为主体，在建构"自主、合作、探究"式课堂教学模式时，充分考虑传统教学模式和现代教学模式的优势互补：在这种模式下，学生是主体、是中心，学生的地位将由传统模式的被动接受者转变为主动参与者，学生将成为知识的探索者和学习过程中真正的认识主体；同时，这种教学模式也并不忽视教师的地位和作用，而且强调教师角色的变化，"在整个教学过程中起组织者、指导者、帮助者和促进者的作用，最终达到使学生有效地建构当前所学知识的意义的目的"。具体来讲，探究式教学模式就是学生在教师的指导下，以问题解决为核心参与认知过程，通过案例分析等的训练达到对理论知识的理解和掌握。

（三）总结

经济法学作为法学类的专业基础课程，理论知识的学习和课时一定要占据相当的比例。在为大学生打牢基础理论学习的前提下，有针对性地对高年级的学生改变教学方法，引导学生主动思考、搜集资料、梳理思路，找出自己对这个问题的想法，这是锻炼学生关注经济现实和提高分析能力以及培养思考问题习惯的适时之举。根据我们读书的经历，不论是大学阶段还是研究生阶段，都是非常希望听教师讲授有深度的、精彩的、能够将理论知识与现实演绎得很紧密的课程，在课堂上能与教师平等的互动，教师也可以在适当的时候放慢节奏，提问一些学生来回答具有挑战性的问题，去发掘学生的思想、学生的才华和变化，这样，才能指导学生的能力和成长。探究式教学模式的目的正是在于培养学生的创新精神和实践能力。因为知识与能力的获得主要不是依靠教师进行强制性灌输与培养，而是在教师的指导下由学生主动探索、主动思考、亲身体验出来的。与以传统的灌输、记诵、被动接受为特征的教学模式相比，探究式教学体现了独特的见解和主张，具有新颖而丰富的内涵。它不仅可以较深入地达到对知识技能的理解与掌握，更有利于创新思维与创新能力的形成与发展。探究式教学使学生由被动接受知识变为主动去获取知识，培养学生的观察能力、动手能力和创新能力，让学生学会发现问题、解决问题。在解决问题的过程中培养学生学习的兴趣，全面提高学生分析问题、解决问题的能力。

四　以《经济法学》课程为例对探究式教学模式的实践

（一）探究式教学在实践中运用的具体操作

1. 整合司法资源，选择典型案例

良好的案例设计对于提高学生的学习兴趣、激发学生的学习动力具有非常重要的作用。在授课过程中，教师应首先根据授课内容，有针对性地选择典型的案例。所谓的典型性，即是指该案例不仅能诠释经济法律规范的实质内涵，而且能和学生们的现实生活紧密相关。在选择过程中，要注意所选择的案例要适合授课对象，即以学生为主体对象，具有启发性、生动形象，并且通俗易懂。例如，在教授经济法课程时，本人选取了奇虎360与腾讯QQ之间的斗争，来讲解反不正当竞争法和消费者权益保护法，由于该案例贴近生活、贴近对象，现实性较强，又具有代表性，所以在课堂上收到了很好的效果。

2. 编辑典型案例，设计探究问题

问题的设计是探究式教学模式的一个重要环节，这一教学过程既是对原有知识经验的丰富、充实又是对现有知识的调整和重构。面对源自生活的真实案例，首先要找出经济法律规范与实际案例的契合点，这个契合点就是学习环节中所要认识的问题。在实际操作过程中，教师应根据经济法学科的特点面对不同专业的学生，创设案例中与教学内容相关的问题，使学生在对案例的认真思考中分析问题，解决问题。

3. 组建学习团队，营造参与氛围

探究型教学模式强调学生的积极参与，通过组建学习团队（一般可由3—5人组成），各小组按照学生对所选择案例的兴趣进行分组，由小组成员共同完成一个研究课题，并在课堂上发表意见和参与讨论。其目的在于将传统的由教师单一的传授知识转向鼓励学生大胆表达观点，发表不同意见。通过充分调动和发挥学生的主动性、积极性，使学生在分析问题时能够充分展现和阐述自己的观点，即由教师主导转向由学生主导，这样既能锻炼学生的逻辑思维能力，又能提高学生的口头表达能力。

4. 挑选课外阅读书目，倡导理性阅读方式

经济法是一门实践性和专业性很强的学科，仅仅依赖课堂的教学并不能全面、有效地掌握该学科，必须大量阅读课外书目，因此教师应该精心挑选课外阅读书目，倡导以提升理解力为目标的理性阅读，根据教学要求，为学生分别推荐指导类、综合类、专题类的阅读书目。

5. 有效利用网络为主的学习工具

在学习过程中，应当充分利用网络平台，使学生在课余时间开展自主学习。通过有效地使用网络等学习工具，可以处理信息以及解决学习中遇到的实际问题。

6. 鼓励和引导学生积极参加法律实践活动

法律实践活动对提高学生的实践能力和协同能力具有重要的作用，也为学生搭建了高端的实践教学平台，通过组织和引导学生参与法庭庭审、模拟法庭辩论和法律诊所的学习，能够为培养高水准的应用型和复合型法律专业人才奠定坚实的基础。

（二）优化课程体系安排，增强实践教学环节

可以将经济法这门课程所包含的知识模块及对应的课时数进行优化，一般经济法的总授课数为 68 学时，可以适时增强实践教学环节，将理论教学学时安排为 56 学时，实践教学学时安排为 12 学时。

（三）充实和完善课程体系特色

在经济法学理论教学体系中，应突出经济法的内涵和特征，紧密结合社会经济实践。在教学过程中所选择的讲授内容应与社会经济生活紧密相连，是学生在日常生活和司法实践中经常遇到的法律知识。根据上述经济法课程体系的构建，通过多种途径和手段，不断充实和完善经济法课程的内容，逐步形成广泛性、纵深性、新颖性、及时性、有效性的内容特色。

（四）提升教学模式的目标设置

我校的教学对象主要是本科的法律专业学生，培养目标主要从事法律实务工作，因而对法律知识的全面性和实践技能的基础性要求较高，对此结合经济法的特点，将探究式教学模式的目标定位于渐进提升的三个层次：一是使学生了解和熟悉经济法律的基本知识和民事审判的基本程序；二是提高学生运用法学原理分析案情、正确理解法律规定、收集和运用证据、法庭辩论及应变等法律实践应用能力；三是增强学生以法律为准则，将法的价值及对法的尊重和信仰自然地内化为心灵的认同感，帮助其塑造良好的人格，提高法律职业素养。

（五）开展系列教学研究活动

为了配合上述经济法课程体系的改革，改进和完善经济法课程探究式的教学，我们开展了一系列教学研究活动。在本人所带的两个班中，引入了小组讨论的教学模式。由老师引导学生自觉、自主、自立地学习经济法知识。具体操作中将教学对象划分为学术小组，通过师生互动、生生互动的形式，就教学过程中涉及的疑难问题、典型案例、社会热点以及学术争论等内容进行探讨与辩论。从实际效果看，这种教学方法受到学生的广泛好评。

五 对实施探究式教学模式的建议

(一) 探究式教学模式对教师提出了更高的要求

根据我国"卓越法律人才教育培养计划"的指导方针，今后法学教育的方向应以提升法律人才的培养质量为核心，以提高法律人才的实践能力为重点。传统的教学模式由于忽略对基本的法律实务和技能的培训，与法律职业的实践性不相适应，不利于开启学生的思维能力，以至于学生在学习中经常出现"平常不学习，考前搞突击"的现象。采用探究式的教学模式，对老师的学术要求较高，因为教师是组织和引导学生分析理论问题和讨论判例的主体，教师必须能够在课堂上为学生创造自由发挥的空间，通过各种巧妙的提问，有机地组织和引导学生展开讨论，最后进行点评和总结。这就要求教师必须在课前认真备课，才能在上课时和学生探讨各种问题。但是，这种教学法要求学生课前必须花费大量的时间预习和阅读文献资料。如果上课前不预习，学生提不出问题，就不可能进行讨论，不能达到师生之间的互动，也就不可能达到预期的教学效果。由于法学专业本科生和研究生的教学内容、课时数量和学生人数都存在着差异，课堂讨论教学法的采用也应当有所区别。

(二) 完善探究式教学模式的评价体系

针对经济法探究式教学模式的设计，应当改革评估与激励机制。一方面，在本科必修课程考试中引入动态性—常规化考试体系，在试题设计中加大焦点问题评述、理论研究热点探索和案例分析等主观题的比例；另一方面，在考试形式上，建立多样化的考评体系，注重平时考评的方法和评分比重，探索有利于应用型能力培养的考试模式。

(三) 聘请具有实践经验的专家或律师为客座教授

如上所述，法学是实用性很强的学科，应当注重法学院校教师具有一定的实务经验和实践能力。对此，学校可以聘请具有实践经验的法学专业人才从事法学教育工作。特别是引进和聘请具有丰富实践经验的实务界人士到法学院校交流和学习，可以为本科生开设讲座或在课堂教学中进行指导。

Exploration and Practice of the Economic Law Course Inquiry Teaching Method

Tian Jingting

Abstract: Inquiry teaching method is an important means of training outstanding legal talents students. Firstly, in this paper, on the basis of the theoretical research put forward the "one center, two basic points, three ways" the diversity of stepwise exploratory teaching patterns, the exploratory teaching goal, the implementation and promotion value and so on to realize the innovation of the teaching and research, in order to improve the undergraduate students of law application ability and practice ability.

Key words: Inquiry teaching; economic law; case teaching; ability to apply

《市场调查与预测》
课程教学改革研究述评[*]

余红剑 丰嘉强 邹 铃[**]

摘 要：论文通过对二十年来（1996—2016）在中国知网（CNKI）发表的关于《市场调查与预测》教学改革文献的收集与整理，分类梳理和总结了我国《市场调查与预测》教学改革在实践教学方法、教学模式改革、考核评估机制以及其他类型研究所取得的阶段性成果，分析了该课程教学改革研究中研究主体单一、实证研究过少、研究内容重叠及研究比例失衡等主要问题，并提出了该课程教学改革的相关建议。

关键词：市场调查与预测；教学改革；研究综述

《市场调查与预测》作为高校工商管理应用型专业主干课程，其学科性质的实践性与职业性要求教学改革必须以调查为主线、预测为核心、工作程序内在逻辑关系为重点，培养学生的实践能力与研究能力。而其教学改革的持续性、科学性与有效性对我国创新创业人才的培养至关重要。2015年国务院办公厅颁发的《关于深化高等学校创新创业教育改革的实施意见（国办发〔2015〕36号）》明确指出大学教育要"改革教学方法和考核方式""创新人才培养机制"，该文件对推动《市场调查与预测》教学改革起到了重要作用。二十年来，我国《市场调查与预测》教学改革已取得丰硕成果，本文以2016年6月底为时间节点，检索并梳理在此之前国内学术期刊上公开发表的《市场调查与预测》教学改革论文，为进一步探索该课程教学模式提供线索依据，并为今后的《市场调查与预

---

[*] 基金项目：浙江省2015年度高等教育课堂教学改革项目（项目编号：kg2015358）。

[**] 余红剑：杭州师范大学阿里巴巴商学院副教授，博士，硕士研究生导师，主要研究方向：企业管理、服务管理。丰嘉强：杭州师范大学医学院研究生。邹铃：杭州师范大学教务处，讲师，硕士，主要研究方向：工商管理。

测》教学改革提出建议。

一 文献记录统计

以"中国学术期刊网络出版总库"为文献检索来源,以"市场调查与预测""市场调研与预测"及"营销调研"等为主题词,采用精确检索方式于 2016 年 4 月至 6 月在中国知网(CNKI)对相关文献进行检索,剔除通讯报道类与明显学术性不强的短文等无关文献,共获得相关教学改革研究文献共 194 篇。

(一) 文献发表年份统计

以年为时间节点进行统计,《市场调查与预测》教学改革文献数在 1996—2012 年呈总体上升趋势,2012—2016 年呈略微下降趋势,如图 1 所示;若以五年为时间节点,文献数则呈明显上升趋势,如图 2 所示。1996—2001 年文献数量最少,仅为 7 篇;2002—2006 年文献数量为 10 篇;2007—2011 年文献数量骤升,达到 75 篇;而 2012—2016 年文献数量达到最大值,高达 102 篇。原因有二:其一,2012 年包括清华大学、北京大学在内的全国 50 所高校主抓大学教育改革,在一定程度上刺激了包括《市场调查与预测》课程在内的教学改革研究;其二,2012 年教育部颁发《关于全面提高高等教育质量的若干意见(教高〔2012〕4 号)》,极大促进相关课程课堂改革研究的开展。

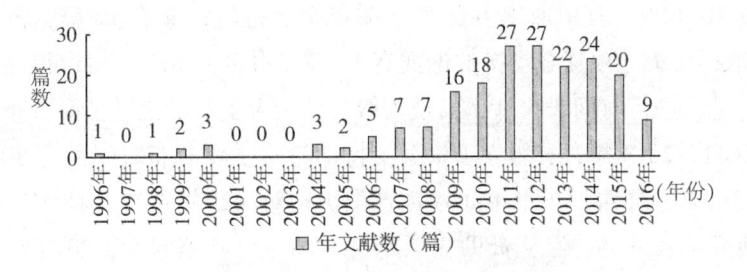

图 1 1996—2016 年单年文献统计

(二) 文献作者单位统计

对第一作者所属单位统计表明,以高职院校为依托进行《市场调查

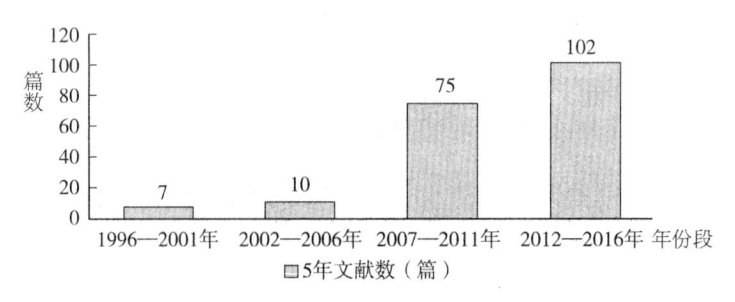

图 2　1996—2016 年五年文献统计

与预测》教学改革研究的文献研究最多，共有 106 篇，占比为 54.6%；以一本院校为依托的文献研究有 21 篇，占比为 10.7%；以二本院校为依托的文献研究有 27 篇，占比为 13.9%；而以三本院校为依托的文献研究有 17 篇，占比仅为 8.7%，三者（一本院校、二本院校、三本院校）文献研究共 65 篇，总占比为 33.5%。仅以文献数量而言，我国高职院校是《市场调查与预测》教学改革研究的主要阵地，这可能与高职院校定位的实践型与应用型有关；而本科院校作为《市场调查与预测》教学改革研究次要平台，研究相对较少；但结合论文发表时间段分布而言，本科院校逐渐认识到《市场调查与预测》教学改革研究的重要性。

（三）文献立项支持统计

在 194 篇相关文献中，共有 31 篇论文取得立项资金支持，仅占文献总数的 18.12%；其中取得省部级立项资金支持的论文有 14 篇，占比为 8%，取得校级立项资金支持的论文有 17 篇，占比为 10%。对取得立项资金支持论文进行时间段统计，发现校级立项资金支持的论文主要分布时间段为 2011—2013 年，省级立项资金支持的论文主要分布时间段为 2013—2015 年。从总体看，二十年间教育管理机构对《市场调查与预测》教学改革研究重视不足；但从资助立项论文时间段分布差异看，2010 年后各级别高等教育管理机构开始重视《市场调查与预测》教学改革研究，而资助立项主体由校级上升至省级表明对《市场调查与预测》教学改革研究重视程度不断加深。

二 成果归类及趋势分析

基于以上分析，对194篇《市场调查与预测》教学改革文献成果进行归类，其归类标准为研究类型、研究范围、研究框架等。具体分析结果如下。

（一）研究类型及趋势分析

研究发现基于实证研究的文献仅有14篇，占比为7%；非实证研究文献157篇，占比为81%。对研究类型进一步分析可知，实证研究中采用教学实验研究方法的有6篇、课堂观察研究方法的有4篇、访谈研究方法的有2篇，而采用问卷调查研究方法的仅有1篇；在非实证研究中，介绍相关理论的研究文献有54篇，总结相关教学经验的有41篇，进行改革思辨探讨的有54篇，其他类型的有8篇。二十年间，前人学者主要采用非实证研究方法，依靠介绍相关理论、总结教学经验以及进行思辨分析等方式对《市场调查与预测》教学改革进行探究，而实证研究较少；在实证研究中其方式又以教学实验研究方法为主，通过访谈、问卷调查等方法则较少。

（二）研究范围及趋势分析

学者研究范围主要聚焦于教学方法与策略、改革模式、问题与对策及考核评估方式四大类。其中关于教学方法与策略研究的论文最多，有92篇，占比为47%；涉及改革模式研究的论文有53篇，占比为27%；注重问题与对策探讨的论文有14篇，占比为7%；关于考核评估方式优化的论文最少，仅有6篇，占比为3%。对其进一步分析发现，涉及教学方法与策略是长期研究重点，时间跨度近二十年；而关于考核评估方式优化则是近年新兴焦点，时间跨度为2012—2015年。

（三）研究框架及趋势分析

在194篇文献中，基于理论框架的文献有69篇，占总文献数的35%。而在69篇涉及理论框架的文献中，基于项目教学法的文献最多，有31篇，占比为45%；基于任务驱动法的文献为13篇，占比为19%；基于体验教学法和模块教学法的文献数量最少,各为 3 篇,共占比为 8%;基于其他研究框架的文献数量为 10 篇,占比为 15%,具体包括胡格教学法、情境理论、"教学做"一体化等。从发表年份来看,《市场调查与预测》改革研究框架经历了由单一向多样的转变。2010 年前,研究理论框架多为案例教学法,其他框架研究较少;2010 年后,研究理论框架进入多元化时代,项目教学法、任务驱动法、体验教学法等多种研究理论框架成为《市场调查与预测》改革研究视角。

三 成果总结及趋势分析

(一) 实践教学方法研究

教学方法作为教法与学法的统一体,是《市场调查与预测》教学改革的基础。二十年间以实践教学方法作为研究焦点的文献共有 92 篇,占比为 47.4%,其中 23 篇文献为该课程授课教师通过自身教学实践对授课方法、课程优化、说课设计等进行的经验总结,具有重要实践借鉴价值。如何优化实践教学方法是教学改革的重点,刘小平、李忆 (2013)[①] 等基于此提出任务导向、项目导向及行动导向,并将授课过程分为设计阶段、分析阶段、实施阶段、反馈阶段;桑红莉 (2016)[②] 则在建构主义的基础上,将授课过程分为三阶段,即引发阶段、探索阶段及实现预期调和阶段;而李启斌 (2007)[③] 以自组织角度为出发点,对授课的运动性质机制、自稳机制、突现机制和评价机制进行了阐述。针对如何实现课程优化及说课再设计,田淑波 (2015)[④] 以"模拟公司调查"授课环节为载体,对教学思路、教学目标、教学实施要点、教学内容组织与安排等进行了初

---

① 刘小平、李忆:《市场调查与预测课程教学方法改革与创新》,《学园》2013 年第 17 期。
② 桑红莉:《大数据时代的建构主义方法应用与改革——以〈市场调查与预测〉课程为例》,《黑龙江科技信息》2016 年第 13 期。
③ 李启斌:《〈市场调查与预测〉课程实践性教学的自组织探索》,《新课程研究》(职业教育) 2007 年第 9 期。
④ 田淑波:《模拟调查公司〈市场调查与预测〉课程中的运用》,《职教研究》2015 年第 1 期。

步优化探索；而刘峰（2010）[①]、李隽（2012）[②]、石丽（2015）[③] 等则基于工作过程视角、以高职院校为平台，对《市场调查与预测》课程进行一体化教学改革探究。

其余 69 篇文献聚焦于教学理论在实践教学方法中的应用研究，如项目教学法、任务驱动法、案例教学法及体验式教学法等。在实践教学中引入项目驱动式教学方法，侧重于强调学生的主导性、实务的操作性以及参与过程的竞争性[④]；而案例教学法作为较早应用于《市场调查与预测》课程改革的方法，其教学目的、流程及注意事项已趋于完善，但无法培养学生实际操作能力是制约其进一步推广的主要原因[⑤]；此外赵秀芳（2009）[⑥]、徐龙志（2011）[⑦]、李娟（2015）[⑧] 等通过对体验式教学法的优劣势、教学诉求等进行分析，对该教学法的课前准备模块、教学流程图及体验式课程进行再设计；而肖苏（2010）[⑨]、万丽丽（2012）[⑩]、张玉荣（2014）[⑪] 等对任务设计的基本思路、学习任务设计实践、任务汇总等进

[①] 刘锋：《基于工作过程的高职"市场调查与预测"课程设计与组织研究》，《商场现代化》2010 年第 18 期。

[②] 李隽：《基于工作过程的高职〈市场调查与预测〉课程一体化教学改革》，《黑龙江生态工程职业学院学报》2012 年第 5 期。

[③] 石丽：《基于工作过程的高职市场调查与预测课程开发》，《学园》2015 年第 6 期。

[④] 周官志：《项目式〈市场调查与预测〉课程实践教学设计》，《商业文化》（学术版）2010 年第 5 期。

[⑤] 孙昌：《案例教学法及其应用进展》，《山东工业技术》2016 年第 5 期。

[⑥] 赵秀芳：《〈市场调查与预测〉课程体验教学模式研究》，《现代教育科学》2009 年第 9 期。

[⑦] 徐龙志：《基于真实项目的体验式教学模式研究——以〈市场调查与预测〉课程为例》，《现代教育科学》2011 年第 5 期。

[⑧] 李娟：《体验式教学模式下的课程考核方案研究——以〈市场调查与预测〉课程为例》，《芜湖职业技术学院学报》2015 年第 2 期。

[⑨] 肖苏：《任务驱动式教学法在〈市场调查与预测〉课程中的运用》，《读与写（教育教学刊）》2010 年第 3 期。

[⑩] 万丽丽：《基于任务驱动的高职市场营销专业〈市场调查与预测〉课程教学整体设计》，《经济研究导刊》2012 年第 28 期。

[⑪] 张玉荣：《任务驱动教学法中任务的设计——以〈市场调查与预测〉课程为例》，《教育教学论坛》2014 年第 43 期。

行了基本阐述；刘亦奋（2016）[①]则首次提出将胡格教学法应用于《市场调查与预测》教学，提出从学习角度思考教学理念。

（二）教学模式改革探讨

《市场调查与预测》教学模式改革是从根本上对教学理念、思路、实践进行再探索，寻求理论知识与实践操作之间的平衡点，实现授课效果的最大化。目前该教学模式改革研究文献可分为两大类，一类是基于某研究视角的教学模式改革，另一类为对现有教学模式改革的研究与建议。

田晨（2014）[②]针对教学模式提出"工学五融入"方法，并对教学内容、教学方法、考核方式、企业文化融合提出新举措；而丁承学（2012）[③]认为学生在教学活动中会表现出"管理者"与"员工"两种特质，教学改革应基于其特性设计具有针对性的实训与管理方式；张雄林、胡红青、廖雪莲（2012）[④]则基于"创造力"视角提出"阅读、思考、讨论、分享"的教学改革模式，并介绍了教学模式改革的三种应用工具：在线网络学习、个人反应系统和多媒体；"岗位迁移能力培养"是改革的目的，对如何培养出具有岗位迁移能力的技能型人才进行研究一直是教学改革的重点[⑤]；而以"工作过程"为导向，则是在剖析典型市场调查与预测上对教学模式改革进行探讨的基础[⑥]。

对现有教学模式改革的自我剖析是对改革成果的进一步挖掘。通过对比发现"教学做合一"模式改革相较于原先教学内容、教学方法、评价

---

① 刘亦奋：《基于胡格教学法在高职〈市场调查与预测〉的应用研究》，《科技经济市场》2016年第2期。

② 田晨：《基于"工学五融入"的〈市场调查与预测〉课程教学改革》，《湖北函授大学学报》2014年第15期。

③ 丁承学：《基于"师生关系"的〈市场调查与预测〉实训教学模式探析》，《市场论坛》2012年第6期。

④ 张雄林、胡红青、廖雪莲：《基于创造力的市场调查与预测的教学模式》，《三峡大学学报》2012年第2期。

⑤ 吕海燕：《基于能力培养的〈市场调查与预测〉教学研究》，《广东交通职业技术学院学报》2013年第3期。

⑥ 糜丽琼：《基于工作过程为导向的〈市场调查与预测〉课程教学改革》，《网友世界》2014年第3期。

方法而言，该改革模式更符合社会发展对人才的需求①，而通过问卷调查数据表明教学改革具有良好的实际效果，还应优化实践项目、加强校外实践②。通过传统内容组织与项目驱动组织方式改革的对比与利弊分析，提出了以知识体系完整性为前提，以综合项目为主体的改革新模式③；此外以自授课程学生为对象进行教学模式改革探究，发现为提高改革效果还应实现硬件设施的配套发展④。

（三）考核评估模式探究

考核评估方式改革是《市场调查与预测》教学改革的重要组成部分，是将教学改革成果可视化的重要工具。作为教学改革成果衡量的标尺，其准确性与否对教学改革的科学性而言至关重要。

周丹（2014）⑤从宏观上分析了课程考核评估方式的可行性，提出其基本原则，并简要设计了实施方案；李卉妍、王浩（2013）⑥从微观上基于市场需求对考核评估方式的反馈进行探讨，提出阶段考核与综合测评相结合、课题表现与报告写作相结合的评估方式。而杨江娜（2009）⑦研究认为课程考试与学生培养目标的不一致性是阻碍《市场调查与预测》课程发展的重要因素，并提出构建形式多样的考试评估方式与标准；在此基础上，王自豪、张良军（2013）⑧对该课程多元化考核方式进行探讨，明确了课程考核方式改革的意义，并提出具体改革措施。基于不同研究视角

---

① 田淑：《〈市场调查与预测〉课程教学改革效果分析》，《职教通讯》2011年第6期。
② 周雅颂：《〈市场调查与预测〉课程教学改革效果研究》，《时代教育》2013年第5期。
③ 王生云：《〈市场调查与预测〉课程教学改革之思考》，《科教导刊（中旬刊）》2012年第10期。
④ 武丹：《〈高职市场调查与预测〉课程教学改革探索》，《江西教育》2010年第18期。
⑤ 周丹：《〈市场调查与预测〉课程考试改革探究》，《中外企业家》2014年第31期。
⑥ 李卉妍、王浩：《〈市场调查与预测〉课程教学及考核方式改革与创新》，《中国校外教育》2013年第12期。
⑦ 杨江娜：《高职〈市场调查与预测〉课程考试改革浅议》，《科技经济市场》2009年第4期。
⑧ 王自豪、张良军：《高职院校〈市场调查与预测〉课程多元化考核方式探讨》，《合作经济与科技》2013年第21期。

其结论已有所不同。郭燕、何华安（2014）[1]基于"应用能力"培养视角，设计并完善了过程性考核方案，并总结其注意事项；刘湘桂（2015）[2]则以"素质教育"高校改革为研究视角，探讨了高校考核方式改革的必要性及其具体操作，具有重要的指导意义。李娟、王介石（2015）[3]从体验式教学模式出发，总结了现有考核评估方式的缺陷，并提出了相应的课程考核评估方案。

（四）其他研究成果分析

除上述研究成果外，其他小众研究亦具有一定的阶段性成果。戴军（2008）[4]、伊铭（2012）[5]对教学与实训中产生的几个思维误区进行了总结，并针对具体误区提出解决策略；蔡上游（2006）[6]、张薇（2009）[7]、徐龙（2010）[8]则就如何提高高校市场营销专业学生市场调查与预测应用能力提出以学生为主体、做好实践教学实施的对策；孙新颖（2008）[9]以企业管理现代化对市场调研人才需为研究出发点，举例说明了如何在教学中使用 Excel 软件对市场进行趋势预测；刘红（2011）[10]则以学生就业能力培养为研究视角，将就业能力分为职业能力与社会能力，并对两个能力

---

[1] 郭燕、何华安：《基于应用能力培养的过程性考核方案研究——以〈市场调查与预测〉课程为例》，《市场周刊》2014年第8期。

[2] 刘湘桂：《基于素质教育的高校考试改革探讨——以钦州学院经管学院〈市场调查与预测〉课程为例》，《科技展望》2015年第35期。

[3] 李娟、王介石：《体验式教学模式下的课程考核方案研究——以〈市场调查与预测〉课程为例》，《芜湖职业技术学院学报》2015年第2期。

[4] 戴军：《〈市场调查与预测〉教学和实训中存在的几个误区》，《知识经济》2008年第1期。

[5] 伊铭：《〈市场调查与预测〉课程中的若干思考——基于上海商学院的实践探索》，《上海商学院学报》2012年第3期。

[6] 蔡上游：《如何提高营销专业学生市场调查与预测应用能力》，《统计教育》2006年第3期。

[7] 张薇：《探索提高高职院校市场营销专业学生市场调查与预测能力的方法》，《黑龙江科技信息》2009年第16期。

[8] 徐龙：《提高高职院校营销专业学生市场调查与预测应用能力的方法探讨》，《市场周刊（理论研究）》2010年第8期。

[9] 孙新颖：《用 Excel 软件解决〈市场调查与预测〉中的回归分析问题》，《内江科技》2008年第9期。

[10] 刘红：《在〈市场调查与预测〉课程体现就业能力的培养》，《经济研究导刊》2011年第6期。

培养提出针对性策略。

四 改革存在的问题

《市场调查与预测》教学改革研究已取得一定理论成果。如就改革广度而言，涉及授课方式调整、课程优化、说课设计及实践模拟等，其深度包括教学模式改革探讨、考核评估机制研究及能力培养机制研究等。以上研究对于我国《市场调查与预测》教学改革起到了重要的促进作用，但研究主体、研究类型、研究内容、研究比例等方面仍然存在值得深化探讨的问题。

（一）研究主体过于单一

研究主体的多样性对实现《市场调查与预测》教学改革的多维性研究具有重要作用。数据表明高职院校关于《市场调查与预测》教学改革文献有92篇，一本院校17篇，二本院校24篇，三本院校14篇，占比分别为53.8%、10%、14%、8%，可看出《市场调查与预测》的教学改革主体为高职院校，本科院校参与程度则不够深入，特别是一本院校与三本院校数量更少；其次，《市场调查与预测》作为实践性与理论性相结合的课程，社会主体的参与是检验其改革实践效果的重要一环，而数据统计表明社会主体参与课程改革程度严重不足；最后，就资助主体而言，其资助主体较为单一，仅有省部级与校级资助其教学改革研究，国家级尚未有立项记录。

（二）实证类研究较少

实证研究是运用一定科研方法对研究对象进行观察、实验和调查，获取相关材料，通过系统分析达到归纳事物本质与发现规律的研究方法。《市场调查与预测》教学改革研究的目的是对不同教学模式前后改革效果进行对比、分析、总结以及再优化，因此有无实证研究数据支撑直接影响到研究成果的实际应用价值与可信程度。而由前文统计可知，《市场调查与预测》教学改革研究采用实证研究的文献有14篇，仅占全部文献的8%，绝大多数文献采用理论研究进行教学改革研究。而对于10篇实证研究来说，还存在论证过程不完善等问题，如研究设计、数据收集、数据分析等环节的缺失，导致研究结论缺乏严谨的数据支撑。

（三）研究内容部分重叠

研究发现在171条文献记录中，仅以"模式改革"与"项目教学法"为研究视角的文献记录共有94条，占比55%，研究对象单一。其中多为对教学理论概念、含义、构成等内容的重复性陈述，研究内容重复，缺乏创新性与实践性，而对该理论在教学中如何具体实施及实施注意事项缺乏必要阐述或论述不充分。再如，就《市场调查与预测》考核方式研究而言，大多数文献都是探讨各项考核方式在最终成绩的比重，其区别仅在于比重的大小，而对于基本能力，即调查方案设计能力、调查资料收集、整理与分析能力、调查报告撰写能力和创造性运用资料能力等考核方式的创新略显不足。此外，对于较为前沿的理论研究较少，如关于"形成性评价"在《市场调查与预测》教学改革中的应用仅有1篇。因此以研究内容而言，前人学者研究内容部分及研究结论相似性较高，具有创新性研究成果较少。

（四）研究比例趋于失衡

《市场调查与预测》教学改革作为一项系统的改革项目，其研究内容应具有全面性与系统性。在所有文献记录中，有146篇文献围绕模式改革、课程设计、理论应用等焦点进行研究，而关于考核评估机制及实践研究的仅有10篇，甚至关于授课师资培养的研究尚未开展。就具体内容而言，研究重心聚焦在对不同教学理论在实际教学中的应用，而对理论的实践教学应用效果及教材改革的研究却相对较少，比例严重失衡。

五 对策与建议

（一）注重研究方式数据化

数据是研究资料的量化，能够为研究结论提供一个直观的表达方式，而数据化则能够使研究过程更为精准，使研究结果更具有可比性。因而对今后《市场调查与预测》教学改革中，应注重实证研究方法的应用，通过改革效果前后对比具体数据的收集，对其进行量化分析，发现改革中的不足之处,寻找以后教学改革研究的方向;此外,在数据化的过程中,还应注重实证研究过程的完整性,明确实证研究的具体步骤,在文献中还应有必要的表现形式,通过该方式增加研究成果的科学性与可信度。

(二) 实现研究主体多元化

在今后《市场调查与预测》教学改革中,应实现研究主体的多元化。从不同主体思维出发,基于不同研究视角,多方面、全方位地对教学改革进行研究。具体而言,首先要加大本科院校在教学改革中的研究力度,立足于本科教学,探索如何更加有效培养学生的实践能力与研究能力;其次,还应拓展社会主体如公司、企业等作为教学改革研究的另一阵地,充分发挥社会主体作为教学改革成果验收者的作用,及时反馈学生实践成果;最后,教育部门可发挥引导者作用,积极鼓励支持研究人员进行教学改革研究,加大立项资助比例,同时引导社会主体参与到教学改革中来,实现研究主体多元化。

(三) 加强创新性改革研究

创新是学术研究的灵魂,任何学术研究缺乏创新,其过程必然只是对前人的重复性劳动,其成果也只是文字的堆砌。在《市场调查与预测》教学改革中,应加强学术研究的创新性,避免重复研究,提高研究结论的实践价值与理论价值。一方面,研究者应注重交叉知识的运用,多参加学术交流,开拓研究视野,善于从多学科、多角度发现问题、解决问题;另一方面,就《市场调查与预测》教学改革而言,研究者应综合分析前人研究已取得的成果,从前人尚未研究的角度或者领域出发,运用新的方法解决问题,以期实现《市场调查与预测》教学改革的创新性研究。

六 结语

本研究所涉及的调查对象为以 2016 年 6 月为时间节点的关于《市场调查与预测》教学改革的期刊论文,对于以其他形式表现出来的研究成果并未纳入,如会议论文、硕士论文、博士论文等,故因研究范围的局限性,其部分结论可能与实际情况有所出入,但大部分研究成果具有较高可信度。

从全局视角出发,关于《市场调查与预测》教学改革研究总体呈良好态势。我国各级主体对该课程的改革支持力度不断加大,特别是在校级层面和教师个人层面,各高校主体及其教师个体均展开相关研究。目前,《市场调查与预测》教学改革已然进入瓶颈阶段,相关教学理论的应用研究已逐渐完善,但改革效果的前后对比与研究成果的总结梳理尚未进行,因此这亦是今后《市场调查与预测》教学改革的研究重点。相信在我国素质教育与创新创业人才方针的指导下,《市场调查与预测》教学改革研究必将结合我国高校教育实际情况,以理论知识为指导,以教学实践为着力点,进行更为全面深入的《市场调查与预测》教学改革研究。

Review of the Research on Teaching Reform of the Course Market Research and Forecast

Yu Hongjian　Feng Jiaqiang　Zou Ling

Abstract: This paper firstly classifies and summarizes the reform achievements related to the course Market Research and Forecast according to the literature published in CNKI during the past 20 years (1996-2016). It reviews and summarize the reform achievements, including practical teaching methods, teaching mode reform, examination and evaluation mechanism and other types of research. It also summarizes and forecasts the future research trends. In addition, the paper analyses the main problems in educational reform research, such as the simplification of research subject, the lack of empirical studies, overlapping of research contents, and proportional imbalance of research.

Key words: *Market Research and Forecast*; educational reform; literature review

基于 FAHP 的经管类
专业校外实习基地评价研究

满广富　高爱霞[*]

摘　要：经管类专业校外实习基地作为实践教学的一个重要环节，对于培养学生的实践能力、就业能力具有非常重要的作用。本文在学习和借鉴前人研究的基础上，尝试构建了经管类专业校外实习基地的三级评价指标体系，并应用 FAHP（模糊层次分析法）对某实习基地进行了实证分析。

关键词：经管类专业；FAHP；校外实习基地；实践教学

在国家经济转型、产业升级、寻求可持续发展的大背景下，对高校育人与社会用人的专业性、一致性提出了更高的要求。校外实习教学基地作为实习和社会实践的重要场所，有利于弥补学校教学资源的不足、降低教学成本，极大地丰富实践教学内容，提升实践教学方法，对于提高实习教学质量，培养学生的实践能力和创新、创业能力具有十分重要的作用。

经管类专业是实践性和应用性很强的专业，校外实习教学基地的建设与应用，能较好地将经管类专业的教学活动与基地的实践活动结合起来，使经管类专业的学生接触社会、接触企业、接触实际工作岗位，从而大大提高学校的教学质量、巩固学习效果[①]。因此，制定一套完善的经管类专业的校外实习基地评估体系，正确评估和调整实习方向和内容，对于保证经管类专业实习教学质量，建立完善、稳定的校外实习基地，尤为重要。而目前，学术界对于经管类

---

[*] 满广富：山东农业大学经管学院，讲师，硕士，主要研究方向：实践教学。高爱霞：山东财经大学东方学院，副教授，硕士，主要研究方向：工商管理。

[①] 张清东、王中琪：《校外实践基地建设机制探讨》，《西南科技大学学报》（哲学社会科学版）2004 年第 4 期。

专业的校外实习基地的评价鲜有涉及，缺乏定性和定量的评价指标体系。由于评价指标体系的缺失和评价方法的缺陷，使得在对校外实习基地进行评价时主观性较强，评价方法也不够规范，缺乏可操作性，评价过程与结果的公正性、客观性也难以令人信服。本文在学习和借鉴前人研究的基础上，尝试构建了经管类专业校外实习基地的三级评价指标体系，并应用FAHP方法对实习基地进行量化分析，最后对评判结果进行分析提出改进建议。

一　FAHP 评价法

FAHP 评价法是一种将模糊综合评价法（Fuzzy Comprehensive Evaluation，FCE）和层次分析法（Analytic Hierarchy Process，AHP）相结合的评价方法，它是建立在模糊集合基础之上，运用模糊数学原理对受多种因素影响的事物做出比较全面、客观评价的一种分析评价方法，在体系评价、效能评估、系统优化等方面有着广泛的应用，是一种定性与定量相结合的评价模型，一般是先用层次分析法确定因素集，然后用模糊综合评判确定评判效果。模糊法是在层次法之上，两者相互融合，对评价有着很好的可靠性。其一般步骤如下：确定评价对象的因素集；确定评语集；做出单因素评价；综合评价[1]。

二　经管类专业校外实习基地评价指标体系建立

为了使实习基地达到所要求的基本条件，必须建立一个合理的指标体系和科学的评估方法，评估结果要尽量做到量化。根据建立评价指标体系的科学合理性及可操作性的原则，本文采用了问卷调查法、文献查阅法、

---

[1] 杨松林：《工程模糊论方法及应用》，国防工业出版社1996年版，第59—82页。

专家调查法、借鉴目前有代表性的文献①②③④，并结合多年来经管类专业校外实习教学工作的实际，构建了初步的评价指标。然后将这些初拟的评价指标，通过向企业高层管理人员与经管类专业专家学者访谈，反复讨论，最终确立了经管类专业校外实习基地的目标层、准则层和指标层三级评价指标体系，如图 1 所示（包括 4 个一级指标、16 个二级指标）。其中目标层是校外实习基地建设评价 A；准则层包括实习基地建立与管理 C_1、实习基地设备条件 C_2、实习教学活动 C_3 和实习师资队伍 C_4；指标层包括基地的建立规范 X_{11}、基地的建立时间及稳定性 X_{12}、基地建设规划 X_{13}、基地管理制度及手段 X_{14}、仪器设备 X_{21}、饮食和住宿等 X_{22}、安全状况 X_{23}、实习计划与实习安排 X_{31}、实习指导与大纲 X_{32}、实习考核制度 X_{33}、实习项目管理与研究 X_{34}、与产学研相结合 X_{35}、人员素质结构及岗位职责 X_{41}、实习指导教师素质 X_{42}、指导教师和教辅人员配备 X_{43}、人员考核与培训 X_{44}。

三　评价指标权重的确定

权重是指衡量各项指标在指标体系中相对重要程度的数量标志。本文指标权重的确定采用层次分析法（AHP 法），它是一种通过整理和综合专家们经验判断的方法，将分散的咨询意见数量化和集中化的有效途径。采用 AHP 法可以科学地确定校外实习基地建设评价指标的权重。我们用主观赋权法进行确定，结合经管类专业实习基地的特点及评价指标体系的特点，首先，构造判断矩阵，对指标间重要性进行比较和分析判断；其次，对各指标权重系数进行计算；再次，对判断矩阵进行一致性检验；最后，组合权重计算。

通过多次深入访谈调查该校领导、专家，对该校评估指标进行比较，形

---

① 湛世龙：《酒店管理专业实习管理评价指标体系初探》，《桂林旅游高等专科学校学报》2004 年第 2 期。
② 李德明、程久苗：《旅游管理专业酒店实习基地选择与评估》，《科技信息》2007 年第 35 期；常永胜、焦利明：《管理学科校外实习基地建设与评价》，《嘉应学院学报》2005 年第 5 期。
③ 柴娟、郑艳：《校外实习基地评价指标和评估模型研究》，《重庆工商大学学报》（自然科学版）2010 年第 8 期。
④ 蒋蓉、刘琛等：《基于模糊理论对校外实习基地的综合评判》，《华北科技学院学报》2008 年第 7 期。

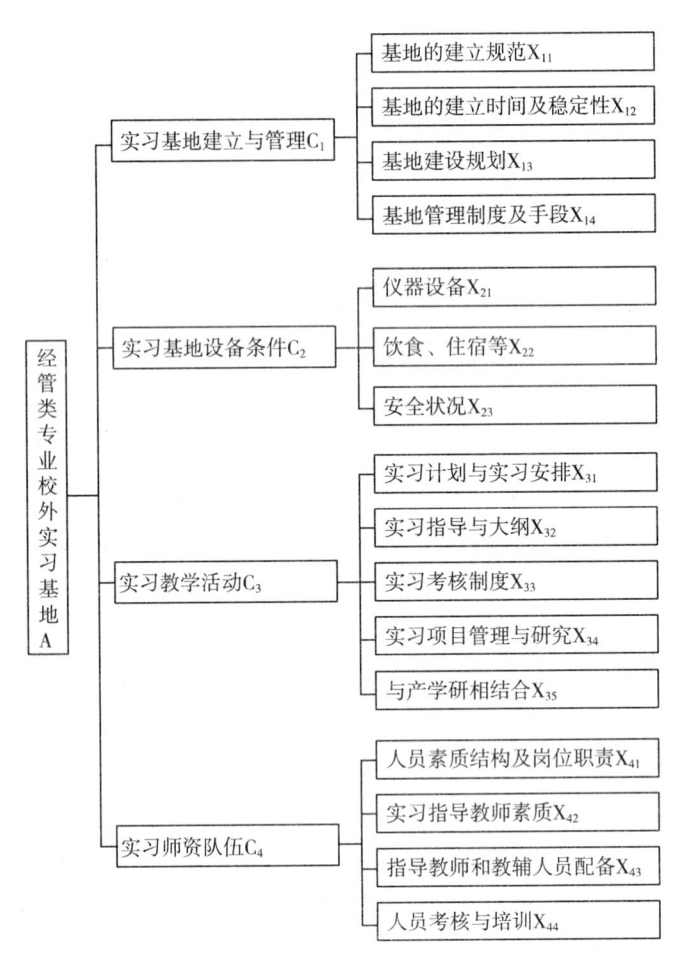

图1 校外实习基地评价指标体系

经管类专业校外实习基地 A
- 实习基地建立与管理 C₁
  - 基地的建立规范 X₁₁
  - 基地的建立时间及稳定性 X₁₂
  - 基地建设规划 X₁₃
  - 基地管理制度及手段 X₁₄
- 实习基地设备条件 C₂
  - 仪器设备 X₂₁
  - 饮食、住宿等 X₂₂
  - 安全状况 X₂₃
- 实习教学活动 C₃
  - 实习计划与实习安排 X₃₁
  - 实习指导与大纲 X₃₂
  - 实习考核制度 X₃₃
  - 实习项目管理与研究 X₃₄
  - 与产学研相结合 X₃₅
- 实习师资队伍 C₄
  - 人员素质结构及岗位职责 X₄₁
  - 实习指导教师素质 X₄₂
  - 指导教师和教辅人员配备 X₄₃
  - 人员考核与培训 X₄₄

成判断矩阵。通过计算、一致性检验等步骤来确定出评价指标体系中各指标的权重。根据图1，对已建立的评价指标体系的层次结构及要素的相关关系进行两两判断比较，采用层次分析法软件进行分析，根据方根法确定主特征向量，计算各指标的权重，并进行一致性检验，见 A-C_i（表1）、C_1-X_{1i}（表2）、C_2-X_{2i}（表3）、C_3-X_{3i}（表4）、C_4-X_{4i}（表5）所示。

表1   A-C_i（1, 2, 3, 4,）判断矩阵

A	C_1	C_2	C_3	C_4	权重
C_1	1	1/2	1/2	1/2	0.136
C_2	2	1	1/2	1/2	0.192

续表

A	C_1	C_2	C_3	C_4	权重
C_3	2	2	1	1/3	0.246
C_4	2	2	3	1	0.426

$\lambda max = 4.215$；$CI = 0.072$；$RI = 0.900$；$CR = 0.080$；$CR < 0.1$ 一致性检验通过。

表2　　　　　$C_1 - X_{1i}$（1，2，3，4）判断矩阵

C_1	X_{11}	X_{12}	X_{13}	X_{14}	权重
X_{11}	1	1/2	1/3	1/3	0.106
X_{12}	2	1	1/3	1/2	0.167
X_{13}	3	3	1	1/2	0.319
X_{14}	3	2	2	1	0.408

$\lambda max = 4.143$；$CI = 0.048$；$RI = 0.900$；$CR = 0.053$；$CR < 0.1$ 一致性检验通过。

表3　　　　　$C_2 - X_{2i}$（1，2，3）判断矩阵

C_2	X_{21}	X_{22}	X_{23}	权重
X_{21}	1	2	2	0.439
X_{22}	1/2	1	1/2	0.196
X_{23}	1/2	2	1	0.311

$\lambda max = 3.054$；$CI = 0.027$；$RI = 0.580$；$CR = 0.047$；$CR < 0.1$ 一致性检验通过。

表4　　　　　$C_3 - X_{3i}$（1，2，3，4，5）判断矩阵

C_3	X_{31}	X_{32}	X_{33}	X_{34}	X_{35}	权重
X_{31}	1	1/2	1/2	1/2	1/2	0.106
X_{32}	2	1	1/2	1/2	1/2	0.139
X_{33}	2	2	1	1/2	1/2	0.184
X_{34}	2	2	2	1	1/3	0.224
X_{35}	2	2	2	3	1	0.347

$\lambda max = 5.286$；$CI = 0.071$；$RI = 1.120$；$CR = 0.063$；$CR < 0.1$ 一致性检验通过。

表5　　　　　$C_4 - X_{4i}$（1，2，3，4）判断矩阵

C_4	X_{41}	X_{42}	X_{43}	X_{44}	权重
X_{41}	1	1/2	2	2	0.270
X_{42}	2	1	3	2	0.423
X_{43}	1/2	1/3	1	2	0.172
X_{44}	1/2	1/2	1/3	1	0.135

$\lambda max = 4.143$；$CI = 0.048$；$RI = 0.900$；$CR = 0.0533$；$CR < 0.1$ 一致性检验通过。

综上所述，通过上述步骤，得到了评价体系各层指标的权重，即 X 层对 A 的权重值（见表6）。通过表6可以看出，在对高校经管类专业校外实习基地评估中，各相关指标因素的重要性排序结果为：实习指导教师素质、人员素质结构及岗位职责、仪器设备、与产学研相结合、指导教师和教辅人员配备、安全状况、人员考核与培训、实习项目管理与研究、基地管理制度及手段、实习考核制度、基地建设规划、饮食和住宿等、实习指导与大纲、实习计划与实习安排、基地的建立时间及稳定性、基地的建立规范。

表6　　　　　　　　X 层对 A 的权重值

层次	C_1 0.136	C_2 0.192	C_3 0.246	C_4 0.426	X 层对 A 层的权重
X_{11}	0.106	0	0	0	0.014
X_{12}	0.167	0	0	0	0.023
X_{13}	0.319	0	0	0	0.043
X_{14}	0.408	0	0	0	0.055
X_{21}	0	0.439	0	0	0.095
X_{22}	0	0.196	0	0	0.038
X_{23}	0	0.311	0	0	0.060
X_{31}	0	0	0.106	0	0.026
X_{32}	0	0	0.139	0	0.034
X_{33}	0	0	0.184	0	0.045
X_{34}	0	0	0.224	0	0.055
X_{35}	0	0	0.347	0	0.085
X_{41}	0	0	0	0.270	0.115
X_{42}	0	0	0	0.423	0.180
X_{43}	0	0	0	0.172	0.073
X_{44}	0	0	0	0.135	0.057

四　某经管类专业校外实习基地的模糊综合评判实证分析

首先建立评语集，评语集 V = {优秀，良好，中等，差}，进行一级模糊评判。调查有关专家，对实习基地建立与管理各指标进行评判。调查显示，对实习基地的建立规范，有 20% 的人认为"优秀"，50% 的人认为"良好"，30% 的人认为"中等"，0% 的人认为"差"，由此得出基地的建立规范 X11 的单因素模糊评判，其模糊评判向量为 $r_1 = (0.2, 0.5, 0.3, 0)$。

同理，对基地的建立时间及稳定性、基地建设规划、基地管理制度及手段分别作出单因素模糊评判向量为：$r_2 = (0, 0.4, 0.5, 0.1)$；$r_3 = (0, 0.1, 0.6, 0.3)$；$r_4 = (0.5, 0.3, 0.2, 0.0)$，$r_1$、$r_2$、$r_3$、$r_4$ 组合成评判矩阵 R_1：

$$R_1 = \begin{bmatrix} 0.2 & 0.5 & 0.3 & 0 \\ 0 & 0.4 & 0.5 & 0.1 \\ 0 & 0.1 & 0.6 & 0.3 \\ 0.5 & 0.3 & 0.2 & 0.1 \end{bmatrix}$$

根据表 6 中各因素的权重向量，作模糊变换：

$$S_1 = W_1 \cdot R_1 = (\mu_1, \mu_2, \cdots, \mu_m) \cdot \begin{pmatrix} r_{11} & r_{12} & \cdots & r_{1n} \\ r_{21} & r_{22} & \cdots & r_{2n} \\ \vdots & \vdots & \vdots & \vdots \\ r_{m1} & r_{m2} & \cdots & r_{mn} \end{pmatrix}$$

其中，"∘"为模糊合成算子。

$$= (0.106, 0.167, 0.319, 0.408) \circ \begin{pmatrix} 0.2 & 0.5 & 0.3 & 0 \\ 0 & 0.4 & 0.5 & 0.1 \\ 0 & 0.1 & 0.6 & 0.3 \\ 0.5 & 0.3 & 0.2 & 0.1 \end{pmatrix}$$

$= ((0.106 \wedge 0.2) \vee (0.167 \wedge 0.0) \vee (0.319 \wedge 0.0) \vee (0.408 \wedge 0.5),$
$(0.106 \wedge 0.5) \vee (0.167 \wedge 0.4) \vee (0.319 \wedge 0.1) \vee (0.408 \wedge 0.3),$
$(0.106 \wedge 0.3) \vee (0.167 \wedge 0.5) \vee (0.319 \wedge 0.6) \vee (0.408 \wedge 0.2),$
$(0.106 \wedge 0.0) \vee (0.167 \wedge 0.1) \vee (0.319 \wedge 0.3) \vee (0.408 \wedge 0.1))$
$= (0.106 \vee 0.0 \vee 0.0 \vee 0.408, 0.106 \vee 0.167 \vee 0.1 \vee 0.3,$
$0.106 \vee 0.167 \vee 0.319 \vee 0.2, 0.0 \vee 0.1 \vee 0.3 \vee 0.1)$
$= (0.408, 0.3, 0.319, 0.3)$

这样得到的实习基地建立与管理模糊评价的评判度为 $S_1 = (0.408, 0.3,$

0.319, 0.3) 进一步将结果归一化得：B_1 = (0.307, 0.226, 0.240, 0.226)，结果表明，该校外实习基地的实习基地建立与管理属于优秀的程度是 0.307，良好的程度是 0.226，中等的程度是 0.240，差的程度是 0.226。按最大隶属原则，结论是：优秀。

同理，实习基地设备条件、实习教学活动和实习师资队伍的模糊评判矩阵 R_2、R_3、R_4 分别为：

$$R_2 = \begin{bmatrix} 0.1 & 0.3 & 0.5 & 0.1 \\ 0 & 0.5 & 0.3 & 0.2 \\ 0.5 & 0.3 & 0.2 & 0 \end{bmatrix}, R_3 = \begin{bmatrix} 0.6 & 0.3 & 0.1 & 0 \\ 0.7 & 0.2 & 0.1 & 0 \\ 0.5 & 0.3 & 0.2 & 0 \\ 0.4 & 0.3 & 0.3 & 0.1 \\ 0.3 & 0.3 & 0.4 & 0 \end{bmatrix},$$

$$R_4 = \begin{bmatrix} 0 & 0.4 & 0.4 & 0.2 \\ 0.1 & 0.5 & 0.3 & 0.1 \\ 0 & 0.4 & 0.3 & 0.3 \\ 0.2 & 0.4 & 0.3 & 0.1 \end{bmatrix}$$

用同样的方法，计算实习基地设备条件、实习教学活动和实习师资队伍模糊评价的评判度为：

S_2 = (0.311, 0.3, 0.439, 0.196)，S_3 = (0.3, 0.3, 0.347, 0.1)，S_4 = (0.135, 0.423, 0.3, 0.2)；

分别进行归一化处理得：

B_2 = (0.250, 0.241, 0.352, 0.157)，结果表明，该校外实习基地的实习基地设备条件属于优秀的程度是 0.250，良好的程度是 0.241，中等的程度是 0.352，差的程度是 0.157。按最大隶属原则，结论是：中等。

B_3 = (0.287, 0.287, 0.331, 0.096)，结果表明，该校外实习基地的实习教学活动属于优秀和良好的程度均是 0.287，中等的程度是 0.331，差的程度是 0.096。按最大隶属原则，结论是：中等。

B_4 = (0.128, 0.400, 0.284, 0.189)，结果表明，该校外实习基地的实习师资队伍属于优秀的程度是 0.128，良好的程度是 0.400，中等的程度是 0.284，差的程度是 0.189。按最大隶属原则，结论是：良好。

下面进行二级模糊综合评判。

实习基地总体建设情况评价度为：

$$S_{总} = (0.136, 0.192, 0.246, 0.426) \cdot \begin{pmatrix} 0.307 & 0.226 & 0.24 & 0.226 \\ 0.25 & 0.241 & 0.352 & 0.157 \\ 0.287 & 0.287 & 0.331 & 0.096 \\ 0.128 & 0.4 & 0.284 & 0.189 \end{pmatrix}$$

$$= (0.246, 0.4, 0.284, 0.189)$$

归一化处理后得，$B_{总}$ = (0.220, 0.357, 0.254, 0.169)，按最大隶属原则，结论是：良好。该校外实习基地总体评价级别是良好，应在保持优势的同时重点关注弱项，争取在评价较低的环节有所改进。

五 结 论

本研究初步构建了经管类专业校外实习基地的评价指标体系。首先，在评价指标的选择上，充分考虑了经管类专业的实习实际情况，包含了一般评价体系所具有的各项要素，具有科学性、全面性和客观性的特点；其次，使用的评价办法采用了 FAHP 方法，将层次分析法和模糊综合评价法有机地结合在一起，新颖、简便、可操作性较强，具有示范性和推广价值；再次，根据评价结果，经管类专业高校可以清晰地评判校外实习基地的优劣，从而进行择优培育；最后，通过对校外实习基地的评价结果进行深入的分析，可以找出校外实习基地在哪些方面存在问题或差距，以便进行针对性的整改和完善。总之，在高校经管类专业如何客观、科学地评价校外实习基地方面，本研究做了一个有益的探索，该评价指标体系和评价方法中的一些不足之处，还需在今后的研究和实践中进一步完善。

Evaluation of the off-Campus Practice Base of Economics and Management Major Based on FAHP

Man Guangfu　Gao Aixia

Abstract: As an important part of practical teaching, off-campus practice base plays an important role in cultivating students´ ability of practice and employment. It is very important to study the evaluation of off-campus practice base of economics and management major, and to promote the construction of off-campus practice base. This paper, on the basis of the previous studies, tries to build a three-level index evaluation system of the off-campus practice base of economics and management major, and makes a quantitative analysis of practice base with FAHP (fuzzy analytic hierarchy process), and finally analyzes the evaluation results.

Key words: economics and management major; FAHP; off-campus practice base; practical teaching

禁毒所实践教学的人才培养价值[*]

张朝霞[**]

摘　要：法学实践教学就是要努力做到让学生从活生生的法律实践中获得全面发展。学校通过在戒毒所的教学实践，对学生发展发挥了积极的作用：一是使他们接受远离毒品、珍爱生命的教育等人格（三观）教育；二是为学生梳理和深化了相关法学专业知识背景；三是通过与戒毒所干警和戒毒人员的互相交流，接受法律职业方面的教育。

关键词：戒毒教育；法学知识；联谊帮教；法学学生

"纸上得来终觉浅，绝知此事要躬行"。作为一名法学教师，如何让学生的学习更接地气，理论与实践相结合，如何使学生从活生生的法律实践中学习和领悟抽象的法学知识，是值得法学教师在法学教学中琢磨的一件事情。尝试一切可能的方式为学生创造接触法治实践的机会，使得学生对所学知识融会贯通；让他们参与其中，引导学生更好地用所学法律知识服务社会，是当前教学改革实践的重要使命。

通过与戒毒中心的有关领导提前沟通、制订参观方案，笔者曾多次成功组织法学院本科生和法律、法学研究生前往位于兰州安宁区的甘肃省第二强制隔离戒毒所和位于兰州榆中县兰州市公安局强制隔离戒毒所学习、参观和联谊。实际上，早在 2010 年，国家禁毒办、中宣部、中央外宣办、中央综治办、公安部、教育部等 18 个部门联合下发《关于深化全民禁毒宣传教育工作的指导意见》，推动全社会依法履行禁毒宣传教育职责，进

---

[*] 项目基金：本文系西北民族大学 2016 年研究生教育教改项目《"卓越法律人才教育培养计划"背景下我校法学硕士、法律硕士（法学和非法学）研究生培养模式研究》、西北民族大学《宪法学专题》研究生示范性学位课程建设的研究成果之一。

[**] 张朝霞：西北民族大学法学院教授，主要研究方向：宪法学、法学教育。

一步提高全民抵御毒品的能力和参与禁毒斗争的意识。[①] 在走进禁毒所的活动中,不仅获得了运作实践活动的相关经验,也逐渐认识到搞好此项活动的实践教学价值和意义。

一 使学生接受了远离毒品、珍爱生命的人生观教育

在甘肃省第二强制隔离戒毒所,干警首先带学生参观了该所的毒品预防教育基地。该基地位于该戒毒所一幢楼的整个一、二两层,由禁毒宣传板报展板、仿真毒品样品和吸毒工具玻璃展柜、视频宣传区、拒毒签名墙等构成。基地展区通过真实的图片、典型的事例、图文并茂的展板、实物和多媒体等多种手段,从禁毒历史、禁毒成果、禁毒宣传、禁毒法律法规、戒毒模式、戒毒方法和戒毒矫治项目等不同角度详细介绍和展示毒品种类、危害,以及政府对开展禁毒工作的重视。学生们一边观展,一边聆听该所干警为学生讲解有关毒品的知识。干警告诉学生,这里已经成为甘肃省向青少年和各界社会群众开展传授禁毒知识、培养禁毒技能、传播禁毒观念的重要场所。

在参观中,学生了解到了禁毒工作的一些具体情况。一是毒祸肆虐。通过介绍毒品带来的危害和全球泛滥状况,学生了解到大麻毒品非法生产、大麻毒品犯罪和世界各国开展打击大麻毒品犯罪的斗争等情况。二是世界毒源地图。学生了解到我国新疆、云南等边境地区由于紧邻亚洲两大毒品产地,我国如何逐渐从20世纪八九十年代的毒品过境国变成了毒品消费与过境的双重受害国。三是毒品贩运。毒品进入我国的各种携带方式,包括捆绑式、人体携带式、夹带式等。四是毒品发展趋势和新型毒品。目前毒品的成分越来越精细,而且吸食方式也愈加隐蔽,并且有向青少年人群扩展的趋势。青少年吸食毒品,一种是涉世未深,受人蒙蔽一时冲动,以为一次两次的接触毒品不会上瘾而走上吸毒之路;另外一种就是被犯罪分子将毒品混杂在饮料、香烟里面,在不知不觉中被动吸毒,染上毒瘾。五是该所在强制戒毒方面的历史及工作情况等。参观完之后,还与干警座谈互动,学生还向干警提出了

---

① 18部门联合出台《意见》推动全民禁毒宣传教育工作,规定每年6月为"全民禁毒宣传月"。[EB/OL].http://politics.people.com.cn/G13/1027/1253273/.html,2010-8-24。

许多自己感兴趣的问题，干警一一做了详细的解答。

在榆中县兰州市公安局强制隔离戒毒所，戒毒所的干警首先为学生做了一场戒毒报告。之后，送给学生每人一本由天地出版社出版的该所干警毛彦军编著的书《毒品，人类 21 世纪的主要敌人》。该书共分十三章，内容包括关于毒品、常见毒品简介、诱发吸毒的原因、毒品的危害、惨痛的吸毒血泪史、明星吸毒说明了什么、近代名人与毒品、如何防范杜绝毒品危害、打击毒品犯罪案例选编、历代戒烟禁毒逸闻趣事和诗歌楹联、有关打击毒品犯罪的法律规定等。同学们一拿到书，立刻翻阅，爱不释手。

为更好地让学生们感受到毒品对个人、家庭、社会的巨大危害，上述两个戒毒所的干警们还组织戒毒人员为学生现身说法，陈述了毒品对个人与社会的巨大危害，以及戒毒所的成就。

正如《关于深化全民禁毒宣传教育工作的指导意见》所指出的"禁毒工作的根本在于教育，禁毒教育的主阵地是学校"。青少年正处于人生观、价值观的形成阶段，且好奇心强，容易受到各类毒品的侵袭。对在校大学生进行科学、系统的禁毒教育，可以帮助他们养成良好的生活方式，增强师生们识毒、防毒、拒毒意识，提高对毒品的抵御能力，有效降低我国新吸毒人员的滋生。当地媒体对我校法学院去戒毒所的活动做了报道。

从上面可以看出，良好的法学实践活动，不仅仅是对该领域知识的学习，更是对人生认知的积累和完善，也是形成健康人生观的一个重要过程。[①] 因此，走进禁毒所的教学实践也是对学生进行人生观教育的有益形式。

二　让学生在法学实践活动中感悟和理解法学专业知识

俗话说"内行看门道，外行看热闹"，法学学生如果像社会其他人员或者其他专业的学生一样来到戒毒所仅仅接受戒毒教育还是远远不够的，作为法学教师必须能够引导学生提前了解法学实践活动的法学知识的背景和相关法学知识的关联性，帮助其在专业学习上"更上一层楼"。如果缺乏这样的铺垫和专业知识的准备，类似的法学实践活动将失去专业教育的

[①] 李恺、王京、刘洪光：《试论在实践教学中对学生人生观的教育》，《石河子大学学报》（哲学社会科学版）2011 年第 1 期。

功能，也很难得到院（系）校领导的支持。走进戒毒所，如何让学生获得更多的法律专业知识呢？去戒毒所之前，以下的法学背景的专业知识梳理和介绍，将有助于该项活动的有效开展。

第一，让学生了解戒毒所的性质和定位。在我国，限制人身自由的机构有监狱、看守所、拘留所、戒毒所、劳动教养所、收容教育所，它们所适用的法律、主管部门、适用对象和改造任务有很大的区别。在来戒毒所之前，通过以下图表向学生介绍这六种机构的区别，等学生到了戒毒所就会对其在这些机构中的地位和区别有了比较形象直观的认识。

监狱、看守所、拘留所、戒毒所、劳动教养所、收容教育所比较表

	适用法律	主管部门和性质	适用对象	改造任务
监狱	2005年《监狱法》	监狱的主管部门是国家的刑罚执行机关。在监狱服刑叫劳动改造，俗称劳改。因此，有些人称"监狱"为"劳改所"。国务院司法行政部门主管全国的监狱工作，最高行政主管部门为司法部。监狱具有刑事羁押机关的性质	监狱依照刑法和刑事诉讼法的规定，羁押被判处死刑缓期二年执行、无期徒刑的罪犯	对罪犯实行惩罚和改造相结合、教育和劳动相结合的原则，将罪犯改造成为守法公民
看守所	2006年《看守所条例》	1. 看守所以县级以上的行政区域为单位设置，由本级公安机关管辖。2. 省、自治区、直辖市国家安全厅（局）根据需要，可以设置看守所。3. 铁道、交通、林业、民航等系统相当于县级以上的公安机关，可以设置看守所。4. 看守所对犯罪嫌疑人的武装警戒和押解由中国人民武装警察部队（以下简称武警）担任。看守所具有刑事羁押机关的性质	被判处有期徒刑一年以下，或者余刑在一年以下，不便送往劳动改造场所执行的罪犯。看守所是对罪犯和重大犯罪嫌疑分子临时羁押的场所。看守所羁押的主要是未决犯，也就是那些还未得到法院审理或判决未生效的被告人。根据《监狱法》规定，"罪犯在被交付执行刑罚前，剩余刑期在三个月以下的，由看守所代为执行"。因此看守所还羁押着剩余刑期在三个月以下已决犯	看守所的任务是依据国家法律对被羁押的犯罪嫌疑人实行武装警戒看守，保障安全；对犯罪嫌疑人进行教育；管理犯罪嫌疑人的生活和卫生；保障侦查、起诉和审判工作的顺利进行
拘留所	2005年《治安管理处罚法》	拘留所羁押的对象是行政拘留的人以及法院决定司法拘留的人。拘留所是国家行政羁押机关	拘留的对象是违反《治安管理处罚法》的人、法院执行的不履行已判决文书的人、其他违反行政法规的人。拘留所是执行行政拘留的场所，一般最高是15天，合并执行是20天。拘留决定由县级以上公安机关做出，除此之外，法院也可执行司法拘留	对扰乱公共秩序，妨害公共安全，侵犯人身权利、财产权利，妨害社会管理，具有社会危害性质行为的行政责任的追究

续表

	适用法律	主管部门和性质	适用对象	改造任务
戒毒所	2007年《禁毒法》	中国的戒毒所分为三类：第一类是强制戒毒所，由公安部门主管；第二类是劳教戒毒所，由司法部门主管；第三类是戒毒医疗机构，由卫生部门主管。按规定，第一次在戒毒所强制戒毒，复吸者进劳教所。戒毒所是行政机关所采取的行政强制措施	对吸食、注射毒品成瘾人员。强制隔离戒毒的人员：（一）拒绝接受社区戒毒的；（二）在社区戒毒期间吸食、注射毒品的；（三）严重违反社区戒毒协议的；（四）经社区戒毒、强制隔离戒毒后再次吸食、注射毒品的	对吸毒人员在一定时期内，进行生理脱毒、心理矫治、适度劳动、身体康复和法律、道德教育
劳教所	1957年《国务院关于劳动教养问题的决定》、1979年《国务院关于劳动教养的补充规定》、1982年《劳动教养试行办法》。	2013年11月15日的《中共中央关于全面深化改革若干重大问题的决定》提出，废止劳动教养制度。此后，全国人民代表大会常务委员会也通过了《关于废止有关劳动教养法律规定的决定》的重大决定。可以说，自此劳动教养已成为历史产物，各地的劳教所业已废止。它是实行强制性教育改造的处所和机关	劳教所，亦称劳动教养所、劳动教养管理所是指对违犯法纪而不宜追究刑事责任的有劳动能力的人决定劳动教养。劳教不经法院宣判，而是一般都是经设区市劳动教养管理委员会审批的	对劳动教养人员按照"教育、感化、挽救"的方针，实行强制性的教育改造
收容教育所	2000年《收容教育所管理办法》	收容教育所的管理由设立收容教育所的公安机关负责	收容教育所是公安机关依法对卖淫、嫖娼人员进行法律和道德教育、组织参加劳动生产以及进行性病检查、治疗的行政强制教育场所	坚持教育、感化、挽救的方针，实行依法、严格、科学、文明管理，通过教育、心理矫治和性病诊治，使被收容教育人员成为身心健康的守法公民

从图表内容的介绍中，在我国现在依然存在和曾经存在的关押机关有上述六种，但是各个机关的差别比较大。

第二，可以让学生了解戒毒所在我国的演变。2013年12月28日，全国人大常委会通过《关于废止有关劳动教养法律规定的决定》，劳动教养制度的废除，表明这种广受争议的、不经司法裁判而限制人身自由的行政强制措施，在施行了近60年后终于画上句号。随后，全国350余个劳教场所全部摘牌转型。安徽、上海等绝大多数省市将其调整为戒毒局，山东等地则转为轻刑犯监狱。废止劳教制度后,绝大多数省区市都将原来的劳教局调整为戒毒局。十八届三中全会已经明确了劳教制度改革的方向,提出"废止劳教制度,完善对违法犯罪行为的惩治和矫正法律,健全社区矫正制度"。按照此方向,北京、乌鲁木齐将原劳教局调整为教育矫治局。如此介绍可以激发学生对戒毒所的前世今生及改革原因和背景等探究的兴趣。

第三,关于我国法律对涉及毒品行为的管制。在《治安管理处罚法》第七十二条规定了行政处罚的责任。《刑法》第七节关于"走私、贩卖、运输、制造毒品罪"的规定从第三百四十七条到第三百五十六条规定了与毒品有关的刑事责任。《禁毒法》第五十九条、第六十条、第六十一条、第六十三条、第六十四条、第六十五条规定了行政处罚的行政责任;第六十六条规定了刑事责任。对比其中的法律条款可以发现行政处罚的责任主体主要是吸食毒品和以毒品营利的违法人员,刑法主要针对的是以毒品营利的违法犯罪人员。

第四,保证学生能够从行政法专业的角度理解法律知识。强制隔离戒毒是2008年6月1日起施行的《中华人民共和国禁毒法》所规定的戒毒措施之一。强制隔离戒毒决定由公安机关下达,属行政强制措施。《行政强制法》第二条第三款规定:行政强制措施,是指行政机关在行政管理过程中,为制止违法行为、防止证据损毁、避免危害发生、控制危险扩大等情形,依法对公民的人身自由实施暂时性限制,或者对公民、法人或者其他组织的财物实施暂时性控制的行为。根据《行政强制法》的规定,行政强制包括行政强制措施和行政强制执行,它们的关系如下图:

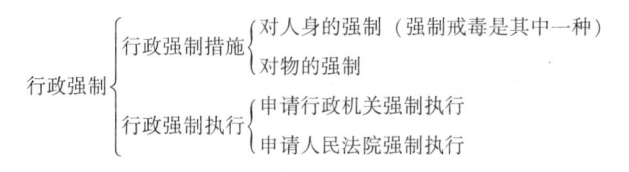

行政强制 {
 行政强制措施 { 对人身的强制(强制戒毒是其中一种) / 对物的强制 }
 行政强制执行 { 申请行政机关强制执行 / 申请人民法院强制执行 }
}

行政强制内涵图

其中,行政强制措施中对人身的强制措施指公安、海关、国家安全医疗卫生等行政机关,在紧急状态下,对公民的人身自由依法加以限制的行政行为,主要有强制、约束、收容、劳动教养、强制遣送、妇女教养和强制戒毒、强制隔离和强制治疗，扣留、强制带离现场等。走进强制戒毒中心，可以提高学生对《行政强制法》中的人身的强制措施知识的理解，让学生理解《行政强制法》与《戒毒法》之间的关系，即两者的关系是一般法与特别法的关系。其中，一般法体现了法律的基本价值和精神，特别法则具有可操作性和优先适用的特点。

第五，激发学生对戒毒法学学术问题研究的兴趣。走进强制戒毒中心，能够为学生提供与戒毒干警、吸毒人员深度交流的机会，为今后顺利开展田野调查做准备。据观察，每逢写毕业论文，无论是法学本科生还是研究生，对论文选题大都难以把握。如果学生来过戒毒所，在对戒毒的相关法学知识理解的基础上，针对戒毒所发展、管理、《戒毒法》执行等问题认真研究，就可以写出比较好的论文，如学生以《强制隔离戒毒人员的人权保障探讨》《强制隔离戒毒的法律监督研究》《论完善戒毒人员社会救助制度的法律对策》《论我国社区戒毒制度的法律完善》为题完成的毕业论文、学年论文等。同时，也是帮助学生对戒毒所活动的认识由感性上升到理性，为学生开展戒毒法学学术研究提供的一个良好契机。

总之，在开展实践教学活动的过程中，对学生开展相关专业知识的背景介绍及教学内容的延伸，能减少实践盲目性，保证学生实践活动"有的放矢"和实效性。让法学学生的学习从实践认识到理性认识，从知识性学习到创新性、思考性学习，必然使得实践学习和知识性学习相得益彰。

三 通过开展联谊帮教活动，增强了法学学生对法律职业的认知

法学教育的目的之一是培养合格的法律职业从业者。然而，传统的课堂教学难以让学生对法律职业有一个直接、客观的认识。而实践教学却能直接让学生接触真实的法律行业，走进戒毒所活动，便是实践教学促进法律职业教育的一个机会。

第一，学生学习到了如何借助社会公益活动开展帮教工作。

应甘肃省第二强制隔离戒毒所领导要求，我校学生与管教干部、戒毒人员开展了合作包饺子、吃饺子等联谊活动。在联谊活动中，该所的干警、戒毒人员和同学们同台演出了小品、相声、独唱等节目，法学院学生

欢快活泼的少数民族舞蹈尤其受到热烈的欢迎。在榆中县兰州市公安局强制隔离戒毒所参观完毕，也组织了有学生、戒毒人员、干警共同参与的少数民族舞蹈、杂技、秦腔等表演。三类人员的活动穿插在一起，欢歌笑语、气氛热烈，那一刻大家完全沉浸在相互平等和友爱的氛围中，戒毒人员的回归意识和干警们的责任意识都有所提升。

每次活动结束后，总会听到戒毒所干警的热切希望：让戒毒人员感受到社会的温暖，希望与学校保持交流常态化，欢迎同学和老师多到戒毒所来共同学习和交流。从帮教活动中，师生都可以悟出，除了法学专业知识的学习，平时的兴趣爱好、处理复杂的社会关系的能力也是非常重要的。所以，法学学生一定要多积累社会实践经验，在实践中锻炼自己，提高自己的综合能力。

第二，通过了解戒毒所的发展史，学生会提前了解一个法律行业的工作特点。

在榆中县兰州市公安局强制隔离戒毒所，干警们向学生介绍该所的发展历程。学生了解到该所面对设施落后、二次创业的艰苦环境。面对戒毒康复中心建设的繁重任务，面对《禁毒法》实施后强制隔离戒毒期限延长、戒毒人员思想不稳定的复杂形势，以建设"一流戒毒所"为奋斗目标，广大干警一步一个脚印、一年一个台阶，连续多年持续不断地努力，最终实现管教场所安全无事故和民警职工队伍安全无事故的目标，并使得戒毒康复工作水平全面提升。戒毒所不断发展壮大，先后增加了戒毒康复、戒毒医疗两项职能，目前是"一套人马、三块牌子"的运转模式。2011年、2012年连续两年被省公安厅评定为二级戒毒所，2013年、2014年连续两年被公安部评定为一级戒毒所。该所在确保安全的前提下，深入落实人性化管理举措，坚持保障戒毒人员合法权益，开展"冬日送温暖、夏日送清凉、生日送祝福"活动，建设了文化阅览室、太阳能浴室，定期配发洗漱用品等生活用品，每逢重大节日开展专项慰问，举行健康向上、富有趣味的文体活动，营造了和谐稳定的戒毒康复环境。为切实解决全市病残吸毒人员"收治难"问题，依托戒毒所设立了兰州市特殊涉毒人员治疗中心（戒毒康复医院），用于收治病残吸毒人员。三年来，戒毒康复医院按照"边收治、边完善、边建设"的思路，克服招聘医生难、医护人员流动性大等诸多困难，学习借鉴三甲专科医院管理经验和运行模式，建立健全规章制度，狠抓内部管理，强化医疗培训，开通了危重病人救治"绿色通道",各项工作逐步走上正轨。在服务禁吸戒毒工作方面发挥了积极作用。

甘肃省第二强制隔离戒毒所成立于1991年11月,全所警察职工凝心聚力、艰苦创业、顽强拼搏,场所管理、教育矫治、习艺生产、队伍建设水平不断提高,探索教育矫治工作思路、方法,围绕场所中心工作,大力提倡"构建安全信仰、打造阳光戒毒、唱响文化戒毒品牌"工作思路,场所连续十年实现"六无"目标。2000年、2004年、2006年分别被共青团中央、司法部评为"全国优秀青少年维权岗"。2000—2002年度被省禁毒委评为"禁毒基层先进单位"。2003年被司法部评为"全国抗非典先进集体"。2004年8月被省司法厅授予"省级现代化文明所"称号。2009年2月13日,司法部授予"现代化文明所"称号。2010年4月,司法部授予"先进集体"称号。2010年5月,中共兰州市委、兰州市人民政府授予"市级文明单位"称号。2012年评为省级精神文明建设先进单位。这些成绩的取得得益于广大一线干警的聪明才智和勇于创新精神,以及他们凝心聚力、艰苦创业的十足干劲,值得每一个法学学生在今后的职业岗位上认真学习。

第三,学生了解到戒毒干警的职业情况。

戒毒所的干警为学生介绍了干警们的日常生活。榆中县兰州市公安局强制隔离戒毒所远离市区,工作生活存在诸多不便,民警不够安心是队伍管理工作中面临的最大挑战。为此,该所在严格管理、高标准要求的同时,千方百计做好从优待警工作,努力创造了拴心留人的环境。所里建立了民警职工生日送祝福制度、探视慰问制度、年休假制度和每年定期体检制度,并开展了丰富多彩、形式各异的文体活动,不但极大地活跃了警营文化生活,而且有效地缓解了监管工作的巨大心理压力,营造了舒心和谐的工作生活环境。

走进戒毒所的活动,不仅使学生能加深对专业知识在实践中的表现与应用的认知,更是对学生的一次法律职业的教育,让学生了解到戒毒干警的职业现状、职业人的素养、职业的社会地位等情况,为学生的未来职业选择提供了经验。有学者认为实践教学的目的可以分为四类:技能培训、法律服务的提供、社会教育、专业责任感的培养。[1] 或许,走进戒毒所的

---

[1] 何美欢等:《理想的专业法学教育》,中国政法大学出版社2011年版,第22页。

法学实践教学达不到全部目标，但部分目标是可以实现的。

Value of the Personnel Training in Practical Teaching in Drug Rehabilitation Center

Zhang Zhaoxia

Abstract: Law teachers should try to enable their students to learn and understand abstract legal knowledge through the legal practice. Practical teaching in drug rehabilitation center has played a positive role in the all-round development of the students. Firstly, they are educated to be keeping away from drugs and cherish life. Secondly, practical teaching can help students sort out the legal knowledge and deepen their understanding of the knowledge. Thirdly, they are educated with the legal professional knowledge through the communication with the police officers and drug addicts in the drug rehabilitation center.

Key words: education on prohibiting drug abuse; legal knowledge; practical teaching; law students

高校人才培养质量管理体系的实践与研究[*]

黄孙庆[**]

摘　要： 建立适宜的质量管理体系是确保人才培养质量的有力保障。钦州学院构建并实施了ISO9000族标准的船员教育和培训质量管理体系。该体系包括树立过程管理的核心理念、确定质量方针和建立质量目标、建立程序文件和岗位职责、建立内部审核组织、加强组织建设等核心内容。该体系经过5年的运行与理论提升，从船员教育培训扩展普及至全校所有专业教育范围，在树立先进的管理理念、凸显学校航海高等教育特色、规范教育教学等方面，取得了显著成效。

关键词： ISO9000族标准；船员教育和培训；质量管理体系

一　前言

钦州学院是西部沿海唯一公立普通本科院校，也是广西唯一有资质进行高级海船船员教育和培训的本科院校。为了服务广西北部湾经济区重大产业发展需求，学校大力加强海洋学科专业教育。建立适宜的质量管理体系是确保人才培养质量的有力保障，有利于解决如何运用现代管理理念提高地方本科院校管理水平和效率的问题、现代航运业蓬勃发展的高要求与航海人员培养质量不高的矛盾问题以及国际航运业对航海高等学校（或航海专业）特殊要求等问题。自2007年开设航海类专业以来，为保障船员教育和培训的质量，满足国内外船员教育和培训的强制性要求，钦州学

---

[*] 项目基金：广西高等教育教学改革工程项目"高校船员教育和培训质量管理体系构建与运行研究——以钦州学院为例"（项目编号：2012JGB229）。广西高等教育教学改革工程重点资助项目"基于ISO9000的新建本科院校质量管理体系的构建与实践—以钦州学院为例"（项目编号：2012JGZ145）。

[**] 黄孙庆：钦州学院教务处副处长，副教授，主要研究方向：高等教育管理。

院着手建立基于ISO9000族标准的船员教育和培训质量体系并组织实施，经过5年的经验总结和理论提升，在全校具体实施并推广应用研究成果，取得了显著成效，具有一定的借鉴意义和推广价值。

二 基于ISO9000族标准的高校船员教育和培训管理体系构建与运行

2011年7月，钦州学院成功建成和运行一套基于ISO9000族标准的船员教育和培训质量管理体系，并于2011年12月顺利通过了国家海事局专家组审核，成为广西唯一符合国家海事局和国际海事组织（IMO）规定的培养培训高级船员的机构。质量管理体系构建与运行主要成果内容如下。

1. 树立过程管理的核心理念，实现传统管理向科学管理的转变。地方本科院校在得到快速发展的同时，原来的教育教学质量管理遇到严重的挑战，学校传统的经验式管理模式、运行机制、质量观念和质量控制方法已不能适应和满足发展和管理要求。地方本科院校教学质量保障依靠资源的合理配置，更靠培养过程的质量监控。ISO9000族标准理论认为，质量形成于生产过程，必须使影响产品质量的全部因素在生产过程中处于受控状态，以文件化的形式规范所有环节[①]。国际海事组织制修订的STCW（海员培训、发证和值班标准国际公约）公约也强制要求，所有船员教育和培训机构必须建立一个国家主管机关认可的质量标准体系，对所有船员教育和培训活动过程进行全过程的监控。构建基于ISO9000族标准的高校船员教育和培训质量管理体系，就是通过建立一系列完整的文件化程序，包括质量手册（质量方针、质量目标）、程序文件、作业指导书、质量记录等，以规范一个相对稳定和程序化的生产过程并在各个关键环节上实施有效的控制，实现质量管理从传统的对结果（产品）实施评估，转为对过程实施控制，形成从计划—实践—检验—改进的封闭环管理模式，突出管理过程的全面性、全员性和全程性，是实现传统管理向科学管理转变的重要手段。

2. 确定质量方针，建立质量目标，提出系统化的管理要求。钦州学

---

① 何茂勋：《ISO质量管理模式及其在高等教育质量管理中的应用》，《高教论坛》2004年第2期。

院按照 ISO9000 族标准的要求编制《钦州学院船员教育和培训质量管理体系》（A/0 版）由质量手册、程序文件和岗位职责三层文件组成（其中质量手册 1 份，程序文件 13 份，岗位职责文件 208 份，内部管理文件 66 份）。质量手册确定了学校的"质量方针"和"质量目标"，学校确定的船员教育和培训质量管理体系的质量方针是：严格遵循国家船员教育和培训的法规与国际航海公约办学，培育综合素质高、实践能力强，富有实干精神的高级航海人才。针对航海类本科毕业生、航海类专科毕业生、各类船员专业培训学员三类人员的教育和培训质量制定了具体指标。船员教育和培训质量管理体系文件覆盖了《中华人民共和国教育和培训质量管理体系审核细则》的 12 个基本要素，并通过开展质量策划与审核活动、加大人才引进、加强课程建设、加大教学建设投入、实施半军事化管理等系统化的管理要求，贯彻既定的质量方针和实现既定的质量目标。

3. 建立程序文件和岗位职责，落实质量管理各项要求。系统化的管理要求，需要系统、规范的工作予以落实。针对《质量手册》中的各项要求，学校组织相关人员根据本校实际编写了程序文件 13 份、岗位职责文件 208 份，将各项质量管理要求和质量目标落实到中层部门和具体岗位的规范化工作之中。例如，《教学计划程序》明确了专业人才培养方案的制订、评审、发布及更改过程，保证了不同专业人才培养方案管理的规范化与科学性；《教学与训练的实施程序》从任课教师的确认、教学任务的下达、课程表的编排、课程教学计划的制订、教学场所及教学设备的准备、教材的选用与批准、教学人员的备课、课堂教学及教学进度的控制、实践性教学及安全保障、试卷运行、课程考核、评卷和补考管理等十三个方面规范了教学及其管理工作。

4. 建立内部审核组织，内审与外审相结合，保证质量管理体系有效运行。2011 年暑假，钦州学院选派 6 名教师到广东进行培训并通过内审员资格考试，获得了国家海事局认可的内审员资格，内审员队伍的建立，为钦州学院构建和运行基于 ISO9000 族标准的高校船员教育和培训质量管理体系提供了强有力的支撑。学校根据《中华人民共和国船员教育和培训质量管理规则》等文件要求，在接受外部（第三方）审核的基础上，组建质量管理体系内部审核小组，每年至少对各个受控部门和工作岗位的工作程序及岗位职责的执行情况进行审核，对质量管理体系本身的充分性、有效性进行评审；对内审过程中发现的问题提出整改要求，实现持续改进和完善，形成了强有力的质量管理体系运行的监督机制。截至 2015 年底，共开展内部审核活动 7 次，相应的管理评审活动 7 次，外部初次审核活动 1 次，附加审核活动 2 次。

5. 加强组织建设，积极培育质量文化，形成了持续改进的质量管理运行机制。组织最高管理层的高度重视和强有力的领导是质量管理取得成功的关键，高校领导者在确立组织统一的宗旨和方向的同时，也要创造并保持使员工能充分参与实现组织目标的内部环境，包括组织机构的健全、质量文化的培育、体制机制的配套改革，鼓励和促进组织内部所有成员共同为实现质量方针和质量目标而努力。尤其是作为文化组织的高校，其教育教学质量管理是一种文化驱动的自我管理和自我提高①。构建高校质量管理体系运行的长效机制关键在于师生心中树立以质量为中心的文化，使质量管理的理念渗透每一个工作岗位和工作流程中。通过实施"管理职责""资源管理""产品实现"及"测量、分析和改进"等彼此相连、循环不断的质量管理运行模式（图1），应用 PDCA 方法管理每一个过程以及所有过程的网络，即识别、策划和建立质量管理模式持续改进的过程，将相关的活动构成有机整体并按 PDCA 进行管理，形成循环闭合和持续改进机制。

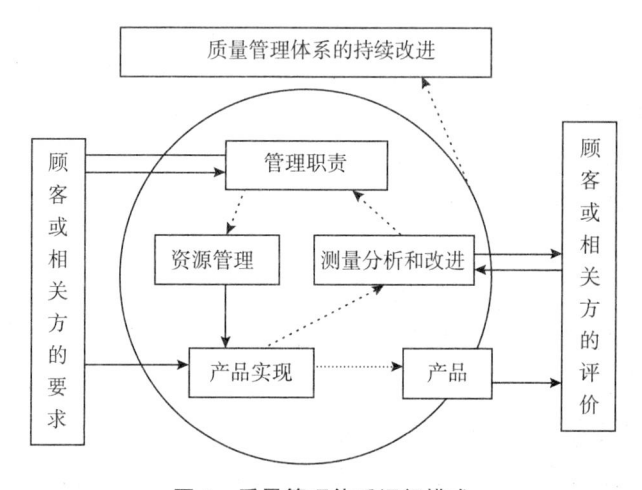

图 1 质量管理体系运行模式

---

① 王建华：《多视角的高等教育质量管理》，广东高等教育出版社 2010 年版，第 72 页。

三 基于 ISO9000 族标准的高校船员教育和培训管理体系运行成效

1. 树立了先进的管理理念。传统的学校质量管理基本沿用传统的目标管理模式，该模式具有其简单、高效和最终控制等特点，适用于低成本的、具有可逆性的产品生产过程特点的管理，对于高成本、不可逆性的管理（如人才培养）采用目标管理模式日益凸显出其不尽合理和难以监控的弊病。ISO 质量管理体系是在全面质量管理理论和实践基础上发展的，将目标控制和过程控制有机结合，是一种国际公认的先进的管理理念。一方面，它的核心是把质量管理从传统的对结果（产品）实行评估，转为对过程实施控制。对高校船员教育和培训的质量管理而言，对船员教育和培训形成最终结果（人员及服务）的全过程实施过程控制，对影响船员教育和培训质量的各个环节进行检测、纠错、反馈、修正，以保证船员教育和培训每一过程的质量管理都在监控之下进行。另一方面，该理念最基本的思想着重体现在全面上，即全面性（包括工作质量、服务质量、产品质量等）、全员性（全体教职员工共同参与质量管理，强调所有员工都有强烈的质量意识，共同为质量的提高而努力）、全程性（管理是全过程的，如人才培养始于招生落脚于就业的周期性过程的管理）及持续的质量改进（强调质量的持续改进和提高）。

2. 促进了航海高等教育快速发展。近年来，钦州学院航海高等教育取得快速发展，先后获批教育部地方高校第一批本科专业综合改革试点项目 1 个（轮机工程，钦州学院唯一一个国家级质量工程项目），第六批自治区级实验教学示范中心 1 个（航海实验实训中心），第一批自治区级虚拟仿真实验教学中心 1 个（航海虚拟仿真实验实训中心），广西高校特色专业 1 个（船舶与海洋工程），广西本科高校优势特色专业群 1 个（机械与船舶海洋工程专业群），自治区级大学生校外实践教育基地 1 个（钦州学院——北部湾拖船（防城港）有限公司工程实践教育基地），现有航海类本专科在校生 556 人，已毕业的航海技术、轮机工程（技术）学生共 302 人。学校共获得了 22 项船员培训项目，目前已经培训了学生和社会高级船员 6813 人次。以轮机工程本科专业为例，参加全国海船船员适任证书理论考试通过率逐年提高，2011 届毕业生通过率仅为 16.7%，2012

届为29.6%，2013届增至40%，近两届均超过50%。近年来航海类专业平均就业率达95%以上。高等航海教育的快速发展进一步凸显了学校海洋学科的特色。

3. 实现教育教学的规范化管理。对钦州学院而言，校内16个教学单位、职能部门及其相关岗位纳入体系成为质量管理体系的受控部门，使受控部门的教学和管理的全过程得到连续有效的监控，有效地促进了学校改善办学条件、规范了教学管理、提高了教学质量，进而提高了学校办学整体水平和人才培养质量。2012年，学校在充分调研和研讨的基础上修订和颁布了《钦州学院教学质量管理体系实施办法（修订）》（2015年再次修订），把原来只适应于船员教育和培训的质量管理体系应用到全校教育教学质量管理上来，进一步加强教学质量管理，使影响教学质量的关键因素和关键环节在我校人才培养全过程中始终处于受控状态，人才培养实现规模、结构、质量、效益协调发展，确保提升教学质量的重要措施得以全面落实，稳步提升我校教育教学质量和人才培养水平，钦州学院的所有学生均从中受益。

4. 受到社会各界广泛关注。钦州学院船员教育和培训管理体系改革实践成果已融入了《服务广西海洋经济发展探索》《新建本科院校教学质量监控体系创新探索》等著作中，在《高教论坛》《煤炭高等教育》《航海教育研究》等期刊公开发表论文14篇，其中钟其鹏的论文《ISO9000族标准对新建本科院校构建质量保障体系的启示》在全国新建本科院校联席会议暨第十一次工作研讨会上作了交流，引起与会者的关注。《光明日报》《钦州日报》、新华网、人民网、中国科技网等多家媒体对本项目成果进行了报道，在社会上产生了较好影响。钦州学院已于2012年12月通过教育部组织的本科教学工作合格评估，广西尚未通过合格评估的新建本科院校以及区外高校（黄淮学院、湖北第二师范学院等）相继前来了解钦州学院本科教学质量监控的举措，钦州学院船员教育和培训质量管理体系的构建和运行成效均得到了他们的肯定和认可。可以说，钦州学院船员教育和培训质量管理体系发挥了很好的辐射、示范和带头作用，一定程度上促进这些高校的质量管理工作实现科学化、规范化，提高教学管理水平、教学质量和办学效益，具有较强的推广价值。

四 结语

教育部2013年12月发出通知要求,从2014年开始正式启动"普通高等学校本科教学工作审核评估"(以下简称"审核评估")。审核评估是针对学校本科教学质量管理体系的评估,评估标准是学校自设的质量目标和质量标准,以及相应的国家(行业)甚至是国际标准、规定和要求。审核评估只设审核范围,包括指导思想与原则、评估对象与条件、评估范围与重点、评估组织与管理、评估程序与任务、评估纪律与监督[①]。高校船员教育和培训质量管理体系的审核与本科教学工作审核评估内涵实质和考核方式具有异曲同工之处。可以说,钦州学院船员教育和培训质量管理体系通过了国家海事局的审核,是审核评估还没有开展(只是试点)之前所做的一次改革尝试,对2014年及之后正式接受"普通高等学校本科教学工作审核评估"的普通高校来说具有一定的参考价值。

Research on the Quality Management System of Talent Training in Colleges and Universities

Huang Sunqing

Abstract: The quality of talent training is the lifeline of the survival and development of colleges and universities; therefore, establishing proper quality management system is the guarantee for the quality of talent training. The construction and implementation of the quality management system of the maritime education and training with ISO9000 standards mainly include establishing the core idea of process management, determining the quality policy and quality objectives, establishing program files and respon-

---

① 李志义、朱泓、刘志军:《审核评估范围结构及内涵解析》,《中国大学教学》2013年第9期。

sibilities, setting up internal audit organization, and strengthening the organization construction. With the experience summarization and theoretical improvements in 5 years, the quality management system and the research results have been applied and promoted in the whole school, which has achieved remarkable results and has certain reference and promotion value.

Key words: ISO9000 standards; maritime education and training; quality management system

西北学人

何微新闻教育思想与实践*

苏丹 张怡 吕强**

摘 要：何微是西北政法大学新闻教育的创办者，在20世纪60年代担任该校前身西北政法学院副院长期间曾积极推进新闻教育，为在困难时期设立并保留新闻专业付出了巨大的努力。他的"新闻有学"思想、"新闻理论与实践相结合"思想、"新闻报道实事求是"思想、"法制新闻"思想至今仍有较强的现实意义，有助于促进西北政法大学新闻教育学科的发展，对于西北新闻教育也有一定的助推作用。

关键词：西北政法学院；何微；新闻教育实践；新闻教育思想

西北政法大学是一所以法学教育为主，融合了文、史、哲等多学科的西北高水平文科院校。学校新闻教育事业的兴起，最早可以追溯到早期的延安大学时期。1946年，时任延安大学校长的李敷仁创办了延大新闻班①，并聘任当时著名的新闻记者、报人范长江担任教员与班主任②。在经过解放战争洗礼后，延大新闻班逐渐发展壮大为西北人民革命大学新闻系③。历经十几年的薪火相传，至20世纪五六十年代，受自然灾害的影响，当时国家经济正处在困难时期，全国教育界因此也大规模裁撤与撤并高等教育专业，

---

* 项目基金：全国暨西北政法大学"何微百年纪念与学术研讨会"的阶段性成果；中央高校基本科研业务费专项资金资助的科研项目 Supported by the Fundamental Research Funds For the Central Universities（2016TS022）阶段性成果。

** 苏丹：西北政法大学新闻传播学院，讲师，主要研究方向：文化传播研究。张怡：西北政法大学新闻传播学院，教师，主要研究方向：文献学研究。吕强：西北政法大学新闻传播学院，讲师，陕西师范大学西北历史环境与经济社会发展研究院博士，主要研究方向：西北文化传播史研究。

① 牟玲生主编：《陕西省志·人物传》（中册），陕西人民出版社2005年版，第545—546页。

② （民国）佚名：《延大增设外文·新闻班——聘名教授多人执教》，《解放日报》民国三十六年一月十一日。

③ 袁武振：《习仲勋与西北人民革命大学》，《学术前沿》2015年第3期。

作为当时新兴专业的新闻学自然被列入裁撤之列①。几经周折,西北政法学院(今西北政法大学)的新闻专业成为全国最终被保留并能够继续培养新闻学专业人才的三大院校之一②。而作为20世纪60年代西部地区唯一还在继续培养新闻专业本科人才的高等院校③,从1960年至1964年,西北政法学院共培养新闻专业本科学生78人④。这一时期,不仅是西北政法学院新闻教育发展的困难时期,更是新闻教育发展的奠基阶段,它为1999年西北政法学院"法制新闻系"的复办提供了渊源⑤。"文化大革命"期间,西北政法学院的新闻教育遭破坏后停办,至20世纪八九十年代,在身处校外的何微长期呼吁的助力下,西北政法学院的新闻系得以恢复,这一时期是政法新闻教育的重生阶段,也为以后新闻传播学院的成立奠定了基础。而何微正是政法新闻教育这两个发展阶段的重要实践者与奠基人,本文通过梳理何微在西北政法学院工作时期的新闻实践活动,来揭示在这些新闻实践活动背后所反映出的新闻思想。这些新闻思想不仅可以填补西北政法学院新闻教育研究的空白,也利于弥补当前学术界对我国西北新闻教育史与新闻名家研究的缺失,而且通过总结何微在西北政法学院时期新闻教育的经

---

① 桑义燐:《何虑何求 志大志刚——新闻学者和记者的何微同志》,《八十春秋——何微教授八十诞辰暨新闻思想研讨文集》,何微教授八十诞辰暨新闻思想研讨会编印(陕西省新闻出版局制·内部使用图书准印证),陕新出批1997年第001号,1997年,第18页。

② 当时除西北政法学院外,其余两家还在培养新闻学专业的高等院校是中国人民大学和复旦大学。当时西北政法学院坚持要将第一届学生按照本科四年制学制培养完,所以虽新闻系在校内已被裁撤,但新闻教育当时还被保留着。见西北政法大学档案室:《行政设置机构表(1963—1964年)》,《西北政法学院1964年档案汇存》档案登记号:xbzf64-0016。

③ 当时我国高等新闻院、系的变动甚大,时办时停,承袭关系甚复杂。如1959年兰州大学中文系设新闻专业,停办后于1983年复办并建系。四川大学新闻系设置于1981年。1998年8月将原文学院中文系与新闻学院合并组建而成文学与新闻学院。1946年暨南大学新闻学系,在上海创立。1949年,因暨大停办而并入复旦大学新闻系。1958年,暨南大学在广州重建后,中文系在1960年开办新闻学专业。1970年,暨大因"文化大革命"被迫停办,新闻学专业也随中文系并入华南师大。1978年,复校后的暨南大学重建新闻学系。从中可以看出,当时西北新闻系有兰州大学新闻系,但遭停办。故西北政法学院在当时来说,还是第一家继续保留新闻培养任务的院校。

④ 西北政法大学档案室:《关于西北政法学院专业设置及培养学生统计表(1958—1969)》,《西北政法学院1969年档案》档案登记号:xbzf69—1653。

⑤ 西北政法大学档案室:《关于成立我院法制新闻系(暂定名)筹备领导小组的通知》,《中共西北政法学院委员会文件—院党发〔1999〕第01号》,中共西北政法学院委员办公室1999年1月15日印发,档案登记号:xbzf99-3561。

验，对今天西北新闻教育事业的发展也具有重要的现实意义。

一 何微的新闻实践与20世纪60年代西北政法学院的新闻教育

何微，出生于中华民国5年（1916年）山西祁县的一户中医世家，他初名为何友仁[1]。青年时的何微生活在中国那个积贫积弱、军阀混战的年代，面对国家的动乱和日本的侵略。1937年2月，满怀爱国理想的何微在山西参加了由薄一波领导的革命力量——山西牺牲救国同盟会，并加入该会新军军士二团组织的"抗日决死队"，成为一名革命敢死队员[2]。受到革命与抗日洗礼的何微，感到初名何友仁缺乏革命主义精神，遂将名字改为何畏，取意革命要有大无畏精神。抗战胜利后，何微又觉得何畏之名显得过于生硬有失亲近，遂又改名为何微，取在人民面前（自己）微小之寓意[3]。1938年，何微进入延安抗日军政大学学习，毕业后，先后任《黄河日报》编辑、新华通讯社晋冀豫分社社长并创办《太岳日报》、新华社太岳分社副社长兼总编辑等职[4]。1949年4月，何微调任为新华社太原分社副社长兼总编辑，参与创办《山西日报》，并任《山西日报》社副社长兼总编辑[5]，并在太原解放后的第三天就出版了创刊后的《山西日报》[6]。全国解放后，何微又先后任新华社山西分社首任社长、新华社华北总分社副社长兼北京分社社长、江苏分社社长[7]，1961年又调任文化部出版局负责人。

---

[1] 吕强、崔宝锋等于2016年6月20日上午10∶13在陕西省铜川市耀州区对何安琪先生（何安琪，男，何微长子）的访谈记录，《何微访谈录录音》，编号：HW2016062063。

[2] 李果、王秀贤、惠金义：《跌宕人生见风骨》，《西部学刊》2016年第4期。

[3] 吕强、崔宝锋等于2016年6月20日上午10∶13在陕西省铜川市耀州区对何安琪先生（何安琪，男，何微长子）的访谈记录，《何微访谈录录音》，编号：HW2016062065。

[4] 李三槐、车英、邱江波：《何微先生的百年人生——从战地记者、报人到著名新闻学教授》，《西部学刊》2016年第4期。

[5] 王永寿等：《山西历史文化丛书》第八辑《山西新闻事业史略》，山西人民出版社2003年版，第152页。

[6] 刘佳林：《中国新闻史》，武汉大学出版社2012年版。

[7] 李三槐：《何微先生的百年人生——从战地记者、报人到著名新闻学教授、学者》，《西部学刊》2016年第4期。

1962年，经党委组织与何微沟通，何微从新华社江苏分社调往西安担任西北政法学院副院长。随后，何微夫人张瑾也随调来西安工作，自此何微定居西安，开始在西北政法学院系统地研究新闻学理论并同时进行新闻学教育工作。然而，何微来西北政法学院担任副院长兼教务长期间，恰逢我国在20世纪五六十年代的经济困难时期，当时受三年自然灾害影响，全国许多地区物资匮乏，为节约物资，国家决定精减一些行业，用以保障国防、农工业的正常稳定发展①，这反映在教育领域内，就是要在全国的高等院校和科研院所中裁撤一批高等专业。随着国家裁撤高等教育政策的下达，当时在西北政法学院的5个系中②，师生们开始热议到底裁撤哪个系的问题。作为新中国创办的五大法学院校之一的西北政法学院，校内要裁撤非法学专业的呼声很高。新闻学作为当时的非法学专业，因其创办时间短、基础差和底子薄的原因，面临即将被学校列入撤销专业的危机③。一时间，刚来校学习一年多的第一届新闻专业学生以及从事新闻教学与研究的教师们各个都人心惶惶④。

---

① 中华人民共和国统计局：《中国统计年鉴》，中国统计出版社1984年版，第81、83、141、163页；孙本文：《八亿人口是我国最适宜的人口数量》，《文汇报》1957年5月11日。

② 1960年西北政法学院当时由1958年的政法专业增设为法律、哲学、政治经济学、中共党史、新闻五个专业，并相应地设置了五个同名系，至1963年最高人民法院决定将学校的五个专业调整为统一的法律专业，并批准撤销了原来的五个系级建制，设置了相应的新的组织机构。见西北政法大学档案馆（藏）《西北政法学院1958年至1969年培养学生统计表》，中共西北政法学院教务处1969年12月13日印发，2016年5月20日查阅，档案登记号：xbzf69—2136。

③ 事实上，西北政法大学的新闻专业源于中国共产党在新民主主义革命时期在根据地延安创办的延安大学新闻班，之所以当时要创办这个新闻班，其目的是为我党培养一大批高素质的新闻工作者，从而做好抗日战争期间的抗日舆论宣传，更好地发挥新闻报道在传递信息、交流意见、凝聚人心和激励民众等方面的作用。至1949年，延安大学南迁西安，并更名为西北人民革命大学，原延安大学新闻班也随之发展壮大为西北人民革命大学新闻系。新中国成立后，由于国家急需进行经济恢复与建设，我国的高等教育及专业设置因此历经了几次重大的调整。至1958年，作为当时西北政法大学前身的西安政法学院在继承了原西北人民革命大学新闻系衣钵的基础上，遵照国家政策成立了新闻系。但由于国家经济困难，1958年、1959年以及1961年三年西北政法学院新闻系并未招生并进行相应的本科培养任务。而1960年，当时的新闻系才招来第一届新闻专业学生。1962年，何微来校担任副院长，当时的新闻系学生刚刚读完大学一年级。所以，对于当时的西北政法学院新闻学教育来讲，其创办时间和招生时间都十分短暂，办学基础较差。

④ 杨天星：《中国新闻学研究领域的"西北何"——记新闻学家何微》，《报刊之友》1996年第2期。

当时，调入西北政法学院工作不久的何微，面对着学校新闻专业将被裁撤的危险。一方面，他凭借自己多年来从事新闻记者的身份，主动向相关的上级领导陈情，表达目前学校有能力且希望继续完成第一届新闻专业学生培养的任务，并恳请上级主管部门同意这届新闻专业学生按本科四年的学制培养；另一方面，何微在校内多次与同事沟通并交流意见，广泛听取新闻系教师们的建议，亲自和持有不同意见的同事们进行探讨。在全校师生的支持下，最终他力排众议使学校决定坚持将新闻专业的第一届学生按本科学制培养至毕业。当时全国还在继续培养新闻专业学生的高校只剩下中国人民大学、复旦大学和西北政法学院，而整个西北乃至西部地区，唯独西北政法学院的新闻专业学生没有因为专业的裁撤而被转入其他专业或弃学放假，而是继续按照教育部的规定学完了新闻本科专业的全部课程，78位学生顺利于1964年毕业[①]。这在当时引起了不小的轰动，也让当时的西北政法学院新闻专业因此而名噪全国。1966年，"文化大革命"开始，当时仍然坚守在西北政法学院新闻教学岗位上的何微，因以"石冷"的笔名执笔《西安晚报》中的《秦中随笔》专栏，而被认定为"三家村"，并以"挂帅人"的名义受到了批判，被下放到一个偏僻山村里进行劳动改造。自此，何微离开了他工作生活了四年的西北政法学院。

至"文化大革命"结束后的1978年，西北政法学院迎来了国务院批准在原校址上复办的喜讯，并于1979年开始招生[②]。但此时新闻系的复办却因各种原因被暂且搁置了下来。此时，何微又被先后调任《陕西日报》社党委书记兼总编辑、陕西省社会科学院院长等领导职务[③]。重新走上新闻工作领导岗位的何微，当时仍心系在"文化大革命"中遭停办的政法新闻专业，时常奔走呼吁，助力恢复西北政法学院的新闻专业。1996年夏，何微将学生刘荣庆叫到家中，并由他口述，刘荣庆执

[①] 吕强、崔宝锋等于2016年10月14日上午10:13西北政法大学新闻传播学院"何微百年系列纪念活动"上对各位研究何微新闻思想的老同事、学生的访谈记录，《何微访谈录录音》，编号：HW2016101409。

[②] 西北政法大学档案馆（藏）：《西北政法学院复办文件》，中共西北政法学院1978年印发，2016年5月20日查阅。

[③] 杨天兴：《中国新闻学研究领域的"西北何"记新闻学家何微》，《报刊之友》1996年第2期。

笔记录起草了复办西北政法学院新闻专业的书面申报材料。随后，又经时任陕西省教育委员会主任刘炳琦和西北政法学院第一届新闻专业毕业生们的鼎力相助，1999年1月，西北政法学院喜获国家教育部批复，同意复办西北政法学院新闻教育，并在法制新闻研究中心的基础上组建了"法制新闻系"①。

二 西北政法学院时期何微的新闻思想

1962年至1965年初，是何微在西北政法学院工作的四年。在这期间，何微积极从事新闻教育和新闻实践活动，体现出他对新闻学和新闻教育的深刻理解。通过这些实践活动，我们可以总结出何微在西北政法学院工作期间新闻思想的四个方面。

1."新闻有学"的思想。20世纪五六十年代，面对政法新闻专业将被裁撤的危机，当时的何微审时度势，提出并践行了"新闻有学"的思想。他认为，首先，新闻传播学虽起源于19世纪末的美国，但在我国必然会有很好的发展；其次，新闻学虽目前还挂靠在文学学科之下，但随着科学技术和新闻媒介的不断发展革新，新闻学最终会突破传统文学学科的范畴，发展为一门交叉性、应用型的综合学科。因此，何微反对当时社会上和学术界有些人提出的"新闻即政治和中文，政治规律就是新闻规律的论断，当记者靠的是政治，无须读大学，通晓文字即可"的错误认识。为此，他从北京、上海请来新闻学专家甘惜分、张隆栋和郑兴东专门为新闻专业学生讲授新闻理论、新闻史、新闻编辑和新闻写作等课程②，并进行学术交流切磋，以提高学生及青年教师对"新闻学"的理解。每一位请来的教师上课，何微几乎都会去旁听，旁听之后，还将青年教师集中起来，对讲授的内容进行讨论。在讨论中，何微善于听取别人不同的看法，喜欢一起讨论、一起争论和一起研究。对于一些有悖新闻学基本规律的看法和观

---

① 西北政法大学档案室：《关于成立西北政法学院法制新闻系的通知》，《中共西北政法学院委员会文件—院党发〔1999〕第15号》，中共西北政法学院委员会办公室，1999年4月20日印发。

② 车英：《老记者何微教授的故事》，《新闻知识》2000年第1期。

点,他总是循循善诱,以理服人,绝不把学术问题扯到政治上去,也从不武断地下结论,更不会因为自己是领导而强加观点于人①。据当时的同事回忆,何微第一次参加讨论,就谈到了"新闻有学"的问题,不同意所传言的新闻无学的论调,希望并鼓励新闻学教师们力争上游,排除万难,多做研究②。正是何微"新闻有学"的思想,才使处在经济困难时期的国家同意西北政法学院完成首届新闻专业学生四年本科学制的学习,才为国家在那个困难时代培养了几十名新闻骨干和精英,也才使当时西部仅有的一所设有新闻学专业的西北政法学院名扬全国。

2. "新闻理论与实践相结合"的思想。何微教授作为我国当代著名的新闻学家、新闻教育家和思想家,在1962年调入西北政法学院之前,就已经在新闻业界工作了几十年,是一位资深的新闻实践者。调入西北政法学院工作以后,因自身擅长的新闻实践能与学校的新闻理论教育紧密结合起来,随即他利用闲暇时间将自己积累起来的从业经验和实践体会进行整理,提出了"新闻理论与实践相结合"的新闻思想。同时,他在进行新闻理论教学时,也注重进行新闻实践的应用教学。这使当时的政法新闻教育摆脱了"学院式"和脱离实践经验的教学方法、方式的教育模式,探索出一套有着强烈实践特点的教学与实践相结合的模式。在政法学院的四年,何微用这种教学方法和方式,培养出了不少精于新闻实践工作的学生。何微当年的学生曾提过这样一件事,即何微在"关于新闻定义理解问题"上的认识,已在20世纪五六十年代政法工作时期初步形成。他对新闻定义的理解不是偏重理论,而是偏重于引导学生从总结经验中提高实际水平,偏重于对中国传统文化承袭性的开发③,他认为新闻就要面对当代,用事实

---

① 吕强、崔宝锋等于2016年10月14日16:18西北政法大学新闻传播学院"何微百年系列纪念活动"上对各位研究何微新闻思想的老同事、学生的访谈记录,《何微访谈录录音》,编号:HW2016101410。

② 吕强、崔宝锋等于2016年10月14日16:23西北政法大学新闻传播学院"何微百年系列纪念活动"上对各位研究何微新闻思想的老同事、学生的访谈记录,《何微访谈录录音》,编号:HW2016101411。

③ 刘荣庆:《何微新闻学思想纵论》,《名人评传》1999年第5期。

的文字写好新闻①。总之，何微在政法学院的四载春秋，是他由新闻学实践研究向新闻学理论与实践相结合研究的重要转变阶段。可以说，他的许多新闻理论和新闻思想是在西北政法学院新闻系中发端并在以后逐步形成的。

3. 坚持"新闻报道实事求是"的思想。在政法学院工作的四年，何微作为学校的副院长兼教务长，分管着当时的新闻系并兼任新闻学教师。他身体力行将"新闻报道要'实事求是'的思想"毫无保留地传授给了学生和青年教师，教育他们今后若要作为一名合格的新闻工作者，一定要有"实事求是"的新闻态度，要匡正时弊，活跃思想，下笔要贴近现实，要适应新闻事业求真、求实的发展需要，以益于新闻事业的建设②。何微认为，新闻失实问题是一个世界性的问题，做新闻工作，不可以持功利主义的想法和态度，这样登载、播放出来的新闻报道、新闻言论将与现实客观的实际情况存在差异。在教育新闻学专业学生的时候，何微十分严格地对他们进行"实事求是"的新闻原则教育。他认为，这种教育越是严格要求、严肃把关，学生们在参加专业新闻报道活动、新闻编辑的时候，那种"虚假报道"出现的概率越会减少，但如果不去抓紧解决、不着力整治"新闻失实"问题，对"虚假报道"听之任之，这样会最终损灭我们国家的新闻事业③。同时何微还进一步强调，新闻事实就是要在众多的事实中去找重要的新闻事实，并将其用生动的文字撰写出来，新闻报道写出来被刊登后，有没有趣味，读者爱不爱读，不是写作技巧所决定的，而是新闻事实所决定的。一篇新闻能否真实、生动、活泼、形象和有趣，看的是新闻事实是否真实、生动、活泼、形象和有趣，而不是写作技巧是否生动、妙笔生花。何微提倡新闻报道的"实事求是"时，还强调要遵循史学中"论从史出"原则、遵循马克思哲学中"社会存在决定社会意识"

---

① 吕强、崔宝锋等于 2016 年 10 月 14 日 16：39 西北政法大学新闻传播学院"何微百年系列纪念活动"上对各位研究何微新闻思想的老同事、学生的访谈记录，《何微访谈录录音》，编号：HW2016101412。

② 桑义燐：《何虑何求 志大志刚——新闻学者和记者的何微同志》，《八十春秋——何微教授八十诞辰暨新闻思想研讨文集》，何微教授八十诞辰暨新闻思想研讨会编印（陕西省新闻出版局制·内部使用图书准印证），陕新出批 1997 年第 001 号，1997 年。

③ 刘惠文：《再论何微先生的新闻学专业教育思想》，《西部学刊》2016 年第 6 期。

的原则,而不能用"以史带论"和"意识决定论"的错误原则①。

  4. "法制新闻"思想。20世纪60年代中期,西北政法学院在"文化大革命"中遭破坏并于1972年被撤销停办,政法新闻系因此也随之停办。至20世纪八九十年代,随着国家改革开放,我国经济得以高速发展,经济上的腾飞,必然急需大量的专业人才作为后盾,这使当时全国的高等教育逐渐走上了发展的快车道。何微敏锐地觉察到了国家对人才的渴求,为培养合格的新闻人才,当时的何微曾长期呼吁国家复办西北政法学院的新闻专业。1996年,何微再一次提出在西北政法学院恢复新闻系的提议。为了顺利获批和办出特色,在与当时西北政法学院党委书记张力和学生刘荣庆商量后,何微确定了拟恢复政法新闻专业的三大原则②,其中之一就是将复办的新闻系定名为"法制新闻系"③。何微结合当时的情况分析研判,将复办新闻系的办学理念与西北政法学院这所以法学为主的高等院校的实际情况结合起来,以彰显出"法制新闻"的特色教育和思想。"法制新闻"思想的提出,不但科学地处理了新闻学与法学之间的关系,也因地制宜将新闻系根植于西北政法学院这片法学教育的沃土之上,从而为顺利获批奠定了思想理论基础,而且更为可贵的是正因有了法制新闻系的提出,才有了法制新闻学国家级特色专业、法制新闻与传媒法硕士点、法制新闻学国家教育综合改革试点项目和国家重点社科基金项目"新媒体新闻侵权研究"的获批。

三 何微新闻实践与思想的现实意义

  1. 深入挖掘"何微新闻思想和新闻实践"的相关内容,可以对

---

  ① 吕强、崔宝锋等于2016年10月14日17:29西北政法大学新闻传播学院"何微百年系列纪念活动"上对各位研究何微新闻思想的老同事、学生的访谈记录,《何微访谈录录音》,编号:HW2016101415。

  ② 这三大原则分别是:一是为了恢复而不是另起炉灶;二是将其定名为"法制新闻系",以彰显"法制新闻"的特色;三是同意以中国新闻教育界的"北甘、南王、西北何"中的何微教授作为当时西北政法学院法制新闻系的学术理论旗帜带头人上报。

  ③ 西北政法大学档案室:《关于成立西北政法学院法制新闻系的通知》,《中共西北政法学院委员会文件—院党发〔1999〕第15号》,中共西北政法学院委员会办公室,1999年4月20日印发。

西北新闻教育发展史研究做出有益增补。鉴于西北地域社会经济和高等教育发展水平与东部地区的较大差距,过去有关西北新闻教育史的相关研究在全国并没有受到应有的重视,造成了西北新闻教育发展史研究的不足,因此常常理不清自身发展的历史脉络,也就找不到西北新闻学发展的特色与优势,以至于在发展遇到瓶颈时找不到突破口。所以在目前西北新闻教育发展势头蒸蒸日上的关键时期,西北的新闻传播教育界应抓住机遇,深入挖掘何微作为西北新闻教育重要奠基人的相关内容。这不仅可以继续探索和完善对何微新闻教育实践及其思想的研究,而且还可以增补与丰富西北新闻教育发展史的研究。

2. 依托"何微新闻思想和新闻教育理念"研究,有助于促进西北政法大学新闻教育学科的发展和增强新闻教育发展的特色。目前西北各高校的新闻教育常设有3—6个本科专业、1—3个硕士点。这在全国新闻专业教育领域内的整体实力还较弱。但面对当前高等教育发展竞争日益激烈的现实,西北的新闻教育要想在以后得以发展,就不能墨守成规、保持现状,而应该积极地打破现有西北新闻教育的学科格局,并主动寻找学科发展的突破口和增长点。而何微作为与西北有深厚渊源的我国现当代著名的新闻教育家和新闻思想家,若能依托"何微新闻思想和新闻教育理念"来进行深入细致的研究,这必将会成为我国新闻史、新闻思想史研究中的一块重要领域,并可以以此为基础,申报以"何微新闻实践及其思想"为研究方向的硕士点,以弥补目前西北新闻史硕士点的不足和增强西北新闻教育发展的区域特色。

3. 弘扬"何微精神",增进西北新闻教育发展的动力,提升西北政法大学新闻教育的实力。当代我国高等教育发展迅速,在收获其伟大成果的同时,我们也要看到其中所存在的问题。这些问题中,当代高等教育重言教而轻身教、重思想政治教育而轻吃苦耐劳教育是多被教育家所诟病的问题。而若能在西北高等教育的过程中,大力弘扬何微当年那种"和蔼可亲、平易近人[1]、手勤腿勤、吃苦耐劳和身教重

---

[1] 刘振江(口述),秦泉安(整理):《一个可敬的朋友——刘振江教授回忆何微》,《何微百年——一起走过的日子》,《何微百年》纪念文集编辑工作室,2016年4月出版。

于言教的人格精神与工作作风①，就可以在当今西北新闻教育界内部营造出一种良好的治学、教学与科研的氛围，这无疑对西北新闻教育今后的发展注入了强劲的驱动力和凝聚力，更有利于提升西北政法大学新闻教育的实力。

4. 继承何微新闻教育的宝贵经验，提升西北新闻教育的师资队伍水平。何微在西北政法学院、陕西省社科院工作期间都认为，要办好新闻系，关键在于抓好人才力量的培养工作，与之相应，才能抓好新闻专业学生的培养工作，才能以政治家和社会活动家的标准来要求新闻专业的学生，使今后新闻专业毕业的学生有较高的马克思主义素养，有驾驭全局的能力，具有思想敏捷、知识储备充足、写作技能娴熟、能直接阅读外文报刊的能力②。他还进一步强调："新闻教育应当面向未来，根据时代的要求和特点，抓紧名师的培养，更新新闻人才的知识结构。"为此，西北新闻教育界应积极继承何微新闻教育发展的经验，通过对外吸引人才加盟、对内访学和媒体挂职等多种方式，改善人才结构，培养一大批具有高学位并熟悉传媒生产流程的骨干人才，提升西北新闻教育界师资队伍的水平。

The Thoughts and Practice of He Wei's Journalistic Education

Su Dan　Zhang Yi　Lv Qiang

Abstract：He Wei is one of pioneers of journalistic education in Northwest University of Political Science and Law, served as the school's former vice president of the Northwest University of Political Science and Law（Once

---

① 车英主编：《百年何微——何微新闻思想与实践：中国著名新闻学家何微教授纪念文集》，武汉大学出版社 2001 年版。

② 吕强、崔宝锋等于 2016 年 10 月 14 日 17：51 西北政法大学新闻传播学院"何微百年系列纪念活动"上对各位研究何微新闻思想的老同事、学生的访谈记录，《何微访谈录录音》，编号：HW2016101421。

called the Northwest College of Politics and Law) and he actively promoted journalistic education in 1960s. He has made great effort to set up and retain journalism in hard times. His thoughts are of great realistic significance nowadays, including "news has learned" thoughts, "the combination of journalistic theory and practice", "news report based on facts" and "legal news", which are not only helpful to enhance the development of journalistic education in Northwest University of Political Science and Law, but also for journalistic education in Northwest area.

Key words: Northwest University of Political Science and Law; He Wei; journalistic educational practice; thoughts of journalistic education

比较研究

欧洲高等教育整合对两岸高等教育合作交流的启示[*]

方晓斌[**]

摘　要：自20世纪50年代起，欧洲开始进行欧洲经济整合，协调步伐，以打破欧洲各国疆界，促进经济繁荣与发展。然而，欧洲也意识到，经济上的整合不一定带来政治和人民的整合。从80年代起，欧共体启动高等教育整合的一系列改革，运用国际的教育交流合作，建立欧洲高等教育区，把欧洲共同体的价值与文化带给人民，塑造欧洲认同。两岸具有"五缘"优势，但高等教育合作却有颇多的困难和挑战，借鉴欧洲高等教育区的理念与合作方式内容，对于两岸的高等教育合作交流具有参考价值。

关键词：高等教育政策；欧洲高等教育区；两岸；高等教育合作交流

欧盟自创立以来一直致力于欧洲整合的进一步深化，包括经济货币的统一、边界藩篱的撤除，到社会政策的一体化等。因欧洲不同国家存在着不同的种族、语言、传统与价值观，欧洲的整合，至少包括文化、政治与经济三个领域。整合不能只靠政经制度的改变，还需要博得人民的认同与支持，塑造并加强欧洲公民概念，方能持久壮大。近三分之二的欧盟会员国青年认为欧盟的政策优先次序应该是：1. 教育与训练；2. 可自由地到所有欧盟国家学习、生活和工作。[①] 因此，欧盟通过软性政策，如教育尤其是高等教育合作及大学生间彼此的交流，举办跨国文化及艺术活动等，以期加强欧洲人民对欧洲公民概念的认同。

---

[*] 基金项目：2012年教育部人文社会科学青年项目"后金融危机时期海峡两岸高等教育合作发展研究"（项目编号：12YJC880019）。

[**] 方晓斌：福建江夏学院教务处副研究员，硕士，主要研究方向：高等教育管理研究。

[①] United Kingdom, UK (2008) . *Bologna Process UK National Report* 2007-2009. Retrieved May 24, 2012 [EB/OL]. http://www.ehea.info/Uploads/Documents/National_ Report_ UK-England-Wales-Nor thernIreland_ 2009. pdf.

一　欧盟高等教育整合的历史沿革

1957年的《罗马条约》创立欧洲经济共同体与欧洲原子能共同体，条约成员国之间信息交换，进行职业训练，培养科技专业人才，开启了欧洲高等教育合作、交流、整合的进程。

（一）50年代至80年代

1. 20世纪50年代，在欧洲整合的起步阶段，教育在欧共体政策中并非扮演主角，教育领域并非欧洲合作的重要焦点。6个创始会员国主要逐步建设共同市场，整合各会员国经济政策，仅在医学以及药学等职业证照、训练及学术文凭认可上体现出对教育的关注。[①]

2. 20世纪70年代石油危机后，欧共体开始重视教育培育以及知识创新。1976年由各会员理事会与教育部部长所发表的《教育行动方案》（*Program of action on education*）详载了欧洲共同体教育政策的合作领域与共同政策，在高等教育政策中的关注核心为：增进高等教育机构间的合作、改善文凭的学术认证以及鼓励教师研究人员与学生的流动，其中最重要的补助计划则是根据《联合学习计划方案》（*Joint Study Program Scheme*，JSP）来鼓励各国学生的交流学习，而此计划也成为后来Erasmus计划的源头。[②] 从70年代的教育政策中，可以发现欧洲共同体的教育活动只是为了解决职业训练的问题，并且大部分也跟经济活动有关。

3. 到了1980年，Wolfgang Buss宣称教育事务上共同合作应该是各成员国必须要接受的。各成员国的教育部部长因此于1989年达成决议，认为教育事务的共同合作必须依据两项原则：一是语言和文化多样性的尊重；二是共同体补助措施的确认，并且必须在尊重成员国的教育政策的前提下来进行才可。同时为应对欧盟成员国的扩增而加强的教育活动计划中，教育与训练被视为推向单一市场以及调整就业结构的一部分。随着欧

[①] United Kingdom, UK (2012). Student Finance. Retrieved December 02, 2012 [EB/OL]. https://www.gov.uk/student-finance.

[②] Europa (2011). Tempus. Retrieved January 20 [EB/OL]. from http://eacea.ec.europa.eu/tempus/programme/about_tempus_en.php.

洲执委会在 1985 年所提出《内部市场竣工白皮书》（White Paper on the Completion of the Internal Market），以及之后列入 1986 年单一欧洲法第 8 条中的规定，欧共体的教育活动主要应符合人力资源发展政策的目标。白皮书与单一欧洲法所提出的内部市场是根据"四种共同市场自由"（开设教育课程、教学权、学习权、学习证权）来实施。白皮书与单一欧洲法赋予了高等教育学生交流的合法性。在单一欧洲法中，更具体的做法是鼓励成员国的合作，增加学生间和老师间的交流，主要是为增强欧洲青年的欧洲意识，促使其成为积极的欧洲公民。

（二）整合的 90 年代

1. 在欧洲联盟条约（TEU，1992）签署的前夕，欧洲执委会提出《高等教育备忘录》，备忘录鼓励学生流动并建议改善欧洲学分的认证系统，以符合欧盟对高新技术人才的需求。备忘录促进各会员国在教育上的合作，确立欧盟在教育上的权能。

2. 1993 年出台《欧洲层面的教育绿皮书》（Green Paper on the European Dimension in Education），期望由跨国合作、教育人员交流、语言教学等来提升教育品质。1996 年，欧盟定为"欧洲终身学习年"，此乃根据"教与学：迈向学习社会"（Teaching and Learning: Toward the Learning Society）白皮书而来，其主要内容强调的重点即为终身学习，欧盟希望能推动促成欧盟三大政策目标的实现：社会整合、提升就业能力与自我实现。希望由个体的自我潜能开发实现，进而促成个人在寻找工作时，获得就业能力的提升，终而能够达成欧洲社会协调与欧洲整合的最终目标。

3. 随着欧洲联盟的日益壮大，高等教育的国际化呼声也越来越高，而各国各具特色的高等教育体制与缺少互通的学分认可已经成为各成员国互通的绊脚石。在经济全球化的趋势下，欧盟的高等教育改革之路已由当初的纷乱逐渐走向整合，教育政策成为欧盟核心的议题之一。Tempus、Lingua、Scorates、Leonardo da Vinci 等高等教育合作计划和训练方案，均以产生和强化欧洲认同意识与认同情感为目标，① 增进欧盟国家间的合作，培养欧洲人融入欧盟生活的能力。

---

① ［美］菲力普阿特巴赫等：《全球高等教育趋势——追踪学术革命轨迹》，姜有国、喻恺、张蕾译，上海交通大学出版社 2010 年版，第 27—32 页。

二　欧盟高等教育政策的发展

进入21世纪,在经济全球化的浪潮影响下,欧洲各国各领域的合作联系日益紧密。欧盟致力于打造"无障碍的高等教育区域",希望以此培养所需人才,提升国际竞争力。

(一)《索尔本宣言》(Sorbonne Joint Declaration)

1998年5月25日,法、德、意、英等国在巴黎签订《索尔本宣言》。《索尔本宣言》提出建立"欧洲高等教育区"(European Higher Education Area,EHEA)的愿景,呼吁建构开放的欧洲高等教育园地。为鼓励学生与教育人员的跨国流动,提出打造欧洲二层级制的学士与硕士教育体系。宣言规划了清晰的欧洲高等教育系统发展框架和目标,成为欧盟高等教育政策的转折点。

(二)《波隆那宣言》(Bologna Declaration)

紧接在1999年发布的《波隆那宣言》肯定了《索尔本宣言》的原则,更提出学历制度、大学学制、学分制度、品质保证等六项具体行动建议,并宣称于2010年前完成"欧洲高等教育区"的建立。《波隆那宣言》是自1998年来欧洲发展高等教育政策的核心蓝图,为一连串部长会议对高等教育政策的决议奠定了基础。第一次的会议于2001年布拉格举行,其后分别于2003年柏林、2005年柏根、2007年伦敦、2009年鲁汶、2010年布达佩斯与维也纳,以及2012年布加勒斯特等地召开,并分别发表该次会议的公报,提出会议结论与未来建议。此外,为掌控内容的执行程度,签署国同意设置"波隆那追踪小组"(Bologna Follow-up Group,BFUG),以协助各签署国落实《波隆那宣言》之执行,并为每次的部长会议提供所需的相关资料。目前,签署《波隆那宣言》的国家已有47个,只有白俄罗斯、摩纳哥与圣马利诺没有加入。

(三)《教育与培训2020策略》与《欧洲2020策略》

1.《教育与培训2020策略》是欧盟至2020年为止在教育与培训方面合作的政策框架,由欧洲会议于2009年5月12日通过。《教育与培

2020 策略》的前身是《教育与培训 2010 策略》，在承继了《教育与培训 2010 策略》所提出的"改善教育与培训体系的品质""简便所有教育与培训的入学渠道"与"向全世界开放教育与培训体系"三大目标的基础上，提出了四个政策目标：实现终身学习与流动；提高教育与培训的品质与效率；促进平等、社会凝聚力与积极的公民意识；在各级教育与培训体系增进包含企业精神的创造力与创新。作为欧盟至 2020 年最具指标性的教育政策，《教育与培训 2020 策略》的中心思想仍继承自《波隆那宣言》以来的精神，以创造具有清晰架构、多元机会、品质的欧洲终身教育为其目标。

2. 由于欧盟过去所推动的《里斯本策略》目标时间只到 2010 年，因此欧盟执委会又接续提出了《欧洲 2020 策略》，以期规划欧盟未来 10 年的目标。《欧洲 2020 策略》的全名为《欧洲 2020 年：智慧、持续及包容成长的策略》，是由欧盟执委会主席 JoséManual Barroso 于 2010 年 3 月所提出。欧盟执委会认为，欧盟的成长需要以下互相依存的方向：（1）智慧的成长：发展一个以知识与创新为基础的经济体；（2）持续的成长：提倡一个更有效利用资源、更环保与更具竞争力的经济体；（3）包容的成长：促进高就业率的经济，以提供社会与地域的凝聚力。[①]

三 欧洲高等教育整合的经验

欧盟高等教育在改革或推动品质保证上，半个多世纪一路走来，均未要求各成员国建立一套同样的制度。各国高等教育在欧洲的学历文凭架构下，发展各自特色，提升品质，并意识到共享的价值及共同文化与社会的归属感，以获得欧洲整体的最大效益。

（一）整合政策的目的转变

就欧盟过去的高等教育政策看来，欧盟的教育政策主要是改善欧盟人力资本的一种手段，成为提高劳动力素质与竞争力的方法，因此欧盟各国的教育政策更多优先考虑经济发展，且多偏于职业教育，所以早期建立条

---

① 张心怡：《从欧洲宪法条约到里斯本条约：欧洲整合进程的回顾与展望》，《欧洲国际评论》2011 年第 7 期。

约中仅就互相承认文凭与职业训练范围作了大致的规范。严格而论，过去欧盟并没有就"职业训练"与"教育"作清楚的划分，在欧洲联盟条约（TEU）以前，显示出欧盟对教育的关心仅仅在职业证照以及训练上。但在 TEU 后，欧盟第一次为发展高等教育合作提供了一个创新的法律基础，也是欧盟将高等教育合作交流政策落实于法律规范的重要里程碑。欧盟认识到，高等教育政策不应只是解决经济利益的手段，而是由法律的明确规范，通过各项高等教育合作，促进社会与文化的交流，塑造并加强欧洲人民对于欧盟公民概念，弥合不同的民族、语言、传统与价值观的差异，最终才能达成欧洲真正的整合。

（二）建立国家资历架构模式

近十年来，建立国家资历架构可说是欧盟高等教育的重要政策之一，受到欧盟《柏根公报》的影响，欧洲各国已将建立国家资历架构列为其推动的重要高等教育政策之一。该公报决议，为促进跨国的学生流动，欧洲《波隆那宣言》所有签署国均应各自建立一套学位制度或资历架构。当时与会的各国教育部部长认为，在确保教育品质的前提下，各国国家资历架构内均应包括三个层级的学位制度（即学士、硕士、博士等三级学位），而且此套架构必须说明包括每一层级的学位所根据的学习成效及能力，以及在第一层级与第二层级的学分范围等。欧洲议会及执行委员会随后将此资历架构的建立与其推动终身学习的政策结合，于 2008 年根据"学生学习成效"订立了八个级别的以终身学习为基础的欧洲资历架构。基本上，欧盟建议各国在"自我证明"的原则下，提出其国家资历架构与欧洲资历架构的对照模式。但欧盟并不要求所有国家都建构成统一的模式。

（三）学生学习成效评价

欧洲各国将国家资历架构的建立，与以学生学习成效为主的评价，列为其高等教育品质保证的重要工作项目。因为欧盟为鼓励跨国的学生流动，必须了解不同国家的学位文凭或学习资历应该如何比较，而为了要发展可比较的标准，欧盟鼓励各国从建立其本国的资历架构着手，尤其要求各国建立的资历架构应要能说明不同资历与其教育资格或文凭证书间的关联。也就是因资历架构中各类资历的授予，涉及其学习成效的评价，以学习成效进行评价，将有助于进行跨国的比较对照。学生学习成效在欧盟大多数国家与"能力"相联系，近年来各国对学习成效渐增的关注与讨论，对能力已渐采取多元的评价方式，并将"能力"分为工具的、人际的及系统的三类。

（四）增进高等教育的吸引力

欧盟高等教育政策或计划致力的共同目标就是增进欧盟竞争力。欧盟日益产生一项共识，即所谓"无形资本"为达成经济领先地位的最重要资源。欧盟教育与文化事务主管 Viviane Reding 曾提出一项欧洲硕士的计划，他认为欧洲各大学应该要汇聚资源来创造高水准的硕士课程，该课程或卓越中心应能标榜欧洲高等教育的特色来吸引来自欧洲境内甚至全世界学子来此留学，但首先，欧洲应成为全世界最令人向往的高水准教育区。提升欧洲高等教育的吸引力目前已成为各大学的主要目标，其重要性仅次于他们在提升学术品质与毕业生的就业能力方面的努力，据调查，欧洲学生出国留学地优先选择是欧盟的成员国，其次才是美、加。

四 对两岸高等教育合作交流的建议

海峡两岸的高等教育合作交流带有自身的特殊性：政治因素是影响海峡两岸高等教育合作的主要影响因素；同根同源的中华文化成为海峡两岸高等教育合作的文化基础；市场的驱动力量在后金融危机时期也逐步显现。2010 年 8 月 19 日台湾地区通过"陆生三法"修正案，承认 41 所大陆大学的学历；有限制地开放大陆学生赴台就读。但在相关法令中明订"一限二不"，以行政命令规定"三限六不"原则。根据上述研究，本文对两岸高等教育合作交流提出以下建议。

（一）加强中华民族意识与文化基础

2010 年 6 月 29 日，两岸签订《海峡两岸经济合作框架协议》，两岸经贸关系得到较快发展。两岸 2014 年 1 月至 7 月贸易额 1983 亿美元，

2015年第一季度贸易额为419.9亿美元,① 两岸已成为一个巨大的不可分割的市场。

自清政府1895年签订《马关条约》割让台湾起,100多年来台湾与大陆沿着不同的历史轨迹发展,存在着不同价值观与传统,政治与文化的分歧较大,要弥合两岸间差异,实现中国梦,还有很长的路要走。两岸的文化与民族意识、认同感是两岸关系发展的基础,需通过教育合作与交流,让两岸人民加深对中华民族的认同感,使其能意识到共同价值、文化与社会的归属感,社会整合才有基础。

两岸的高等教育机构对两岸的民族文化则须负起持续发展的任务。事实上,仅是经济利益上的结合并不能弥合两岸政治的分歧,两岸关系的发展不应只是局限于经济层面,它强调的应是两岸社会层面的结合与发展。两岸关系应从经济层面转入两岸社会文化、价值观、民族的认同感的塑造。

(二) 建立弹性与多元的两岸高等教育合作形式

两岸高等教育合作交流不应追求同一高等教育制度或合作模式。在合作交流方式上,没有限定统一的模式与方法,而是希望两岸根据实际情况采取因地制宜的措施,在尊重各自独立的大学政策和各高校多元发展的基础上,根据"异中求同""多元"的原则,谋求两岸高等教育合作交流的措施与方案。紧跟世界国际化的教育潮流,结合各自高等教育学制体系,鼓励发展特色,利用各自的资源,提升两岸高等教育在全球的竞争力,以吸引两岸学生乃至世界学生的目光和选择。两岸所推的高等教育合作交流不仅是为配合经济发展的需求,或是应对台湾少子化导致生源不足的问题,而是使两岸共同成为全球最具活力的经济体,提升两岸高等教育人口的素质,并具有更强的社会凝聚力,创造两岸人民的最大利益。

---

① 中共中央台湾工作办公室、国务院台湾事务办公室,两岸1—7月贸易额1105亿美元,2014-10-5;新华网,2015年一季度两岸贸易额达419亿美元,2015-04-28 [EB/OL]. http://www.gwytb.gov.cn/lajm/lajm/201409/t20140901_7173695.htm。

(三) 确保两岸高等教育的品质与增加信息透明度

在构建两岸高等教育某种可比较性的前提下，同时更要确保两岸高等教育是否达到良好的品质表现。在欧洲，高等教育的品质保证制度于1985年成形，其教育品质保证机制除了随着高等教育改革而时时加以修订外，执委会更推行后设评鉴制度，使得评鉴机构本身也要接受评鉴，以确保公平与适当。大陆的高等教育评估制度起步于20世纪80年代中期，但是评估存在过于关注国家利益而忽视了社会和高校的利益，行政色彩较浓，与市场经济和高等教育大众化存在诸多矛盾等问题。台湾高等教育的评鉴约始于1975年，然而，评鉴的过程与结果却常引人诟病，导致教育经费的补助发放也连带受到争议，例如评鉴委员的公信力遭受质疑、评鉴项目与结果的透明性不佳等。欧盟对于高等教育信息的开放性为世界有目共睹，大部分教育信息皆能在欧盟的官方网站、定期出刊的学术研究报告或书籍中取得。相比之下，两岸在教育相关信息的开放性与透明度方面仍须加强，并建立更专业的教育品质保证机制，同时在评估程序中，要有相当程度的外国专家学者加入，重视学生的参与，此举不但能确保两岸高等教育的水准，协助创造两岸教育合作交流的参考，更能增加两岸高等教育在国际舞台的能见度与吸引力。

(四) 发展两岸的高等教育资历框架与学分互认

"欧洲高等教育区"打造的是一个将47国广纳其下的跨国界高等教育体系，而撑起这一庞大体系的即是"三层级的学位体系""欧洲高等教育区资历架构"与"学分互认"三大措施。这三大措施的最大功用，在于建立一个易于比较与理解的高等教育系统，因此除了可以保证高等教育的品质之外，还有助于欧洲高等教育区内资历的衔接与认可，达到促进学生流动的目的。目前两岸的高等教育机构面临人才流动的阻力。故两岸应从全日制学习的认证着手，在建立完整的认证机制后，才能逐步达成建构两岸资历架构的目标。并在两岸高等教育共同架构基础，使得双方能有共同的度量衡作为推测学习的标准，如制定一套类似于ECTS的学分认证系统，不但能促进两岸的高等教育合作交流，更能随着汉语热，提高两岸的国际吸引力。

Inspiration of the Integration of European Higher Education for Cross-Strait Cooperation in Higher Education

Fang Xiaobin

Abstract: Since 1950's, European economic integration began. The European countries tried to cooperate harmoniously with each other in order to break the boundaries between European countries and to promote economic prosperity and development. However, Europe also realized that economic integration did not necessarily lead to the integration of politics and people. From 1980s onwards, a series of reform of higher education integration, including the international exchange and cooperation of education and the establishment of the European higher education area, have brought the value and culture of the European Community to the people and help shape the European identity. There are a lot of difficulties and challenges in the cross-strait cooperation of higher education despite of the five-cause advantages of the two sides. Drawing lessons from the idea of European higher education area and the cooperation content to promote the cross-strait cooperation in higher education is the aim of the article.

Key words: higher education policy; European higher education area; cross-strait; cooperation in higher education

澳大利亚留学教育：
发展历程、经验及新动向

王建梁　赵　鹤[*]

摘　要：澳大利亚是世界第三大留学目的国家。澳大利亚留学教育发展经历了起步、援助导向、产业导向与国际化四个阶段。其发展经验在于发挥政府主导作用、成立专门机构、重视经济效益、完善质量保障机制。近年来，澳大利亚留学教育在加强国际交流、发展跨国教育、完善留学政策、关注国际学生及制订未来长期规划等方面又表现出新动向。借鉴澳大利亚的经验，我国留学教育的发展应坚持国家战略，制订发展计划；坚持价值取向，考虑经济利益；扩大留学规模，提高教育质量。

关键词：澳大利亚；留学教育；发展历程；经验；新动向

澳大利亚将教育视为重要的出口产业，留学教育是澳大利亚重要的支柱产业之一。由政府主导，教育部具体负责国际教育的战略规划、政策制定及整体推广，整合多种项目和资源，为各级各类教育机构与中介机构提供全方位支持，鼓励各级学校按照商业模式去吸引海外生源，开拓海外市场。[①] 在过去的半个世纪中，来自全球不同国家共计 250 万名学生在澳大利亚学习。2014 年，澳大利亚留学生人数为 589860 人，比上年增长 12.3%，拥有留学生人数仅次于美国和英国，居世界第三。[②] 留学教育对澳大利亚经济发展至关重要，2002 年至今一直是最大的服务出口产业，2015 年的经济贡献达 182 亿澳元，为近 13 万人提供了工作岗位。作为一个人口数量只有 2300 万人的国家，澳大利亚以其强大的政策支持力度、

---

[*] 王建梁：华中师范大学教育学院教授、博士生导师，主要研究方向：比较教育研究。赵鹤：华中师范大学教育学院硕士生，主要研究方向：比较教育研究。

[①] 孔江榕、周涛、王晖：《澳大利亚国际教育及对中国的启示》，《现代大学教育》2012 年第 6 期。

[②] Australian Government. *Draft National Strategy for International Education*. Canberra：2015：59.

完善的教学质量保障机制、极具包容性的多元文化等诸多优势受到各国留学生的欢迎，树立起教育大国的形象，也赢得了世界声誉。

一 澳大利亚留学教育的发展历程

（一）起步阶段的留学教育

澳大利亚的留学教育起步于20世纪初，1904年，为促进同一些亚洲国家的文化交流和贸易，澳大利亚联邦政府与部分亚洲国家签订互换学生的协议，开始接待第一批赴澳全日制留学生。这一时期，海外留学生在满足澳大利亚大学的相关要求之外，还必须付全额学费及生活费，澳大利亚政府并不给予资助。此时的留学教育规模并不大，尽管此时的签证政策比较宽松，但是由于第二次世界大战的爆发，澳大利亚参战使得留学教育发展停滞不前，至第二次世界大战结束，每年在澳大利亚学习的外国学生都不超过500名。

（二）援助导向的留学教育

第二次世界大战后的冷战期间，澳大利亚留学教育政治外交色彩浓郁。被纳入美国全球战略之后，为建立与亚太地区的关系，澳大利亚联邦政府于1951年参与了英国主导的"科伦坡计划"（The Colombo Plan）。该计划主要针对战后经济恢复缓慢的东南亚地区，旨在通过资金和技术援助、教育及培训计划等形式的国际合作，加强南亚和东南亚地区的社会经济发展，传播西方价值观。澳大利亚政府作为"科伦坡计划"主要的发起国之一，针对东南亚各国展开教育外援，积极资助海外学生赴澳留学，从许多英联邦缔约国及泰国、印支和印度尼西亚招收合格的官派留学生，同时向部分发展中国家的留学生提供巨额奖学金，并支付伙食费、生活费。[①] 直到1985年，"科伦坡计划"的实施培养亚洲学生共计4万余人。20世纪70年代之后，随着计划的持续进行，海外留学生的数量持续增长，1974年，澳大利亚政府对于新形势重新进行评估，开始收紧留学政策，规定外国留学生人

---

① 杨启光：《教育国际化进程与发展模式》，社会科学文献出版社2011年版，第247—249页。

数上限为 1 万名（此政策于 1979 年取消）。此外还实行了部分收费制度，1979 年出台的《海外学生收费办法》(Overseas Student Charge) 做出相关规定：海外留学生必须缴纳全额学费的三分之一；采用"签证费用"（后又称为"海外留学生费用"），约占大学经费总额的 10%。[1] 但是，澳大利亚政府依旧对外国学生学费进行一定程度的减免，并进行资助，可以说作为对外援助的留学教育仍是澳政府外交重点。

（三）产业导向的留学教育

由于澳大利亚的经济发展长期以来依赖出口，尤其是出口矿石及农业畜牧业初级产品，经济结构比较单一，20 世纪 70 年代石油危机的爆发重创了澳大利亚国家经济。在教育方面，国内堪忧的经济状况加之受到 20 世纪 80 年代英国对留学生全额收费启发，澳大利亚开始从"经济理性主义"角度进行改革。1984 年，戈德林（Goldring）与杰克逊（Department of Foreign Affairs' Jackson Committee）委员会成立，澳大利亚委托其重新评估留学市场，最后形成两种对立意见：前者认为留学政策保持原状不做调整；后者认为应当将留学教育作为外销商品，向留学生收取全额学费，同时提供充足奖学金。[2] 政府采纳了杰克逊委员会的建议，1986 年宣布对所有海外学生收取全额学费。此后，教育被视为一种出口产业，澳大利亚留学教育从援助导向转变为产业导向，开始进行留学教育的贸易运作。政府允许各大学直接招收海外留学生，鼓励各大院校自由竞争。经过这些改革，澳大利亚留学教育经济效益显著，1989 年，留学生学费收入占大学总收入的 1.51%，1990 年上升至 2.86%。[3]

（四）走向国际化的留学教育

进入 21 世纪，在经济全球化的推动下，澳大利亚留学教育不断发展，国际教育成为一项国家战略，国际交流和合作为其留学教育的主要内容，

---

[1] 杨启光：《教育国际化进程与发展模式》，社会科学文献出版社 2011 年版，第 247—249 页。

[2] Grant Harma. *New direction in internationalizing higher education*: *Australian development as an exporter of higher education services* [J/OL]. Higher education policy, 2004, 17: 101-120.

[3] S. Marginson. *The Global Market in Foreign Higher Education*: *The Case of Australia* [C]. A Paper for 26th Annual Conference, ASHE, Virginia, 2001, 18.

澳大利亚的留学教育逐步走向国际化。首先，人员流动增加迅速。一方面国际学生的规模更加庞大，如图1所示，1994—2014年二十年间，澳大利亚留学生从不足10万人发展到如今已接近60万人，增长了83.3%；另一方面，教师流动也取得显著成效，澳大利亚政府鼓励人才的国际交流，尤其在高等教育领域，与海外大学签订多项教师交流合作协议，教师交流的名额也从1995年的997名上升至2012年的3484名。[①] 其次，国际教育办学形式多样化。除了赴澳留学，澳大利亚很多大学都与境外的教育机构合作办学，用跨境项目的流动代替学生的跨国流动，可以说这些学生不用迈出国门便可成为澳大利亚的"留学生"。再次，留学教育参与面广泛，不再局限于高等教育。如图1所示，除高等教育留学人数持续增长之外，赴澳接受职业教育与英语专修课程（English Language Intensive Course for Overseas Students，ELICOS）培训的留学生也有显著增长。最后，建构国际化课程。近年来，澳大利亚大学注重基于全球化的背景建构国际化课程，通过增加课程中的国际性内容、开设多种语言课程、采用比较与跨文化的研究方法、开展海外实习等多种方式加强课程的国际性，致力于促进多元文化的相互理解与沟通。

二 澳大利亚留学教育的发展经验

（一）充分发挥政府主导作用

在澳大利亚留学教育发展过程中，政府一直是最有力的支撑者。政府的主导作用主要体现在以下几个方面。第一，立法建制。澳大利亚是世界上唯一专门为留学教育立法的发达国家，在留学法律法规的制定上也经过了一个不断发展的历程。1991年，澳大利亚颁布《海外留学生教育服务法》以发展留学产业。2000年，在此基础上又出台了新的《海外学生教育服务法》（Education Services for Overseas Students Act 2000），建立了学费保障计划（Tuition Assurance Scheme，TAS）、院校课程审核登记系统（Commonwealth Register of Institutions and Courses for Overseas Students）、院校注册和海外学生管理系统

[①] Universities Australia. International Links of Australian Universities——Formal Agreements between Australian Universities and Overseas Higher Education Institutions [R]. Canberra：2014：5.

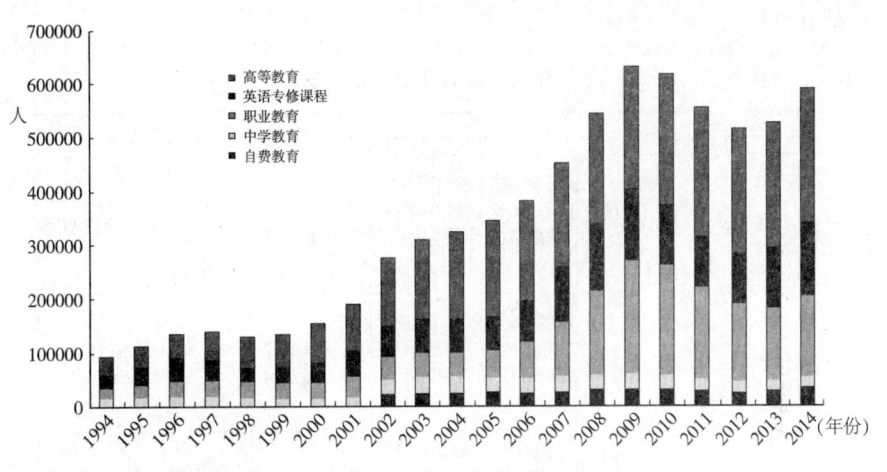

图 1　1994-2014 年澳大利亚国际留学生人数

资料来源：*International Student Data* 2014。

https://internationaleducation.gov.au/research/International-Student-Data/Pages/InternationalStudentData2014.aspx.

（Provider Registration and International Students Management System）等相关制度，并制定相应标准以规范为留学生提供教学及培训的学校和培训机构，以立法的形式保护持学生签证赴澳留学者的权益。2001 年，政府制定了《海外学生教育服务条例》，对《海外学生教育服务法》的实施办法做出详细规定。2004—2005 年期间又对《海外学生教育服务法》进行了全面评估，并提出 41 条修改建议。第二，设立奖学金。澳大利亚政府还设立了多种多样的奖学金用以吸引各国留学生，培养优秀的国际人才，维持并加强澳大利亚的国际关系。奖学金项目涵盖不同的领域，包括职业教育与培训、学生交流、本科生和研究生学习及研究项目等，从 2007 年开始，澳大利亚推出了 290 个奖学金项目，资助来自 125 个国家的学生，主要奖学金项目如表 1 所示。第三，积极进行营销。澳大利亚采取多种营销活动，其营销策略多种多样，如举办教育展览会、新闻发布会、组织校友会等形式。同时，积极推动与其他国家的多边贸易谈判，通过签订协议的方式与多国建立多边贸易关系，以减少教育市场准入障碍、消除教育服务贸易壁垒、推动学历学位互认，推动留学教育的发展。① 图 2 显示了 1990 年至 2014 年澳大利亚与各国国际教育机构达成的官

---

① 静炜：《全球化背景下，澳大利亚国际教育服务及其政策》，《比较教育研究》2007 年第 11 期。

方协议数量,可以看出总量呈稳步增长态势。

表1 澳大利亚留学教育专设奖学金

奖学金项目		资助范围	资助期限	资助额度（澳元）
澳大利亚发展奖学金（ADS）		赴澳进行学术研究（针对澳大利亚国际发展署合作伙伴国公民）	由具体学习及研究项目决定	全部学费；生活费（2013年起为每年3万）；医疗保险；额外津贴5000元等
澳大利亚领导力奖学金（ALA）		赴澳攻读硕士及博士研究生学位或从事专业研究（针对亚太地区）	硕士最长2年 博士最长4年	硕士最高15万 博士最高30万
奋进奖学金（ESF）	研究生奋进奖学金（EPS）	攻读硕士及博士研究生	硕士最长2年 博士最长4年	硕士最高14.05万 博士最高27.25万
	研究类奋进奖学金（ERF）	申请人学习本国的硕士或博士学位课程，赴澳进行短期研究或从事博士后研究	4—6个月	最高2.45万
	职业教育与培训奋进奖学金（EVETS）	赴澳攻读澳大利亚文凭课程、高级文凭课程，或准学士学位课程	1—2.5年	最高13.1万
	行政管理奖学金（EEF）	职业发展培训	1—4个月	最高1.85万
澳大利亚研究生奖学金（APA）		攻读研究指导资格文凭（HDR）	硕士最长2年 博士3—3.5年	不固定
国际研究生研究奖学金（IPRS）		赴澳攻读硕士及博士研究生学位（新西兰除外）	硕士最长2年 博士最长3年	不固定

资料来源：https://internationaleducation.gov.au/endeavour%20program/scholarships-and-fellowships。

（二）成立专门机构助推留学教育发展

为促进澳大利亚留学教育在全球的发展，政府先后成立了一系列机构。1969年成立的澳大利亚教育国际开发署（International Development Program）初期阶段主要负责留学教育的政策制定、市场预测、项目开发，及时监督留学教育的开展情况，1984年改组成为非营利性公司——IDP教育集团，主要业务涉及留学服务（为海外学生提供咨询服务，帮助学生选择专业、申请学校及提供签证服务）、国际考试（IELTS考试的三大

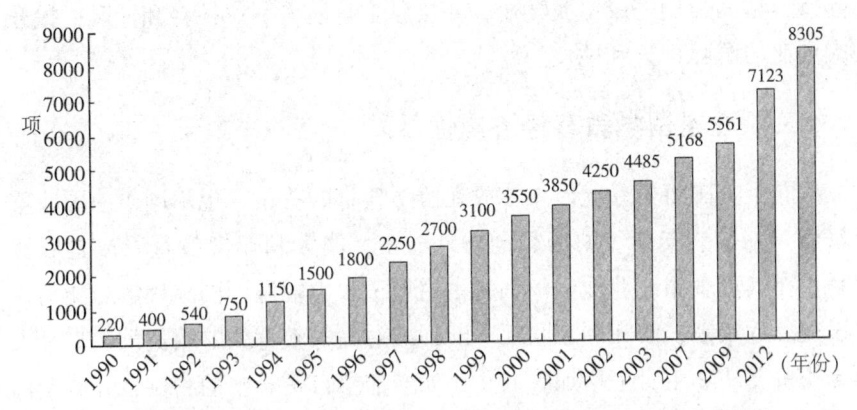

图2 1990—2014年澳大利亚与各国国际教育机构达成的官方协议

资料来源：Universities Australia. *International Links of Australian Universities——Formal Agreements between Australian Universities and Overseas Higher Education Institutions*［R］. Canberra：2014：3。

主办方之一）以及发展调研（主要负责海外营销及宣传，代表澳大利亚的全部院校在世界范围内招生）。目前 IDP 教育集团在全球 32 个国家共设有 85 个办事处，可以说是全球留学教育服务领军者。[①] 为加强教育输出，澳大利亚国际教育基金会（Australia International Education Funds，AIEF）于 1994 年成立，直属教育部，主要在国际范围内开展教育交流活动，执行教育部"国际援助计划"，提供专款支持海外活动的开展。在澳大利亚留学教育向全球扩张的过程中，作为第三方机构的教育组织发挥了巨大的作用。澳大利亚大学委员会（Australian University，AU）［前身是澳大利亚大学校长委员会（AVCC）］成立于 2007 年，是由澳大利亚 39 所公立大学校长组成的非政治、非营利性组织，它积极推动澳大利亚高等教育的国际化，旨在树立澳大利亚在亚太印度洋地区教育交流与合作中的领导地位。成立于 2004 年的澳大利亚国际教育协会（International Education Association of Australia，IEAA）是国际教育协会组织的会员单位，它是一个由专业人员组成的非营利组织，囊括了所有教育部门的成员——大学、职业院校、中小学、英语学校，拥有超过 1600 名会员，分别来自澳大利亚以及国际上 200 多个机构和组织，为留学生提供更好的服务

[①] About IDP Education［EB/OL］. https://www.idp.com/australia/aboutus.

与支持,帮助他们完成留澳学业,并接触了解澳大利亚社会和社区,提升澳大利亚的国际声誉和地位。

(三) 注重留学教育经济属性

不同于美国将争夺优质人才放在留学教育的首位,也不同于中国注重于培养"知华、友华、助华"的海外人士,澳大利亚把教育看成是服务贸易,在其理念中,获取经济利益占主导,人力资源、国际理解与能力建设居次。近年来,澳大利亚联邦不断削减对高等教育的财政拨款,鼓励大学寻找机会从学生身上增加收入,比如增加全自费学生的名额,开放费用限制,各大学的学费出现普遍上涨趋势,不同专业上涨幅度有所不同。在现有拨款体制中,政府逐渐引入了企业的竞争机制,使大学之间相互竞争,从而使政府投入的有限资金产生最大的收益,提高高等教育的效益和效率。据澳大利亚统计局最近公布的数据显示,2014—2015 年,留学教育(不含境外教育)收入达 182 亿澳元,比上一年度增长 14.5%,依旧保持继铁矿石(545 亿澳元)、煤炭(379 亿澳元)之后的第三大出口产业、最大服务出口产业地位,其中,高等教育贡献最大,收入为 125 亿澳元,占 68.6%。[①] 除了直观的经济收益,不断扩大的留学教育还带动了澳大利亚旅游、餐饮、航空等多个产业的发展,创造了众多就业岗位,加强了与各国的政治、经济、文化领域的合作与交流。

(四) 完善教育质量保障机制

作为教育输出大国,澳大利亚将教育质量保障问题视作吸引国际留学生的前提条件,不断探索以构建完善的教育质量保障机制,经过几十年的发展,成效显著,保障了澳大利亚留学教育的高质量发展。首先,开展质量审查。2011 年 7 月,澳大利亚成立了高等教育质量审查管理的新机构——高等教育质量与标准署(Tertiary Education Quality and Standards Agency, TEQSA),作为一个独立的高等教育国家监管机构,TEQSA 负责审查和管理澳大利亚所有的高等教育机构。在留学教育领域,TEQSA 制

---

① Australian Government Department of Education and Training. *Export income to Australia from international education activity in* 2014-15 [EB/OL]. https://internationaleducation.gov.au/research/Research-Snapshots/Documents/Export%20Income%20FY2014-5.pdf, 2015-11-20.

定了一项国际策略（TEQSA's international strategy），逐步扩展其监管范围，对澳大利亚海外办学也进行审查，旨在提升国际学生对澳大利亚高等教育体系的信心，无论是在留学澳大利亚本土还是海外院校。① 其次，完善澳大利亚学历资格框架。澳大利亚建立了一个综合、灵活、全国统一的学历资格结构——"学历资格框架"（Australian Qualifications Framework，AQF），覆盖了中学、职业教育与培训和高等教育等部门的 15 种学历资格，在实施过程中不断完善，制定了关于学历衔接、学分转换、先前学历认可等方面的实施方针，积极推进各国之间学历互认。最后，加强教育质量保障的国际合作。加强与其他国家和地区教育质量监管机构的合作，建立双边和多边关系以促进澳大利亚教育质量保障。目前，TEQSA 已经与中、英、新、马等多国及地区签署了双边协议，并先后组织并接待各国高等教育监管部门赴澳参观交流活动 20 余次。

三　澳大利亚留学教育新动向

在实施多方面举措之后，经历多年发展，澳大利亚留学教育逐渐形成一定规模，近几年又呈现出一些新趋势和新动向。

（一）强化与亚太国家的双向交流

随着亚太地区经济迅速发展，基于本国政治经济利益考虑，澳大利亚将留学教育营销重点放到亚太地区，得天独厚的地域条件加上语言优势，使得澳大利亚成为亚太各国及地区的留学教育中枢。近几年，澳大利亚进一步强化与亚太国家地区的交流与合作，为经济发展注入活力。如表 2 所示，截至 2015 年 6 月，前十五位留学生来源国和地区中，亚洲国家与地区占十二位，分别是中国、印度、越南、韩国、尼泊尔、泰国、马来西亚、印度尼西亚、巴基斯坦、菲律宾、沙特阿拉伯、中国香港与中国台湾。2012 年 10 月，澳大利亚总理吉拉德在《亚洲世纪中的澳大利亚》（*Australia in the Asian Century*）白皮书中提出了面向 2025 年的 25 个国家目标，其中就强调了要与亚洲国家建立更强、更深和更广的文化联系，将澳大利亚的教育

---

① Tertiary Education Quality Standards Agency. *TEQSA's International Strategy* [EB/OL]. http://www.teqsa.gov.au/about/international-engagement.

体系打造成世界一流教育体系。2013年8月《亚洲世纪国家战略》的报告中进一步明确了与亚洲主要国家,包括中国、印度、印尼、日本、韩国等国建立更为强劲与全面的合作关系。除了教育输出,澳大利亚政府十分注重与亚太国家的双向交流,增进国际理解。澳大利亚政府推出了新的资助留学项目——新科伦坡计划(New Colombo Plan),赞助澳洲学生到包括中国在内的印度太平洋区国家和地区进行短期或长期学习、实习。在2014年试行之后,该计划于2015年正式推行,共提供69项奖学金,奖励和支持超过3100名学生;2016年将继续扩大,目标是资助5450名学生和100位学者。[1] 澳大利亚政府旨在通过该计划的实施,使学生了解周边国家、地区,学习掌握专业技能,建立国际视野,培养下一代领导人。

表2　　　澳大利亚留学生来源地(截至2015年6月30日)　　　单位:人

来源国/地区	2014.6.30	2015.6.30	增长率	所占总人数比例
中国	76152	82572	8.4%	22.0%
印度	40595	48585	19.7%	13.0%
越南	20054	20693	3.2%	5.5%
韩国	16030	17152	7.0%	4.6%
尼泊尔	14043	16447	17.1%	4.4%
泰国	13615	15488	13.8%	4.1%
马来西亚	13666	14468	5.9%	3.9%
印度尼西亚	11838	12797	8.1%	3.4%
巴基斯坦	10303	11497	11.6%	3.1%
巴西	8624	10074	16.8%	2.7%
菲律宾	8130	8495	4.5%	2.3%
沙特阿拉伯	8396	8424	0.3%	2.2%
中国香港	7520	8160	8.5%	2.2%
哥伦比亚	5883	6592	12.1%	1.8%
中国台湾	4478	6430	43.6%	1.7%
其他国家	80436	86782	7.9%	23.2%
总计	339763	374566	10.2%	100.0%

资料来源:Student visa and Temporary Graduate visa program quarterly report, 30 June 2015。
http://www.border.gov.au/ReportsandPublications/Documents/statistics/student-visa-2014-15-to-2015-06-30.pdf.

---

[1] Department of Foreign Affairs and Trade. What Is the New Colombo Plan [EB/OL]. http://dfat.gov.au/people-to-people/new-colombo-plan/about/Pages/about.aspx.

（二） 跨国教育蓬勃发展

跨国教育（Transnational Education，TNE）是指一国教育培训机构在本国境外提供教育或培训，是发展留学教育的一种重要形式，其办学形态多样化，比如本土院校建立海外分校、与海外当地学校合作办学、远程教学、在线学习等。起初，澳大利亚发展跨国教育更多作为教育外援手段之一，随着澳大利亚留学教育贸易导向的确立，澳大利亚教育机构为扩大留学生资源，抢占更大市场份额，不断更新留学教育形式，直接对接海外市场，提供"离岸教育服务"（offshore education service）。近几年，澳大利亚跨国教育，尤其是跨国高等教育发展迅速，学生人数不断增长，2014年共有347560名国际学生在澳大利亚高等教育机构就学，如表3所示，85873名学生进入海外分校学习，25531名学生选择远程教育，这111404名跨国学生占澳大利亚高等教育国际学生的32.1%，相比2013年增加了1.2%。随着跨国教育的蓬勃发展，澳大利亚更加关注质量审核，为国际学生提供更优质的教育服务：早在2005年，澳大利亚就制定了"跨国质量战略"（Transnational Quality Strategy，TQS），以保证离岸教育的质量标准与本土留学教育一致，并为教育培训机构提供了完善的实践框架；2008年7月，澳大利亚建立AusLIST网站（The Australian list of institutions and courses around the world，它于2014年7月关闭，部分功能由"Study in Australia"网站替代），用户可以在该网站搜索澳大利亚在海外提供的教育课程和活动，AusLIST保证所展示的海外课程符合本土课程的标准；2011年起，高等教育质量与标准署（TEQSA）开始负责监督审核高等教育质量，跨国教育也涵盖其中，确保学生人数的不断增长不会影响离岸教育质量。[1]

表3　　　　　　　2012—2014年澳大利亚高等教育跨国学生

就学方式	学生人数			增长率	
	2012	2013	2014	2013	2014
澳大利亚本土就学	215592	218286	236156	1.2%	8.2%
澳大利亚大学海外分校	82468	84758	85873	2.8%	1.3%

---

[1] Antony Stella, Sudhanshu Bhushan. *Quality Assurance of Transnational Higher Education The Experiences of Australia and India* [M]. Australian Universities Quality Agency, 2011: 56.

续表

就学方式	学生人数			增长率	
	2012	2013	2014	2013	2014
远程教学	25552	25331	25531	-0.9%	0.8%
跨国学生小计	108020	110116	111404	1.9%	1.2%
所有学生总计	323612	328402	347560	1.5%	5.8%

资料来源：*Transnational education in the higher education sector*。

https://internationaleducation.gov.au/research/Research－Snapshots/Documents/Transnational%20education_HE_2014.pdf.

（三）放宽留学政策要求，简化审批过程

澳大利亚致力于打造世界一流的教育体系，充分发展教育产业以促进澳大利亚产业结构升级和国民经济发展，目标之一即到 2025 年招收 100 万国际学生，占全球国际学生总数的八分之一。为了实现这一目标，澳大利亚陆续出台一系列留学新政策，放宽留学生赴澳学习要求。在签证方面，2012 年 3 月，澳大利亚开始实施简化签证审核办法 SVP（Streamlined Visa Processing）计划，针对申请澳大利亚高等教育即 573 签证类别的学生进行了包括下调风险评估等级、院校自主核定语言及担保金要求、简化签证手续、加快签证受理时间等相关的政策改革，旨在为留学生留学澳大利亚提供更多的机会。2015 年，澳大利亚制定新的学生签证简化框架（Simplified International Student Visa Framework，SSVF）代替现行的 SVP 计划，计划于 2016 年 6 月正式推行。SSVF 针对所有国际学生，将减少留学生签证类别，从目前的八类降至两类；进一步简化审核要求，采用简化的单一移民风险指数框架来考核所有国家留学生的签证风险；继续扩大学术、移民、语言、资金证明等政策的优惠力度等。[①] 在语言和财产方面，2011 年 5 月起，澳大利亚宣布托福（TOFEL）、剑桥高级英语证书（CAE）以及 Pearson 考试（PTE）与雅思（IELTS）考试一起都可以作为澳移民局所认可的英文能力考试（此前雅思是唯一被承认的语言考试），除此之外新的签证政策降低语言要求，语言成绩将不再是签证所必需，只

---

① *Simplified Student Visa Framework*（SSVF）—*Australia Espire Education*［EB/OL］. http://www.espireeducation.com/blog/simplified-student-visa-framework-ssvf-australia/2015-11-23.

需要澳大利亚学校同意录取，即可先赴澳就读语言课程；赴澳留学经济门槛降低，对学生经济能力的考核将取决于学生国籍和其录取的院校。利好政策实施后，办理材料简单化，签证速度加快，留学成本降低，选择范围变广，将为各国留学生带来更多实惠。

（四）重视提升留学生学习、生活体验

澳大利亚政府还十分重视留学生对于在澳留学经历的个人体验，通过开展一系列调查获得反馈，不断改进服务。2015年4月，澳大利亚教育与培训部发布最新调查报告——"国际学生调查2014"（*International Student Survey* 2014, ISS），该调查针对来自澳大利亚本国高等教育、职业教育、英语专修课程及中等教育领域的留学生展开，意图通过调查寻求国际留学生对赴澳留学的满意度及个人体验，主要包括学习机会、生活经历及扶持政策三个方面，共计56834名学生参加了该项调查。报告结果显示：88%的国际学生对总体赴澳体验表示满意，89%的国际学生对在澳生活经历表示满意，87%的国际学生对在澳学习经历、教育质量表示满意；高等教育领域73%的学生，职业教育领域80%的学生，英语课程72%的学生及中等教育领域71%的学生均表示将澳大利亚作为留学首选国。[①] 在2015年4月澳大利亚联邦教育部公布的《国际教育国家战略草案》（*Draft National Strategy for International Education*）中，"提升国际学生赴澳留学学习生活体验"作为一项国家战略写入草案中。关于具体的改革措施，该草案提出政府及留学教育培训院校和机构应当从以下几方面进行：继续简化学生签证的申请、审理程序；进一步完善法律制度，维护留学生正当权利；为留学生提供更多实习及工作机会，丰富其工作经验，增强留学生就业竞争力；加强留学生语言培训，尤其重视英语专修课程的作用，规范相应培训机构；完善留学生基础设施，改善住宿、餐饮、卫生保健条件；鼓励留学生参与社区活动，丰富其留学经历。

（五）制订未来长期发展计划

随着世界各国对高质量教育服务需求的迅速扩张，为促进澳大利亚国

---

① Australian Government Department of Education and Training. International Student Survey 2014 Overview Report [R]. Canberra: 2015: 2-4.

际教育持续发展，保持其世界领先地位，澳大利亚贸易委员会（Australian Trade Commission）与澳大利亚国际教育部门协作，共同开发未来十年澳大利亚国际教育长期市场发展战略——"澳大利亚国际教育 2025"〔Australian International Education (AIE) 2025〕。AIE 2025 计划致力于推动澳大利亚国际教育、培训和技能部门的创新与变革，使其在激烈的全球市场竞争中实现可持续发展，最大化留学教育产业对澳大利亚经济、社会和国际地位的贡献。该计划提出澳大利亚留学教育未来发展的两大目标，即赴澳学习、培训的国际学生和游客加倍增长；澳大利亚离岸教育人数大幅增加达到 1000 万人。① 2015 年起，AIE 2025 计划开始实施。2015 年 4 月，在澳大利亚的主要城市举办了一系列咨询研讨会，各领域的教育提供者、教育领导者、州和领地机构及其他澳大利亚政府合作伙伴针对关键议题进行持续磋商，发布了"澳大利亚国际教育 2025 研讨报告"（AIE 2025 Consultation Workshops Report），相关领域内外 800 余名专家学者从不同视角对澳大利亚留学教育未来发展提出详细的意见和建议。②

四 启示

澳大利亚高水准的教育质量、不断完善的留学政策推动留学教育持续发展，不仅为澳大利亚带来巨额财政收入，还有助于同其他国家建立持久的学术合作、贸易和政治伙伴关系。相比之下，我国留学教育的发展还存在较大差距，澳大利亚的相关经验及改革措施可以为我国留学教育实现长足发展带来启示。

（一）在坚持国家战略的基础上，制订切合实际的行动计划

教育国际化是对经济全球化挑战的回应，已经成为很多国家在全球经济竞争中实施国家战略的一部分。作为留学教育强国，澳大利亚亦是如此，将教育国际化上升至国家战略高度，致力于培养、引进和留住优秀人才，增强国际竞争优势。2010 年，澳大利亚发布《留学生战略 2010—

---

① Austrade.*AIE 2025 Consultation Workshops Report* [EB/OL].http://www.austrade.gov.au/education/news/reports/aie-2025-consultation-workshops-report，2015-7-9.

② Ibid..

2014》五年计划，2015 年 4 月，又公布《国际教育国家战略草案》，其目的就是通过国家教育战略规划使留学教育产业实现可持续发展。留学教育一向是我国教育事业的重要组成部分，有助于引进优质教育资源、提升整体国民素质、建设教育强国、增进与世界相互理解。2014 年 12 月，我国召开了首届全国留学工作会议。面对留学教育新形势，习近平对留学工作提出新要求。这是第一次以留学工作为主题的全国性会议，首次把出国留学与来华留学两项重要议题统筹起来，不仅体现党和国家领导人对发展留学教育的高度重视，更是基于我国留学教育现状对未来国家发展所做出的战略布局。近年来，我国通过制订一系列留学教育计划，如《留学中国计划》（2010 年）、《2015—2017 年留学工作行动计划》（2015 年）、《推进共建"一带一路"教育行动》（2015）等，从国家层面确立了教育国际化的总体目标和具体措施。下一步则需要在已有的基础上，制订针对留学教育问题更清晰的战略规划，更好地确立教育国际化重点和制度保障，加强监控力度，提高工作计划性和实效性，不断扩大我国留学教育竞争优势。

（二）在坚持外交、文化价值取向不动摇的基础上，适当考虑留学教育的经济利益

发达国家在教育国际化发展战略上主要采取三种价值取向：人才战略取向——以延揽国外优秀人才为主要目的，以美国、新加坡为代表；文化传播取向——以宣传本国本民族的文化和价值观为主要目的，以德国、法国、日本等国为代表；经济利益取向——以发展留学经济，实现教育产业化为主要目的，以澳大利亚、英国、加拿大等国为代表。我国基于具体国情及发展需求考虑，历来采取政治、外交取向，在留学事业发展的 66 年间，依托留学教育所具备的政治外交功能，建立起多维度、多层面渠道发展国家关系、获得国际话语权。随着"文化软实力"概念的提出，提高国家文化软实力成为国家发展的一项重大战略，我国的留学教育又具备了文化含义，成为发出中国声音、展现中华文化魅力、加强与世界联系的重要渠道和平台。然而，我国发展留学教育长期基于外交、文化因素，对其经济价值有所忽略。在教育国际化不断深入的背景下，我国不仅要从政治和文化的角度去分析留学生以及国际教育，也要认识到国际教育服务出口

对促进国民经济发展的巨大潜力。① 国际经验表明，发展留学教育产业对于一个国家国民经济增长贡献很大，招收留学生已经成为澳大利亚、加拿大、英国等发达国家的一项重要国民经济收入来源。② 因此，我国应当重新审视留学教育的价值，在坚持外交、文化价值取向不动摇的基础上，适当考虑留学教育经济效益，并调整相关政策以增强留学教育产业经济贡献。

（三）在坚持扩大来华留学生规模的基础上，加强来华留学教育质量的提高

教育交流并非"单行道"，我国向来重视加深与国外的合作交流。近年来，在保持出国留学规模持续扩大的同时，我国作为一个新兴的留学目的国，来华留学事业不断发展。一方面，来华留学人数持续增长。据教育部统计，2014年共有来自203个国家和地区的377054名各类外国留学人员在我国31个省、自治区、直辖市的775所高等学校、科研院所和其他教学机构中学习，比2013年增加20555人，增长比例为5.77%；③ 另一方面，留学来源国与地区范围不断扩大。过去很长一段时间，来华留学人员主要集中于周边及友好国家，如今更多来自发达国家的留学生选择来华深造。2010年，教育部出台了《留学中国计划》，确定了我国留学教育未来的发展目标和主要任务，即到2020年，我国成为亚洲最大的留学目的地国家，全年在内地高校及中小学校就读的外国留学人员达到50万人次。为了实现这一目标，我国务必在留学教育质量上下足功夫。提高我国留学教育质量是吸引更多国际学生来华留学的内在驱动，因此，为推动来华留学事业持续健康发展，在坚持扩大来华留学生规模的基础上，还必须建立健全来华留学质量保障体系，全面提升来华留学质量。2015年12月，来华留学质量保障工作研讨会在北京召开。会上强调要加快建设来华留学教育质量认证体系，明确质量认证的办法、程序和标准，提高来华留学教育

---

① 王建梁、姚林、陈希：《加拿大国际教育服务贸易经济收益分析及对我国的启示》，《高校教育管理》2015年第2期。

② 同上。

③ 中华人民共和国教育部.2014年全国来华留学生数据统计 [EB/OL].http://www.moe.edu.cn/publicfiles/business/htmlfiles/moe/s5987/201503/184959.html，2015-3-18。

管理和服务水平，并确定 2016 年 1 月启动首批试点认证工作。

Education of Overseas Students in Australia: History, Experience and New Trends

Wang Jianliang　Zhao He

Abstract: Australia has become the third largest exporter of education services in the world. The development of the education of overseas students in Australia has experienced four stages, namely, the starting, aid-oriented, industry-oriented and internationalized. What can be learned from Australia can be summarized as: the leading role of government, the establishment of specialized agencies, emphasis of the economic benefits and the improvement of the quality assurance mechanism. In addition, some new trends has appeared in recent years, such as strengthening international communication, developing transnational education, perfecting the policy, paying more attention to the international students and making long-term plan etc. The experience of Australia shows that we should insist on national strategy and make development plan, adhere to the value-orientation and consider economic benefits; and expand the education scale of overseas students and improve the quality of education.

Key words: Australia; education of overseas students; development history; new trend; inspiration

《西北高教评论》稿约

《西北高教评论》是由西北政法大学主办、中国社会科学出版社出版的以高等教育研究为主的学术刊物,每年出版两卷。

宗旨:恪守科学性、实践性、创新性、开放性原则,紧密围绕高等教育发展中的理论和实践问题,努力探索高等教育规律,研究发展趋势,把握难点热点,为提高高等教育质量和水平服务,为繁荣陕西省、西北地区和我国高等教育科学研究服务。

主要栏目:本刊主要面向高校教师、高等教育管理者、高等教育专业研究人员。主要栏目设置:"高教理论"、"高教发展"、"高校教学"、"高教管理"、"比较研究"、"高等教育资讯"等栏目。

本刊致力于搭建高水平的学术探讨平台,所有来稿均以学术价值为用稿标准。

《西北高教评论》稿件规范

（1）中英文题目及作者姓名。标题尽量确切、简洁。

（2）中英文摘要（不超过200字）。

（3）中英文关键词（3—5个）。

（4）作者简介（含姓名、工作单位、职务职称、学位、研究方向、通信地址、邮政编码、联系电话、电子邮箱）。

如果来稿系作者承担的省级以上科研基金项目成果，请注明项目名称和编号。

（5）正文。

（6）注释及参考文献。注释：是对文内某一特定内容的进一步解释或补充说明。用圈码标注序号，采用当页脚注整篇连续编号形式。参考文献：指作者引文所注的出处，或者指虽未直接引别人的话但参考了别人著作和论文的意思所注的出处。采用顺序编码制，用圈码标注序号，一律置于当页脚注。著作类包括序号，著者：《书名》，出版社出版年，起止页码。论文类包括序号，作者：《题目》，《报刊名》出版日期或期号。

《西北高教评论》编辑部联系方式

刊社地址	西安市西长安街 558 号，西北政法大学长安校区，行政楼 A 座 320 室
邮箱	西安市长安南路 300 号，西北政法大学雁塔校区 13 号信箱（710063）
联系电话	029-88182796
联系人	郭老师　余老师
电子邮箱	xbgjpl@126.com
网址	http://nwher.nwupl.cn
微信号	

CSSCI收录集刊《法学教育研究》征稿启事

《法学教育研究》是西北政法大学主办、法律出版社定期出版的学术集刊，由王瀚教授担任主编。自2009年创刊以来，已连续出版了16卷，刊载了440余篇学术论文，在全国法学教育界、高等教育界产生了良好的学术影响。刊物是中文社会科学引文索引（CSSCI）（2017—2018）收录集刊，还加入了包括中国知网、北大法宝、中国法律知识总库等在内的电子数据库。

本刊的常设栏目有："特稿""理论探讨""教学研究""比较研究""法学教材体系研究""管理经纬""教育法制""学问人生""法务反哺"等，注重科学性、实践性、创新性、开放性，现热诚欢迎国内外专家学者、法学教育研究者赐稿。

敬请作者来稿时提供：（1）中英文题目及作者姓名。标题尽量确切、简洁；（2）中英文摘要（不超过200字）；（3）中英文关键词（3—5个）；（4）作者简介（含姓名、性别、工作单位、职称、学历学位、研究方向、通信地址、邮政编码、联系电话、电子邮箱）。如果来稿系作者承担的省级以上科研基金项目，请注明项目名称和编号；（5）正文；（6）注释。

注释：是对文内某一特定内容的进一步解释或补充说明。用1、2、3……数字标注序号，采用当页脚注整篇连续编号形式。著作类包括序号，著者：《书名》，出版社出版年，起止页码。论文类包括序号，作者：《题目》，《报刊名》出版日期或期号。

本刊的公众微信号为fxjyyj-xfd，定期发布相关信息，敬请关注。本刊的网络采编系统现已开通，网址为：http://fxjy.cbpt.cnki.net，请您通过网络采编系统投稿。

联系方式

投稿系统：http://fxjy.cbpt.cnki.net

E-mail：fxjyyj@126.com

电话：029-88182796，029-88182794

地址：西安市长安区西长安街558号
　　　西北政法大学长安校区80号信箱

邮编：710122

微信公众号